2019年度上海海关学院人才队伍建设项目"海关特殊监管区域发展视角下国际投资条约仲裁制度完善研究"（项目编号：2315003A2020）、中国法学会2020年度部级法学研究课题"国际投资条约仲裁司法审查制度研究"[项目编号：CLS(2020)ZZ040]阶段性研究成果。

国际投资条约仲裁
司法审查制度研究

魏彬彬 ◎ 著

Research on the System
of Judicial Review
of International Investment
Treaty Arbitration

天津出版传媒集团
天津人民出版社

图书在版编目（CIP）数据

国际投资条约仲裁司法审查制度研究 / 魏彬彬著
. — 天津 ： 天津人民出版社，2022.3
ISBN 978-7-201-18236-0

Ⅰ．①国… Ⅱ．①魏… Ⅲ．①国际投资法学—研究
Ⅳ．①D996.4

中国版本图书馆 CIP 数据核字（2022）第 026354 号

国际投资条约仲裁司法审查制度研究
GUOJI TOUZI TIAOYUE ZHONGCAI SIFA SHENCHA ZHIDU YANJIU

出　　版	天津人民出版社
出 版 人	刘　庆
地　　址	天津市和平区西康路 35 号康岳大厦
邮政编码	300051
邮购电话	（022）23332469
电子信箱	reader@tjrmcbs.com
策划编辑	王　康
责任编辑	郭雨莹
装帧设计	明轩文化·李晶晶
印　　刷	天津新华印务有限公司
经　　销	新华书店
开　　本	710 毫米×1000 毫米　1/16
印　　张	21.5
插　　页	2
字　　数	260 千字
版次印次	2022 年 3 月第 1 版　2022 年 3 月第 1 次印刷
定　　价	89.00 元

目录
CONTENTS

前　言 / 1

第一章　国际投资条约仲裁司法审查制度的基本问题 / 9

第一节　国际投资条约仲裁司法审查制度的概念与内容 / 9

一、国际投资条约仲裁司法审查制度的产生 / 9

二、国际投资条约仲裁司法审查制度的概念 / 12

三、国际投资条约仲裁司法审查制度的内容 / 21

第二节　国际投资条约仲裁司法审查制度的理论支撑 / 29

一、权力监督理论 / 29

二、国家主权理论 / 33

三、"科斯定理"与"博弈论" / 36

第三节　国际投资条约仲裁司法审查的特殊性 / 41

一、价值取向的特殊性 / 41

二、审查侧重的特殊性 / 43

三、条约限制的特殊性 / 45

四、权益影响的特殊性 / 46

第四节　国际投资条约仲裁司法审查制度的功能与作用 / 47

一、国际投资条约仲裁司法审查制度的总体功能 / 47

二、国际投资条约仲裁司法审查制度的支持作用 / 51

三、国际投资条约仲裁司法审查制度的监督作用 / 60

本章小结 / 70

第二章 国际投资条约仲裁条款的司法审查制度 / 73

第一节 国际投资条约仲裁条款司法审查概述 / 75

一、国际投资条约仲裁条款司法审查的可行性 / 75

二、国际投资条约仲裁条款司法审查的内容 / 79

三、自裁管辖权与司法审查权的优先性和终局性 / 82

第二节 国际投资条约仲裁条款效力的司法审查 / 85

一、国际投资条约仲裁条款存在的司法审查 / 85

二、国际投资条约仲裁条款有效的司法审查 / 92

三、国际投资条约仲裁条款失效的司法审查 / 104

第三节 国际投资条约仲裁条款效力范围的司法审查 / 108

一、适格投资争端的司法审查 / 108

二、适格缔约方的司法审查 / 112

三、适格投资者的司法审查 / 115

第四节 国际投资条约仲裁条款司法审查制度的问题与完善 / 116

一、司法审查主体和客体的问题与完善 / 117

二、司法审查内容的问题与完善 / 120

三、司法审查标准的问题与完善 / 125

本章小结 / 129

第三章 国际投资条约仲裁裁决撤销的司法审查制度 / 131

第一节 国际投资条约仲裁裁决撤销制度概述 / 133

一、国际投资条约仲裁裁决撤销制度的价值 / 133

二、国际投资条约仲裁裁决撤销的主体 / 136

三、国际投资条约仲裁裁决撤销的程序　／　139

四、《ICSID 附加便利规则》仲裁裁决的撤销制度　／　140

第二节　国际投资条约仲裁裁决撤销的理由　／　142

一、当事人举证的理由　／　144

二、法院主动审查的理由　／　152

第三节　国际投资条约仲裁裁决撤销的后果与救济　／　159

一、国际投资条约仲裁裁决撤销的后果　／　159

二、国际投资条约仲裁裁决撤销中的救济　／　161

三、国际投资条约仲裁裁决撤销后的救济　／　163

第四节　国际投资条约仲裁裁决撤销制度的问题与完善　／　165

一、撤销理由的问题与完善　／　165

二、撤销标准的问题与完善　／　167

三、救济制度的问题与完善　／　172

本章小结　／　174

第四章　国际投资条约仲裁裁决承认与执行的司法审查制度　／　176

第一节　国际投资条约仲裁裁决承认与执行的司法审查概述　／　177

一、承认与执行的区别　／　177

二、承认与执行司法审查的特点　／　179

三、ICSID 仲裁裁决在非缔约国承认与执行的司法审查　／　180

第二节　国际投资条约仲裁裁决承认与执行司法审查的主体与
　　　　程序　／　182

一、司法审查的主体　／　182

二、司法审查的程序　／　186

第三节　不予承认与执行国际投资条约仲裁裁决的理由与救济　／　192

一、不予承认与执行理由的特点　／　192

二、不予承认与执行的理由 / 195

三、不予承认与执行裁定的上诉制度 / 200

第四节 国际投资条约仲裁裁决承认与执行司法审查制度的问题与
完善 / 202

一、司法审查主体和程序的问题与完善 / 202

二、司法审查理由和救济制度的问题与完善 / 204

本章小结 / 206

第五章 中国国际投资条约仲裁司法审查制度的完善 / 209

第一节 中国国际投资条约仲裁司法审查制度概况 / 211

一、中国仲裁司法审查制度建设的背景与目标 / 211

二、中国国际投资条约及条约仲裁的发展现状 / 216

三、中国国际投资条约仲裁司法审查制度的现状 / 223

四、中国国际投资条约仲裁司法审查制度的问题 / 226

第二节 中国国际投资条约仲裁司法审查制度完善的理念 / 241

一、公正合理 / 243

二、投资者与东道国利益平衡 / 246

三、比例原则 / 251

第三节 中国国际投资条约仲裁司法审查制度完善的措施 / 255

一、国际条约制度完善 / 255

二、国内法律制度完善 / 263

本章小结 / 269

结 语 / 272

附 录 / 274

1.《中华人民共和国仲裁法》 / 274

2.《中华人民共和国民事诉讼法》(节选) / 286

3.《最高人民法院关于人民法院办理仲裁裁决执行案件若干问题的
规定》 ／ 288

4.《承认及执行外国仲裁裁决公约》 ／ 295

5.最高人民法院关于执行我国加入的《承认及执行外国仲裁裁决公约》
的通知 ／ 300

6.缩略语表 ／ 302

参考文献 ／ 303

前　言

　　国际投资条约仲裁的合法性危机本就引起各国不同程度的关注,而应对新冠肺炎疫情的东道国防控措施引发了更多投资者-东道国投资争端,进一步提高了国际投资条约仲裁发生的可能性。国际投资条约仲裁与国际投资的不断发展同步,自1987年第一个国际投资条约仲裁被提起,国际投资条约仲裁的发展稳步前行。为充分释放国际投资条约仲裁的争端解决功效,保障国际投资条约仲裁的健康持续发展,需要重视国际投资条约仲裁司法审查的功能发挥,强化其对国际投资条约仲裁的支持与监督作用。被世界卫生组织(WHO)认定为"大流行"的新冠肺炎疫情,对2019年刚刚温和复苏的国际直接投资造成巨大冲击,各国的外商直接投资压力增大,对外直接投资受限于人员流动,整体投资环境恶化。① 不仅新项目无法考察和落地,更值得注意的是东道国的疫情防控和救助措施,诸如禁止跨越国境的人员自由流动、各地区"封城"、强制隔离、强制征收医用物资、征收民事设施建立

---

　　① 参见田素华、李筱妍:《新冠疫情全球扩散对中国开放经济和世界经济的影响》,《上海经济研究》,2020年第4期。

临时医护场所、政府提供的企业减免与补助是否惠及外商投资企业、政府对疫情和相关举措是否充分披露等,都可能引发投资者与东道国间的投资争端,增加了国际投资条约仲裁的可能。

当前,国际投资条约仲裁是解决投资者-东道国投资争端的重要方式,具有不可替代的作用,但需要国际投资条约仲裁司法审查制度的支持与监督。国际投资条约仲裁不但能解决投资者与东道国间的管制性争端,同时很可能影响东道国的主权管理行为和公共利益。国际投资条约仲裁在发挥积极作用的同时,也逐渐暴露出合法性和合理性危机,部分裁决的公正性引发当事人质疑,裁决的实施效果导致东道国"规制寒颤",甚至损害东道国国家安全。于是部分东道国为避免主权被频繁挑战、公共利益保护不足、巨额赔偿的沉重负担,可能采取令投资条约失效、投资条约不加入仲裁条款、退出公约等方式予以规避,进而导致国际投资条约仲裁的吸引力和利用率降低。部分国家为缓解国际投资条约仲裁的正当性危机,仅着眼于国际投资条约仲裁机制改革,忽视仲裁司法审查制度的功能与作用。事实上,支持国际投资条约仲裁的健康发展,同时对其公正合理性予以监督,是国际投资条约仲裁司法审查制度的应有之义。

国际投资发展实践离不开国际投资条约仲裁司法审查制度的功能发挥。联合国贸易与发展会议发布的《2020世界投资报告:疫情之下的国际生产》中,国际投资条约仲裁案件以每年近60起的数量在不断增加,该类案件总数已超过1023起。国际投资条约仲裁数量增长的背后是国际投资的飞速发展,随着共建"一带一路"等倡议的推动和全球经济治理法治化水平的不断深入,日益自由和便利的投资环境推进国际投资的进一步发展。以2019年为例,中国对外全行业直接投资1171.2亿美元,我国境内投资者共对全球167个国家和地区的6535家境外企业进行了非金融类直接投资,中国企业在"一带一路"沿线对56个国家非金融类直接投资150.4亿美元,1—11月

全国新设立外商投资企业 36747 家,实际使用外资 8459.4 亿元人民币,同比
增长 6.0% 。国际投资的不断发展增加了投资者与东道国间投资争端的可
能性,可以预见国际投资条约仲裁数量将随之增长。国际投资条约仲裁虽
然是投资者与东道国之间有效的争端解决方式,但因投资争端性质特殊、金
额巨大,当事人对于国际投资条约仲裁的公正性有着更高要求,在依靠仲裁
机制自身无法有效保障的情形下,国际投资条约仲裁司法审查制度可以通
过对仲裁条款、仲裁裁决撤销、仲裁裁决承认与执行等司法审查,支持公正
合理的国际投资条约仲裁,监督仲裁的不公正不合理之处。无论是投资者
的投资利益保护,还是东道国的国家利益、公共利益保护,都可依靠国际投
资条约仲裁司法审查制度予以实现。与此同时,国际条约的更新也涵盖国
际投资条约仲裁司法审查的内容,此乃国际投资条约仲裁司法审查的国际
制度。

　　最高人民法院院长在中国仲裁高峰论坛上强调:"仲裁是多元化纠纷解
决机制的重要力量,中国最高人民法院将积极支持仲裁机构发挥职能作用,
进一步统一仲裁司法审查标准和裁判尺度,推动完善仲裁司法审查制度,为
推动中国仲裁事业发展创造良好司法环境。"①2017 年以来最高人民法院连
续颁布的《关于仲裁司法审查案件归口办理有关问题的通知》《关于仲裁司
法审查案件报核问题的有关规定》《关于审理仲裁司法审查案件若干问题的
规定》《关于人民法院办理仲裁裁决执行案件若干问题的规定》等一系列司
法文件和司法解释,规范仲裁司法审查,完善仲裁司法审查国内制度。虽然
对于国际投资条约仲裁司法审查的国内法律制度之"应然"状态尚未形成定
论,但广义的"商事关系"包含"投资关系",亦存在国际投资条约仲裁司法审

---

　　① 周强:《为仲裁事业发展创造良好司法环境》,中华人民共和国最高人民法院网,2016 年 9 月
28 日,http://www.court.gov.cn/fabu - xiangqing - 27691.html.

查通用仲裁司法审查制度的理论和实践支持。在现存的仲裁司法审查制度之外,另行构建国际投资条约仲裁司法审查制度既无必要也不具备可行性,故根据国际投资条约仲裁司法审查的特殊性,对现存仲裁司法审查制度进行针对性完善方为最佳方案。当然,由于国际投资条约仲裁与普通国际商事仲裁存在差异,当事人地位和争议事项存在不同,仲裁依据和仲裁本身的性质悬殊,而当前国内的仲裁司法审查制度以普通国际商事仲裁为潜在调整对象,故导致仲裁司法审查国内制度存在不适用、不协调之处。那么究竟国际条约与仲裁司法审查的关系如何? 仲裁司法审查国内制度的发展与完善,是否囊括国际投资条约仲裁司法审查? 中国面临国际投资条约仲裁的司法审查请求时,将如何进行? 国际投资条约仲裁司法审查制度存在哪些问题? 在国际条约和国内制度层面如何完善? 这是国际投资持续发展和国际投资条约仲裁合法性危机背景下,值得深思的重要问题。

为回答上述问题,厘清国际投资条约仲裁司法审查制度的脉络与框架,本书以国际投资条约仲裁条款的司法审查、裁决撤销的司法审查、裁决承认与执行的司法审查三个方面为着手点,梳理国际投资条约仲裁司法审查制度的具体内容,结合其他国家仲裁司法审查制度比较和实践经验,最终回归中国的仲裁司法审查制度完善,针对国内法律制度的不适用、不协调之处,以及国际条约制度的内容缺失和待完善之处,在国际条约和国内制度两个层面提出完善建议,助力国际投资条约更新,充分释放《承认及执行外国仲裁裁决公约》(以下简称为《纽约公约》)潜力,进一步实现仲裁司法审查制度对国际投资条约仲裁的支持与监督作用。

第一章国际投资条约仲裁司法审查制度的基本问题,旨在阐明基础性的定义、内容、理论、特点、功能等问题。首先,界定国际投资条约仲裁司法审查的概念、分类和制度,为本书明确研究对象和研究范围,国际投资条约仲裁是投资者为寻求管制性争议的中立性解决,基于国家间条约的仲裁条款针对东道国提起的仲裁。而国际投资条约仲裁司法审查可界定为：司法机关依据法律规定，对于国际投资条约仲裁的合法性、合理性进行审查的司法活动。国际投资条约仲裁司法审查制度包括国内法和国际条约两方面内容。其次，指出国际投资条约仲裁司法审查涉及权力监督、国家主权、"科斯定理"与"博弈论"三方面基本理论，通过权力监督理论明确司法审查机关对国际投资条约仲裁进行监督的正当性和必要性；通过国家主权理论强调司法审查权的国家主权属性，反映出司法审查的重要意义；通过"科斯定理"与"博弈论"等经济学理论，剖析司法审查制度对于国际投资条约仲裁的公正性与效率的保障，进而为投资者与东道国节省成本，促进正和博弈。再次，归纳国际投资条约仲裁司法审查的特殊性，在价值取向方面强调公正性优先，在审查侧重方面强调国际投资条约仲裁条款和裁决司法审查标准的独特性，在条约限制方面强调《解决国家与他国国民间投资争端公约》（以下简称为《ICSID 公约》）对司法审查的排除，在权益影响方面强调国家主权和公共利益。国际投资条约仲裁的特殊性为司法审查制度的完善需要作铺垫。最后，结合投资仲裁现状阐释国际投资条约仲裁司法审查制度的重要性，尤其是国际投资条约仲裁司法审查制度的支持作用和监督作用。

第二章国际投资条约仲裁条款的司法审查制度，从国际投资条约仲裁条款的视角深入剖析国际投资条约仲裁司法审查制度的第一项内容。国际投资条约仲裁条款因自身的国际法属性，直接影响司法审查的内容和标准，并对制度完善产生影响。国际投资条约仲裁条款的司法审查需要经过多个步骤：第一，审查国际投资条约仲裁条款是否存在，由于是国际投资条约中的仲裁条款，国际投资条约仲裁条款的存在具有不同的形式要求，同时可能受到最惠国待遇条款的影响。第二，审查国际投资条约仲裁条款是否有效，国际投资条约仲裁条款的效力与国际投资条约的效力保持一致，与国际商事仲裁条款独立性不同。法院需要根据国际法标准认定国际投资条约对具体争议的效力。东道国意思表示同样是国际投资条约仲裁条款效力的重要审查内容,不可忽略意思表示的前置条件的多种形式。第三,审查国际投资条约仲裁条款是否失效,国际投资条约仲裁条款因为存在于国际投资条约中,其失效除了因符合条约的失效条件外,还可能存在违反其他国际法而失效的特殊情形。第四,审查投资争端、缔约国、投资者是否符合国际投资条约仲裁条款的生效范围,在具体争端下,结合国际投资条约仲裁条款的效力范围,判断投资争端、东道国、投资者是否适格。最终针对司法审查制度中存在的问题,在司法审查主体和对象、司法审查内容、司法审查标准等方面提出完善措施。

第三章国际投资条约仲裁裁决撤销的司法审查制度,从裁决撤销的视角深入剖析国际投资条约仲裁司法审查制度的第二项内容。国际投资条约仲裁裁决的司法审查集中探讨撤销制度,就司法审查而言,因为国际投资争端解决中心(以下简称为 ICSID)仲裁裁决通过《ICSID 公约》排除了裁决的司法审查,故国际投资条约仲裁裁决的司法审查仅指非 ICSID 仲裁裁决的撤销,这其中包括《ICSID 附加便利规则》仲裁裁决的撤销。国际投资条约仲裁裁决撤销理由主要有:①国际投资条约仲裁条款无效;②违反正当程序;③仲裁庭组成或仲裁程序不当;④仲裁庭越权;⑤违反公共政策。ICSID 仲裁裁决撤销虽非司法审查,但其撤销制度的丰富理论和实践,为国际投资条约仲裁裁决司法审查提供三点启示:一是有必要进行实体审查;二是需要重视"违反公共政策"的撤销理由;三是司法审查标准的统一。国际投资条约仲裁裁决撤销对裁决和国际投资条约仲裁条款的效力影响不同,在裁决撤销过程中存在重新仲裁的救济手段,在裁决撤销后当事人可采取另行仲裁或另行起诉的救济方式。针对撤销理由、撤销标准、救济制度的问题,本书提出将争议事项的可仲裁性纳入撤销理由、将透明度要求归为仲裁程序、扩展"违反公共政策"理由的审查范围、提升重新仲裁的优先适用性等完善建议。

　　第四章国际投资条约仲裁裁决承认与执行的司法审查制度,从裁决承认与执行的视角深入剖析国际投资条约仲裁司法审查制度的第三项内容。国际投资条约仲裁裁决承认与执行的司法审查,着重分析非 ICSID 仲裁裁决承认与执行的司法审查,以及非《ICSID 公约》缔约国对 ICSID 仲裁裁决的司法审查。在国际投资条约仲裁裁决承认与执行的司法审查的主体与程序方面,重点分析东道国法院的司法审查主体资格问题,笔者反对因国际投资条约中"裁决的终局性""裁决对争议当事人有拘束力"的表述,便草率地否定东道国法院的司法审查权利,该类表述并不能起到排除司法审查的效果,而应根据国际投资条约的具体规定进行具体判断。针对不予承认与执行国际投资条约仲裁裁决的理由,侧重分析裁绝无拘束力或被撤销、争议事项不具备可仲裁性两项理由,在不予执行的救济中通过制度比较分析上诉机制。最后提出赋予东道国法院司法审查主体资格、设置不予承认与执行裁定的上诉机制、限制当事人异议权默示放弃制度等完善建议。

　　第五章中国国际投资条约仲裁司法审查制度的完善聚焦中国视角,结合中国的国际与国内层面的国际投资条约仲裁司法审查制度进行论证。中国国际投资条约仲裁司法审查制度的完善要把握《中华人民共和国仲裁法》修订、中国兼具资本输出大国和资本输入大国的双重身份的背景,以及共建"一带一路"的目标。结合中国国际投资条约及其仲裁的发展现状,以及中国国际投资条约仲裁司法审查制度的现状,将"良法"要求细化为公正合理、投资者与东道国利益平衡、比例原则三大理念指引。针对国际条约制度存在透明度要求的缺失、东道国法院的司法审查主体资格不明晰、中国的《纽约公约》商事保留对投资仲裁的限制等问题,以及国内法律制度存在国际投资条约仲裁的纳入不明确、"违反公共利益"审查范围较窄、司法审查管辖法院的级别较低、上诉制度缺失等问题。从国际条约和国内法两条路径提出针对性完善建议,前者从国际投资条约和《纽约公约》的具体问题入手,后者

国际投资条约仲裁司法审查制度研究

在国际投资条约仲裁条款司法审查制度、仲裁裁决撤销制度、仲裁裁决承认与执行的司法审查制度、国际投资条约仲裁司法审查机制 4 个方面进行，以期共同推动中国国际投资条约仲裁司法审查制度发展。

第一章　国际投资条约仲裁司法审查制度的基本问题

第一节　国际投资条约仲裁司法审查制度的概念与内容

一、国际投资条约仲裁司法审查制度的产生

　　各国通过国内立法和国际条约逐步确立起仲裁司法审查制度。自 11 世纪末欧洲经济的快速发展与资本势力的崛起,封建王权与宗教势力相互争夺主导权,为商事仲裁的兴盛提供了机遇。① 之后,封建王权树立统治权威,保留仲裁庭对案件的处理权,但通过司法机构进行监督,仲裁的司法审查由此开始。英国于 1697 年颁布了第一部仲裁法,法院拥有介入仲裁的权限,起

---

　　① 参见[美]哈德罗·J.伯尔曼:《法律与革命——西方法律传统的形成》,贺卫方等译,中国大百科全书出版社,1993 年,第 121~122 页。

初法院对仲裁并不友好,确立了法院的管辖权不容剥夺的原则,甚至允许法院撤销仲裁协议而裁定提交法院解决。后有所改善,至第二次世界大战结束以后,仲裁司法审查制度发展较快,不同国家间的国内制度一致性和协调性不断增强。① 国内法律制度的仲裁司法审查标准或依据主要分布在仲裁法和民事诉讼法中,例如,仲裁法包含涉外仲裁裁决撤销和不予执行的法律制度,民事诉讼法详细规定涉外仲裁裁决和外国仲裁裁决的承认与执行制度。而仲裁司法审查的国际制度是随着国际条约的发展而逐渐完善的,1889 年的《蒙得维的亚国际民事诉讼程序条约》虽是南美洲国家间的区域性条约,但对外国仲裁的裁决和效力作出了规定。国际联盟于 1927 年主持订立了《关于执行仲裁裁决执行的公约》,但影响力依然有限。直到 1958 年联合国国际贸易法委员会主持的《纽约公约》以及 1985 年的《国际商事仲裁示范法》的产生,对于各国仲裁司法审查制度的发展与统一,影响重大且至今不衰。② 1965 年国际复兴开发银行(世界银行)执行主任所共同制定的《ICSID 公约》的签署,直接影响国际投资条约仲裁裁决的司法审查,形成国际投资条约仲裁司法审查制度的独特性之一。此外,双边投资协定和自由贸易协定的投资章节,也是国际投资条约仲裁司法审查制度的来源。

仲裁司法审查制度的产生具备现实需求和内在逻辑。仲裁与司法审查有天然联系,仲裁虽具有良好的独立性和自治性,但当事人拒绝自觉履行仲裁裁决时,需要国家司法机关的强制力协助执行。因此当《纽约公约》努力解决外国仲裁裁决的承认与执行问题,在收获数量众多的缔约国同时,大大提升了仲裁这一争端解决机制的使用率和影响力,对仲裁发展意义重大。与此同时,仲裁机制单纯依靠仲裁内部的监督和自律也是不足的,需要司法

---

① 参见赵秀文:《国际商事仲裁法》,中国人民大学出版社,2016 年,第 5~7 页。
② 参见夏霁:《国际商事仲裁裁决执行机制比较研究》,华东政法大学博士论文,2014 年,第 31~34 页。

机关的监督,对于当事人而言,司法审查是仲裁裁决的救济途径,是保障公正性的基础要求,以维护当事人的合法权益,维持仲裁的持久生命力和可持续发展。① 仲裁组织的民间性、仲裁程序的灵活性、一裁终局的便捷性,加上仲裁权具备的权力属性,甚至涉及国家公共利益的保护需求,决定了司法机关的司法审查是必然要求。② 因此各国在仲裁法中普遍纳入司法审查内容,制度间差异多集中在司法审查内容具体设置及仲裁效率与公平价值的平衡处理上。③

　　仲裁司法审查制度对于国际投资条约仲裁司法审查的适用,体现国内制度和部分国际制度的一致性。仲裁司法审查的国内制度以普通国际商事仲裁视角为主,但存在适用于国际投资条约仲裁司法审查的可行性。普通国际商事仲裁司法审查从环节划分包括:仲裁开庭前的司法审查、仲裁进行中的司法审查、仲裁裁决作出后的司法审查;按照主要内容划分包括:仲裁协议的司法审查、仲裁裁决撤销的司法审查、仲裁裁决承认与执行的司法审查。④ 国际投资条约仲裁司法审查的分类与之相似。仲裁协议的效力直接决定仲裁庭管辖权,如果要将管辖权授予仲裁庭,排除法院的管辖权,当然要存在有效的仲裁协议,虽然该情况下法院不具备对争端的管辖权,但依然拥有审查仲裁协议的权力。仲裁协议同时是仲裁程序得以进行、仲裁裁决得以执行的重要依据。⑤ 国际投资条约仲裁条款的作用与之相同。各国国内法律通常对仲裁协议的具体内容不作详细要求,法院对于仲裁协议效力的认定普遍较为宽松,只要当事人表明了仲裁意愿,尊重其选择,尽量认可

①　参见袁野、袁冰如:《我国仲裁制度的司法监督机制探讨》,《学术界》,2017 年第 8 期。
②　参见武兰芳:《完善仲裁司法监督制度的现实价值评析——以完善多元化纠纷解决机制为视角》,《河北法学》,2010 年第 9 期。
③　参见朱克鹏:《论国际商事仲裁中的法院干预》,《法学评论》,1995 年第 4 期。
④　参见杜焕芳:《近年来中国法院对国际商事仲裁的司法审查》,《商事仲裁》,2013 年第 10 期。
⑤　参见张潇剑:《国际私法学》,北京大学出版社,2000 年,第 553～554 页。

仲裁协议的效力。中国则稍显特殊,对仲裁协议设置的审查条件相对严格。[1] 这也影响了中国国际投资条约仲裁司法审查制度的完善。仲裁裁决的司法审查主要涵盖仲裁裁决撤销的司法审查和仲裁裁决承认与执行的司法审查,是否撤销或承认与执行取决于司法审查制度规定的具体情形和理由。国际投资条约仲裁裁决的司法审查与之一致,但可能受到其他国际条约的额外约束。故仲裁司法审查的国内法律制度和《纽约公约》等国际制度有适用于国际投资条约仲裁司法审查的基础。

当然,国际投资条约仲裁司法审查与普通国际商事仲裁司法审查除了存在大量一致性外还有些许差异性,这些差异性则源于国际投资条约和《ICSID 公约》。国际投资条约仲裁因其仲裁的性质、影响和司法审查的内容,离不开国际投资条约中的条款规定,包括对于司法审查的直接规定,《ICSID 公约》也存在对投资仲裁司法审查的限制。但无论如何,就仲裁司法审查制度而言,一致性在制度层面的体现更明显,差异性则需通过制度更新和完善来平衡。故仲裁司法审查制度的产生发展史也是国际投资条约仲裁司法审查制度的历史。

二、国际投资条约仲裁司法审查制度的概念

(一) 国际投资条约仲裁

新冠肺炎疫情之下的国际投资、国际投资条约与国际投资条约仲裁发生了深刻变化。20 世纪 80 年代之前,国际投资主要在发达国家间进行,而 80 年代之后国际投资数量和数额大幅增长,向发展中国家的流入明显增加,

---

[1]　参见杜新丽:《论国际商事仲裁的司法审查与立法完善》,《现代法学》,2005 年第 6 期。

现如今发展中国家的资本输出能力也在不断增强。联合国贸易和发展会议2020 年发布的《世界投资报告:疫情之下的国际生产》中,全球外国直接投资相较于 2019 年的 1.54 万亿美元,于 2020 年疫情之下大幅度下降约 40% ,成为 2005 年来首次低于 1 万亿美元的年份。流向发达国家的外国直接投资在 2019 年达 8000 亿美元,但在 2020 年平均下跌 20% 至 35% ,其中流向欧洲的外国直接投资下降最为明显,最高可达 45% 。2019 年至少有 54 个国家通过了 107 项投资政策措施鼓励国际投资发展,同时也有部分国家为了国家安全或国家资源,新设限制或加强外国收购监管。截至 2020 年,促进和保护国际投资的国际投资条约已达 3291 项(2902 项 BITs 和 389 项包含投资条款的条约)。[1] 国际投资条约改革和老一代条约现代化改造在各地区逐步进行。疫情之下的国际投资发展机遇与挑战并存,不可避免产生更多的投资者-东道国争端,对公正合法的国际投资条约仲裁和公正合理的国际投资条约仲裁司法审查的需求更明显。

投资者与东道国间的国际仲裁包括国际投资条约仲裁(International Investment Treaty Arbitration)、国际投资协议(合同)仲裁(International Investment Agreement Arbitration),[2]以及易被忽视的投资者依据东道国国内立法提起的仲裁。而实践中投资者与东道国的仲裁通常是因条约中的仲裁条款提起,较少是依据合同中的仲裁条款或国内立法产生。[3] 本书从国际实践和国家需要出发,集中探讨国际投资条约仲裁。

国际投资条约仲裁是投资者依条约授权对东道国提起的仲裁,国内外

---

① *World Investment Report 2020: International Production beyond the Pandemic*, United Nations Conference on Trade and Development, June 16, 2020, pp. 1 – 17.

② 实践中投资者与东道国间签订的合同被称为"投资协议",为避免与国际条约性质的投资协议混淆,本书将前者称为"投资协议",后者称为"投资条约或投资协定"。参见林爱民:《国际投资协定争议仲裁研究》,复旦大学博士论文,2009 年,第 1 页;王军杰:《论"一带一路"沿线投资政治风险的法律应对》,《现代法学》,2018 年第 3 期。

③ 参见[美]加里·B.博恩:《国际仲裁:法律与实践》,白麟等译,商务印书馆,2015 年,第 56 页。

学者对此概念均有运用和表述。国内学者通常使用术语"国际投资条约仲裁"或"国际投资仲裁"表达该含义,①使用"国际投资条约仲裁"的表述时会有"投资者基于东道国与投资者所属国签署的双边或多边投资保护条约中的仲裁条款对东道国提起的仲裁"②的详细阐述;使用后者时则有"国际投资仲裁是指国际投资协定或自由贸易协定所规定的外国投资者与东道国之间国际投资争端的解决方式(Investor – State Dispute Settlement,ISDS)"③的界定,或者"国际投资仲裁是依据国际投资条约解决投资者与东道国间管制性争议的机制"④的归纳,以及"国际投资仲裁是指主要由《解决国家与他国国民间投资争端公约》和有关国家之间签订的双边投资保护协定(以下简称为BIT)所确立的外国投资者直接针对东道国政府提起的国际仲裁"⑤的表述。国外学者则通常使用术语"投资条约仲裁(investment treaty arbitration)"⑥"基于条约的投资者与国家间仲裁(treaty – based investor – state arbitration)""投资者与国家间条约仲裁(investor – state treaty arbitration)"来表达,⑦学者吉尔·朱迪恩(Gill Judith)指出"条约仲裁是私人投资者在条约下对东道国

---

① 参见余劲松:《国际投资条约仲裁中投资者与东道国权益保护平衡问题研究》,《中国法学》,2011 年第 2 期;郭玉军:《论国际投资条约仲裁的正当性缺失及其矫正》,《法学家》,2011 年第 3 期。张晓君:《国际经济法学》,厦门大学出版社,2012 年,第 137 页。

② 乔慧娟:《论国际投资条约仲裁中的法律适用问题》,《武汉大学学报》(哲学社会科学版),2014 年第 2 期。

③ 樊静、衣淑玲:《国际投资仲裁监督机制改革问题研究》,《河北法学》,2015 年第 2 期。

④ 徐树:《国际投资仲裁庭管辖权扩张的路径、成因及应对》,《清华法学》,2017 年第 3 期。学者徐树特意在论文中指出国际投资条约主要包括双边投资协定(BIT)和包含投资章节的自由贸易协定(FTA)。

⑤ 肖芳:《国际投资仲裁裁决在中国的承认与执行》,《法学家》,2011 年第 6 期。

⑥ Alomar,Rafael Cox,Investment Treaty Arbitration in Cuba,*University of Miami Inter – American Law Review*,vol. 48,Issue 3,Spring 2017,pp. 1 – 55. Susan D. Franck and Linsey E. Wylie,Predicting Outcomes in Investment Treaty Arbitration,*Duke Law Journal*,vol. 65,no. 2,2015,pp. 459 – 526.

⑦ 乔慧娟:《论国际投资条约仲裁中的法律适用问题》,《武汉大学学报》(哲学社会科学版),2014 年第 2 期。

提起的"①,学者克劳迪亚·普里姆(Claudia Priem)强调"保护投资者在东道国权益的争端解决机制,这项权利来自2800多个 BITs、《能源宪章条约》等多边投资条约或数目不断增加的自贸协定"②。

综上所述,国际投资条约仲裁可界定为:投资者为寻求管制性争议的中立性解决,基于国家间投资条约的仲裁条款针对东道国提起的仲裁。国际投资条约仲裁与普通国际商事仲裁的概念具备一定相似性,但是性质大不相同。

一方面,国际投资条约仲裁当事人中东道国是国际公法关系主体,涉及的是管制性争议,该类仲裁调整的是不对等的国家管理关系,不同于普通国际商事仲裁调整国际私法关系主体的平等民商事法律关系。所以国际投资条约仲裁是以私法机制解决国际公法性质的争端,③关乎国家在条约中的国际责任。④ 部分中外学者指出国际投资条约仲裁具备国际公法属性,还有部分外国学者认为国际投资条约仲裁兼具公私属性。⑤ 有学者提出,国际投资条约仲裁背后理论也不同于普通国际商事仲裁的混合理论、司法权理论和契约理论,而更偏向自治理论,⑥但这似乎将国际投资条约仲裁理想化。笔者更倾向于国际投资条约仲裁侧重司法权理论,强调国家对仲裁的控制力

---

① See Gill Judith, Investment Treaty Arbitration, *European Business Law Review*, vol. 17, Issue 2, 2006, pp. 417 – 422.

② Claudia Priem, International Investment Treaty Arbitration as a Potential Check for Domestic Courts Refusing Enforcement of Foreign Arbitration Awards, *N. Y. U. Journal of Law & Business*, vol. 10, no. 1, 2013, p. 192.

③ 参见张建:《对无默契仲裁管辖权正当性的反思——以中国参与国际投资争议解决的实践为视角》,《西部法学评论》,2017 年第 5 期。

④ See Akriti Gupta, Investment treaty arbitration as public international law: procedural aspects and implications by Eric De Brabandere, *Jindal Global Law Review*, vol. 7, no. 2, 2016, p. 333.

⑤ See Guillermo J. Garcia Sanchez, The Blurring of the Public/Private Distinction or the Collapse of a Category? The Story of Investment Arbitration, *Nevada Law Journal*, vol. 18, no. 1, winter 2018, pp. 491 – 492. Suha Jubran Ballan, Investment Treaty Arbitration and Institutional Backgrounds: An Empirical Study, *Wisconsin International Law Journal*, vol. 34, no. 1, 2016, p. 50.

⑥ 参见张强:《国际投资仲裁的法律性质评议》,《南开经济研究》,1988 年第 5 期。

和经国家认可的法律在仲裁中的地位和作用,①因为投资条约的签订主体并非投资者与东道国,仲裁当事方不存在严格意义上的契约,仲裁的合法性来自东道国参与的国际条约,若条约有具体规定,则仲裁庭组成等问题需依照条约进行。因此需要认识到国际投资条约仲裁与普通国际商事仲裁的性质区别,这也直接影响国际投资条约仲裁司法审查制度的适用和完善。

另一方面,国际投资条约仲裁是“无默契”仲裁,投资者与东道国间并无直接的合同关系或合同相对性(privity)。② 此种“无默契”仲裁是指外国投资者依据东道国在其签署的国际条约中作出的同意提交仲裁意思表示,就东道国违反条约中投资保护义务而提起的仲裁。而普通国际商事仲裁的当事人间存在合同相对性,依据双方达成的仲裁协议提起的仲裁,是“默契”仲裁。当事人提起仲裁的依据、仲裁庭管辖权来源、司法审查的内容皆因仲裁性质的差异而不同,为相应的司法审查制度完善埋下了伏笔。

事实上,国际投资条约仲裁的历史并不悠久,但案件数量和影响力逐步增加。1794 年《杰伊条约》开始支持国家间仲裁解决投资者与国家间的争端,但很长一段时间内,只有国家才能成为仲裁当事方,投资者需依附母国,不具备独立的仲裁主体资格。直到 1965 年《ICISD 公约》的签署,才标志着投资者开始享有独立的仲裁请求权,从国家本位迈进投资者本位。而 20 世纪 80 年代,瑞士与斯里兰卡的双边投资协定中首次加入投资者提起仲裁的条款,并经美式 BIT 的推广,逐步形成投资者可依据条约对东道国提起仲裁的一系列 BITs。③ 因亚洲农产品有限公司(英国)援引英国与斯里兰卡的

---

① 参见张晓君:《司法权对商事仲裁的干预及其限度》,《河北法学》,2006 年第 4 期。

② See Jan Paulsson, Arbitration without Privity, *ICSID Rev. Foreign Investment Law Journal*, vol. 10, no. 1,1995,pp. 232 – 234.

③ 参见石慧:《投资条约仲裁机制的批判与重构》,法律出版社,2008 年,第 2~9 页。

BIT 于 1987 年对斯里兰卡提起仲裁,①1990 年第一个国际投资条约仲裁裁决在 ICSID 诞生。② 在联合国贸易和发展会议 2020 年发布的《国际投资协定事项记录:投资者-东道国争端解决案例》中,2019 年新增 55 起国际投资条约仲裁案件,该类案件总数达 1023 起。截至 2020 年 4 月,ICSID 的仲裁案件总数达 812 起。③ 国际投资条约仲裁作为国际投资条约仲裁司法审查的对象,充分认识与把握该类仲裁是分析与完善国际投资条约仲裁司法审查制度的前提。

(二)国际投资条约仲裁司法审查

国际投资条约仲裁司法审查的概念界定首先需厘清各个词组的含义。所谓"国际",可以当事人因素、标的因素、案件事实因素为标准,诸如投资者国籍、经常居所地、法人注册地与东道国,标的物,产生、变更、消灭的法律事实,与不止一个国家有关。所谓国际"投资",有学者指明是"国际间资金流动的一种重要形式,为获得经济效益,投资者将其资本投入国外的一种经济活动"④。还有学者强调"是投资者为获取预期收益而从事的跨国或境外的资本交易活动"⑤。与国际投资法仅调整国际私人直接投资关系不同,⑥本书中的国际投资同时包含国际直接投资和国际间接投资。⑦ 所谓"条约",《维

---

① *Asian Agricultural Products Limited v. Democratic Socialist Republic of Sri Lanka*, ICSID Case No. ARB/87/3, June 27, 1990. https://icsid. worldbank. org/en/Pages/cases/casedetail. aspx? CaseNo = ARB/87/3.

② See Susan D. Franck & Linsey E. Wylie, Predicting Outcomes in Investment Treaty Arbitration, *Duke Law Journal*, vol. 65, no. 1, 2015, p. 463.

③ ICSID: cases, https://icsid. worldbank. org/en/Pages/cases/AdvancedSearch. aspx, 最后访问日期:2019 年 3 月 9 日。

④ 余劲松:《国际投资法》,法律出版社,2018 年,第 1 页。

⑤ 王传丽:《国际经济法》,法律出版社,2016 年,第 223 页。

⑥ 参见余劲松、莫世健等:《国际经济法学》,高等教育出版社,2016 年,第 263 页。

⑦ 与《外商投资法》第二条"本法所称外商投资,是指外国的自然人、企业或者其他组织(以下称外国投资者)直接或者间接在中国境内进行的投资活动"相适应。

也纳条约法公约》明确"国家间所缔结而以国际法为准之国际书面协定"①。学者进一步具化："至少两个国际法主体意在原则上按照国际法产生、改变或废止相互间权利义务的意思表示的一致。"②概念中所称国际投资条约是指双边投资协定以及包含投资仲裁条款的自贸协定或相关多边条约。所谓"仲裁",学者强调："由争议双方共同选定的与该争议无利害关系的第三者解决他们之间争议的制度。"③此处需注意有学者所谓"无默契仲裁"的国际投资条约仲裁的共同选定方式不同于普通国际商事仲裁。④

　　国际投资条约仲裁司法审查的概念是在"国际投资条约仲裁"概念基础上,进一步厘清司法审查的含义。"国际投资条约仲裁"的概念可归纳为:投资者为寻求管制性争议的中立性解决,基于国际投资条约的仲裁条款针对东道国提起的仲裁。而所谓"司法审查",在学界的类似表述较多,例如"司法介入""司法干预""司法监督",但在不同国家的定义不尽相同。英美法国家常指法院对于各级政府行为的审查,有权使立法机关和行政机关的不合宪行为无效;或者法院对于下级法院或行政主体的事实或法律结果的审查。⑤ 在中国则指人民法院对行政行为的合法性进行审查的国家司法活动,⑥司法机关对行政机关的权力活动的合法性、妥当性进行审查,对于非法

---

① 《维也纳条约法公约》第二条第一款(甲),中国人大网,http://www.npc.gov.cn/wxzl/gong-bao/2000-12/07/content_5003752.htm,最后访问日期:2019年3月10日。
② 李浩培:《条约法概论》,法律出版社,2003年,第3页。
③ 赵秀文:《国际商事仲裁法》,中国人民大学出版社,2016年,第2页。
④ 参见张建:《对无默契仲裁管辖权正当性的反思——以中国参与国际投资争议解决的实践为视角》,《西部法学评论》,2017年第5期。
⑤ Bryan A. Garner:Black's Law Dictionary,Thomson West,Eighth Edition,2004,p. 2479.《韦氏法律词典》的定义为"宪法赋予法院权力去撤销法官认定违宪的立法或行政法案"。《牛津现代法律用语词典》的解释与布莱克法律词典完全一致。《韦氏法律词典》,中国法制出版社,2014年,第267页。《牛津现代法律用语词典》,法律出版社,2003年,第485页。
⑥ 《新编常用法律词典》的定义为"人民法院对行政行为的合法性进行审查的国家司法活动"。《法律辞典》的定义为"司法机关对法的实施过程中的违法犯罪行为和自身系统中的执法活动的合法性进行的监察、督导"。《新编常用法律词典》,中国法制出版社,2016年,第373页。《法律辞典》,法律出版社,2003年,第1333页。

不当的行为予以监督纠正。[①] 仲裁权具备权力属性,[②]尤其是国际投资条约仲裁涉及国家主权,必然要列入司法审查的范围。

综上,"国际投资条约仲裁司法审查"的概念为:司法机关根据法律规定,对于国际投资条约仲裁的合法性、合理性进行审查的司法活动。因此"国际投资条约仲裁司法审查制度"就是国家制定或认可的,调整国际投资条约仲裁司法审查活动的法律规范的总称。国际投资条约仲裁司法审查制度具有特殊性和丰富性。一方面,仲裁司法审查的国内制度并不是一部单独的部门法,而是散见于仲裁法、民事诉讼法及司法解释中,与其他仲裁法律制度融合;另一方面,仲裁司法审查的内容和结果决定了仲裁司法审查制度与其他国际制度紧密相连,诸如《纽约公约》。就国际投资条约仲裁司法审查制度而言更为特殊,司法审查与国际条约的关系更为密切,条约中部分条款是司法审查的具体内容。故本书对于国际投资条约仲裁司法审查制度的研究,内容相对广泛,不仅包含仲裁司法审查的国内制度,还囊括与国际投资条约仲裁司法审查紧密相连的国际条约。

在厘清国际投资条约仲裁司法审查的概念之后,鉴于普通国际商事仲裁司法审查深入人心,本部分有必要回应"国际投资条约仲裁司法审查是否真实存在"的疑问。国际投资条约仲裁司法审查的存在,可从三方面予以支持。

其一,制度存在。双边投资协定、自贸协定、多边条约和国内法律制度均不同程度规定和证明了国际投资条约仲裁司法审查的存在。例如:《中国-加拿大双边投资条约》第 32 条"……对临时裁决适用的审查程序……"

[①]　参见朱科:《中国国际商事仲裁司法审查制度完善研究》,法律出版社,2018 年,第 20～21 页。

[②]　学者乔欣认为仲裁权是仲裁庭作出公正裁决的权力,学者张春良则提出仲裁权兼具程序选择权利和社会司法权力双重属性。本书此处所言"具备权力属性"仅侧重强调反对"权利论"。参见乔欣:《仲裁权研究——仲裁之程序公正与权利保障》,法律出版社,2001 年,第 15 页。张春良:《国际商事仲裁权的性态》,《西南政法大学学报》,2006 年第 2 期。

"在根据《ICSID 附加便利规则》或《联合国国际贸易法委员会（UNCITRAL）仲裁规则》作出最终裁决的情况下：……法院已驳回或接受修改、撤销或废止该裁决的申请"的表述,囊括了裁决撤销的司法审查;《纽约公约》本身并未排除国际投资条约仲裁的适用,第 5 条直接规定裁决承认与执行的司法审查,"业经裁决地所在国或裁决所依据法律之国家之主管机关撤销"的条款也暗含了裁决撤销的司法审查;《荷兰民事诉讼法典》等国内法在未排除国际投资条约仲裁适用的情况下,第 1065"撤销理由"等条款明确规定了裁决撤销的司法审查。

其二,实践存在。"英国天然气集团公司（BG Group）诉阿根廷"案、"Sanum 诉老挝"案、"尤科斯公司（Yukos）诉俄罗斯"案、"Achmea 诉斯洛伐克"案等,均是近年来国际投资条约仲裁实践中颇具影响的司法审查案例,国内法院撤销国际投资条约仲裁裁决的实践。

其三,学理存在。近年来一批学者已经逐步着手国际投资条约仲裁司法审查的研究,并形成重要成果,诸如学者安西亚·罗伯茨（Anthea Roberts）的《投资条约仲裁裁决的司法审查》（Judicial Review of Investment Treaty Awards）,以"BG Group 诉阿根廷"案为引子,剖析国内法院进行司法审查的两个特点。① 学者肖芳的《国际投资仲裁裁决司法审查的"商事化"及反思——以美国联邦最高法院"BG 公司诉阿根廷"案裁决为例》指出,国内法院采取何种方式对国际投资仲裁裁决进行司法审查,是否应该采用"商事化"即与普通国际商事仲裁的司法监督相同的方式,尚未有定论,并评判美国法院将普通国际商事仲裁的司法审查适用投资仲裁的做法。黄世席的《国际投资仲裁裁决的司法审查及投资条约解释的公正性基于"Sanum 案"和"Yukos

---

① See Anthea Roberts and Christina Trahanas, Judicial Review of Investment Treaty Awards: BG Group v. Argentina, *The American Journal of International Law*, Vol. 108, No. 4, October 2014, pp. 750 – 763.

案"判决的考察》,从荷兰海牙地方法院和新加坡最高法院上诉法庭分别对"Yukos 案"和"Sanum 案"的判决入手,探讨对相关国际投资仲裁裁决进行司法审查过程中的投资条约的解释问题。

三、国际投资条约仲裁司法审查制度的内容

(一)国际投资条约仲裁司法审查制度的研究对象

国际投资条约仲裁司法审查制度的研究对象包括 ICSID 仲裁的司法审查和非 ICSID 仲裁的司法审查,ICSID 仲裁因《ICSID 公约》之故,基本排除了司法审查,仅存 ICSID 仲裁裁决在非《ICSID 公约》缔约国的承认与执行的司法审查。而非 ICSID 仲裁的司法审查不受影响,既包括机构仲裁下斯德哥尔摩商会仲裁院等传统商事仲裁机构的投资条约仲裁,又包括临时仲裁下根据《UNCITRAL 仲裁规则》进行的投资条约仲裁、《ICSID 附加便利规则》仲裁、根据其他仲裁规则进行的国际投资条约仲裁等的司法审查。结合仲裁司法审查的案件类别以及司法审查的功能,本书着重探讨国际投资条约仲裁条款的司法审查、仲裁裁决撤销的司法审查、仲裁裁决承认与执行的司法审查三个方面的制度内容:

其一,国际投资条约仲裁条款是当事人提起仲裁和仲裁庭管辖权的依据与来源,法院有必要审查国际投资条约仲裁条款是否存在、是否有效、是否失效、效力范围等内容。国际投资条约仲裁条款的司法审查由当事人向法院提起,法院根据国际条约和相关国内法进行审查,并根据国际投资条约仲裁条款的效力和效力范围确定仲裁庭的管辖权。由此判断国际投资条约仲裁条款对具体投资争端的效力,针对国际投资条约仲裁条款效力作出裁定。

其二,国际投资条约仲裁裁决撤销的司法审查是当事人申请撤销裁决时法院进行的司法审查,其结果影响裁决效力,通常情况下,国际条约和国内法均赋予仲裁地国内法院撤销本国仲裁裁决的权力。撤销由当事人按照法定程序向法院申请,法院依据国内法规定的仲裁协议、仲裁程序、仲裁庭权限、仲裁事项、效果影响等相关审查标准,裁定是否撤销仲裁裁决。

其三,国际投资条约仲裁裁决承认与执行的司法审查是当事人申请承认与执行裁决时法院进行的司法审查,也是国际条约和国内法授权。仲裁庭有权作出裁决,但即便裁决具有效力,也离不开执行地法院的强制力付诸实施,毕竟无法实现每一个当事人都自觉履行裁决义务。当事人根据法定程序申请后,执行地法院在承认与执行前,将依据仲裁协议、仲裁程序、仲裁庭权限、裁决效力、仲裁事项、效果影响等审查标准,对仲裁裁决进行司法审查,进而裁定是否承认与执行。

国际投资条约仲裁司法审查制度并非仅局限于国内制度,还覆盖到双边投资协定、自贸协定投资章节、《纽约公约》等国际条约。一方面,国际投资条约仲裁的提起、管辖权、裁决撤销和裁决承认与执行均与国际条约息息相关,仅通过国内法律制度不足以真正完善国际投资条约仲裁司法审查制度,甚至可以将国际条约完善视为司法审查制度完善的前提。国际投资条约与普通仲裁协议相比,不同条款间的联系更加紧密,涉及和影响司法审查的内容和结果,故还需对条约中其他相关条款的设立和解释给予充分重视。另一方面,国际投资条约仲裁司法审查制度需要协调国内制度和国际条约,保证一致性,避免实践中面临制度矛盾,这也是国际投资条约仲裁司法审查制度的特殊性体现。普通国际商事仲裁司法审查制度多着眼于国内法,最多涉及国际条约的适用问题,但国际投资条约仲裁司法审查制度的内容显然更加广泛。

（二）国际投资条约仲裁司法审查的分类

国际投资条约仲裁司法审查根据不同的分类标准,主要分为以下三类:

1.按照国际投资条约仲裁机构的类别,国际投资条约仲裁司法审查可分为机构仲裁司法审查和临时仲裁司法审查

根据国际投资条约的仲裁条款规定,国际投资条约仲裁下的机构仲裁以 ICSID 仲裁为主,即提交 ICSID 在《ICSID 公约》下进行的仲裁;以斯德哥尔摩商会仲裁院等传统商事仲裁机构的仲裁为辅,即通过国际投资条约允许传统商事仲裁机构进行的仲裁;由于《ICSID 公约》禁止司法审查,故 IC-SID 仲裁基本与司法审查制度无关,仅余 ICSID 仲裁裁决在非《ICSID 公约》缔约国的承认与执行。而临时仲裁则以根据《UNCITRAL 仲裁规则》进行的仲裁以及《ICSID 附加便利规则》仲裁为主,以根据其他仲裁规则进行的仲裁为辅。这些临时仲裁加上传统商事仲裁机构的仲裁统称为非 ICSID 仲裁,非ICSID 仲裁不受《ICSID 公约》约束,需受司法审查制度规制。机构仲裁与临时仲裁的司法审查存在不同。根据仲裁的发展轨迹,仲裁初始状态是临时仲裁,后出现专业仲裁管理组织才形成机构仲裁。[①] 临时仲裁是为审理某一特定争议而专门设立,在仲裁员选择、仲裁规则、程序适用等方面更为灵活自由,当事人可自行选择仲裁规则来解决纠纷,国际投资条约仲裁实践中以《UNCITRAL 仲裁规则》和《ICSID 附加便利规则》最为常用,争议处理完毕后临时仲裁庭自动解散。临时仲裁相对灵活,常常能够节省仲裁开支,[②]其司法审查由仲裁地国法院着手国际投资条约仲裁条款的司法审查和裁决撤销事宜,由执行地国法院着手裁决的承认与执行问题。

---

① 参见张建:《中国商事仲裁的国际化挑战》,《上海政法学院学报》,2016 年第 1 期。

② 参见赵秀文:《国际商事仲裁法》,中国人民大学出版社,2016 年,第 23～25 页。

机构仲裁一般是由常设仲裁机构进行,其设立并非为某一特定争议,而是针对不特定争议的仲裁。当事人将争端提交仲裁机构后,自有对应的仲裁规则和程序行进,秘书处等类似机构会提供妥善的管理服务。国际商事仲裁领域形成了一批知名仲裁机构,诸如国际商会仲裁院(ICC)、伦敦国际仲裁院(LCIA)、海牙常设仲裁法院(PCA),除了可能进行机构仲裁,当前这些仲裁机构同时为部分依联合国国际贸易法委员会(UNCITRAL)仲裁规则进行的国际投资条约仲裁案件提供服务,但该类仲裁不属于机构仲裁范畴,仍属临时仲裁范畴。就国际投资条约仲裁而言,最重要的仲裁机构当属国际投资争端解决中心(ICSID),不同于前述国际商事仲裁机构,ICSID 专门针对投资者-东道国争端,其仲裁程序较为完备,自治性很强,不受外界影响。《ICSID 公约》赋予裁决强大的执行力,通常而言,除了内部的撤销审查,IC-SID 之外的缔约国国内法院既无权撤销,又无权拒绝承认与执行,缔约国司法审查的可能性被《ICSID 公约》所排除。[①] 但 ICSID 仲裁在承认与执行阶段可能受到缔约国之外国家的法院司法审查,此时的司法审查不受《ICSID 公约》约束,与临时仲裁的司法审查制度相同。此外,中国由于仲裁起步较晚,仲裁制度的管控色彩依然存在,仲裁及其司法审查需具备仲裁机构要素,将临时仲裁排除在仲裁法之外,但近年上海自由贸易试验区内临时仲裁的认可是临时仲裁发展的有益尝试,也为未来临时仲裁的司法审查提供了可能性。

2. 按照司法审查范围的类别,国际投资条约仲裁司法审查可分为程序审查和实体审查

程序审查着眼于仲裁的程序问题,实体审查着眼于仲裁的法律适用问

---

① 参见[德]鲁道夫·多尔查、[奥]克里斯托弗·朔伊尔:《国际投资法原则》,祁欢等译,中国政法大学出版社,2017 年,第 250~255 页。

题和事实问题。司法审查的范围关涉法院对于仲裁的干预程度,程序审查更有利于维护仲裁的效率,实体审查则更有利于维护仲裁的公正。在仲裁司法审查领域,中国自 20 世纪 90 年代中后期便展开学术争鸣,后形成了以程序审查为主的观点,确认了程序审查为主的原则。但部分学者指出仍有学者坚持"全面监督论",认为只要当事人能够提供证据证明仲裁的实体问题错误,法院需要进行审查。① 最高人民法院工作者也指出现在依然存在不同认识,部分法官沿袭诉讼思维,重视实体审查。② 就国际投资条约仲裁司法审查而言,延续以程序审查为主的传统是显而易见的,但适当的实体审查同样重要。

3. 按照司法审查案件的类别,国际投资条约仲裁司法审查可分为国际投资条约仲裁条款的司法审查、仲裁裁决撤销的司法审查、仲裁裁决承认与执行的司法审查

审查内容与仲裁进程存在一定的契合度,从仲裁的依据到裁决的效力,再至裁决的具体落实。从国内法律制度层面看,常涉及仲裁法、民事诉讼法。以联合国国际贸易法委员会《国际商事仲裁示范法》为例,其中对于仲裁协议司法审查、仲裁裁决的撤销、仲裁裁决的承认与执行均有详细规定,明确了司法审查主体、条件和标准。除了国内法律制度外,国际投资条约仲裁司法审查还受双边投资协定、自贸协定、《纽约公约》的规制。此外,这些条件和标准中,既涉及仲裁条款有效性、当事人陈述案情与否、仲裁庭组成等程序性事项的司法审查,又涉及与国家公共政策相抵触的实体性事项司法审查可能性。③

---

① 参见李露霞、塔利莉:《浅析我国仲裁司法监督的范围》,《行政与法》,2014 年第 11 期。
② 参见朱科:《中国国际商事仲裁司法审查制度完善研究》,法律出版社,2018 年,第 44 ~ 49 页。
③ 学者万鄂湘指出不必在"程序监督论"和"全面监督论"之间作非此即彼的选择。万鄂湘、于喜福:《再论司法与仲裁的关系——关于法院应否监督仲裁实体内容的立法与实践模式及理论思考》,《法学评论》,2004 年第 3 期。

(三)国际投资条约仲裁司法审查制度与国际商事仲裁司法审查制度的联系

从全球视角看,国际投资条约仲裁司法审查国内制度与普通国际商事仲裁司法审查国内制度常处于通用状态,即适用广义的仲裁司法审查制度,具有现实中的一致性,制度通用虽非定论,却是当下实情。在一般情况下,提及仲裁司法审查制度,常默认为是普通国际商事仲裁的司法审查制度,因此有必要论证国际投资条约仲裁与普通国际商事仲裁通用司法审查制度的法律支撑。

其一,在理论制度层面,未经明文限制的"商事"的内涵包括"投资",国际投资条约仲裁被视为广义国际商事仲裁的一种特殊类型,支持司法审查制度的通用。例如,联合国国际贸易法委员会 1985 年制定的《国际商事仲裁示范法》中对"商事"的详细解释,明确包含了"投资"。[①] 各国的仲裁法或民事诉讼法,以及中国的相关司法解释,通常无法证明排除国际投资条约仲裁司法审查的适用,尤其是东道国可以被定性为"公法人"的法律人格,为制度通用提供支撑。[②]《纽约公约》虽非国内法律制度,但其适用于国际投资条约仲裁裁决承认与执行的司法审查是没有疑问的,为制度通用提供支撑。[③]学者的理论研究中多承认制度通用的"实然"状态。学者 S. R. Subramanian 以印度为视角,指出印度并无针对国际投资条约仲裁的特殊法律制度,适用于普通国际商事仲裁司法审查的《1996 年仲裁和调解法案》同样适用于国际

---

① 《国际商事仲裁示范法》,联合国国际贸易法委员会 A/40/17,1985 年 6 月 21 日,第一章第 1 条第 1 款。具体内容为:对"商事"一词应作广义解释,使其包括不论是契约性或非契约性的一切商事性质的关系所引起的事项。商事性质的关系包括但不限于下列交易:供应或交换货物或服务的任何贸易交易;销售协议;商事代表或代理;保理;租赁;建造工厂;咨询;工程;使用许可;投资;筹资;银行;保险;开发协议或特许;合营和其他形式的工业或商业合作;空中、海上、铁路或公路的客货载运。
② 参见蔡从燕:《国际投资仲裁的商事化与"去商事化"》,《现代法学》,2011 年第 1 期。
③ 参见肖芳:《国际投资仲裁裁决在中国的承认与执行》,《法学家》,2011 年第 6 期。

投资条约仲裁裁决的司法审查。[①]中国学者肖芳虽指出国际投资条约仲裁司法审查制度的"应然"状态尚无定论,但同时承认当前国际投资条约仲裁司法审查的"商事化",并在国际投资仲裁下非 ICSID 仲裁裁决的承认与执行中,强调适用普通国际商事仲裁裁决的承认与执行制度。学者张利民指出,国际投资条约仲裁在承认与执行过程中被视为国际商事仲裁。学者黄世席提出,国际投资条约仲裁裁决与国际商事仲裁裁决适用相同制度进行撤销或承认与执行的司法审查。

其二,在司法审查实践层面,实践案例中当事人提起司法审查和各国法院进行司法审查的国内法依据均是通用普通国际商事仲裁司法审查的国内制度,当前未有设立或适用不同制度。2014 年的"BG Group 诉阿根廷"案是第一次美国最高法院就国际投资仲裁裁决的司法审查案件作出裁判。阿根廷提起裁决撤销的依据是《美国联邦仲裁法》(FAA),[②]美国联邦最高法院拒绝了被申请人阿根廷和作为"法庭之友"的美国政府等提出的,应为国际投资仲裁裁决的司法审查单独设立新规则的请求,而完全沿用了美国法院在普通国际商事仲裁裁决司法审查中的先例,根据这些先例中的规则裁定维持下级法院的裁判,驳回了阿根廷要求撤销该投资仲裁裁决的请求。[③]2000 年的"Metalclad 诉墨西哥"案是北美自由贸易协议(NAFTA)框架下第一起国际投资条约仲裁裁决司法审查案件,在根据《ICSID 附加便利规则》作出仲裁裁决后,墨西哥申请撤销以及法院司法审查均适用《英属哥伦比亚省国际

[①]　See S. R. Subramanian, BITs and Pieces in International Investment Law: Enforcement of Investment Treaty Arbitration Awards in the Non – ICSID States: The Case of India, *The Journal of World Investment & Trade*, vol. 14, no. 1, 2013, p. 232.

[②]　See Anthea Roberts and Christina Trahanas, Judicial Review of Investment Treaty Awards: BG Group v. Argentina, *The American Journal of International Law*, Vol. 108, No. 4, October 2014, p. 752.

[③]　参见肖芳:《国际投资仲裁裁决司法审查的"商事化"及反思——以美国联邦最高法院"BG 公司诉阿根廷"案裁决为例》,《法学评论》,2018 年第 3 期。

商事仲裁法》。① "Sanum 诉老挝"案中,老挝政府依新加坡《国际仲裁法》提请新加坡法院司法审查。② "Yukos 诉俄罗斯"案、"Achmea 诉斯洛伐克"案同样适用荷兰和欧盟的适用于普通商事仲裁司法审查的法律。③ 其他还有"DT 诉印度"案、"Allawi 诉巴基斯坦"案、"SGA 诉委内瑞拉"案等类似情形。

除国内法律制度外,《纽约公约》的适用也体现两者的密切联系。当投资者与东道国通过国际投资条约选择非 ICSID 的方式进行投资仲裁,则会产生非 ICSID 国际投资条约仲裁是否适用《纽约公约》的问题。针对该问题,有学者指出这些非 ICSID 仲裁裁决不受《ICSID 公约》束缚,被视为仲裁地国的裁决,与普通国际商事仲裁一样,可以按照《纽约公约》在缔约国申请承认与执行。考虑到仲裁中东道国与投资者地位平等,投资活动在性质上属于商事行为,非 ICSID 仲裁应被视为国际商事仲裁的特殊形式。尤为重要的是,《纽约公约》第七条规定"本公约之规定不影响缔约国间所订关于承认及执行仲裁裁决之多边或双边协定之效力,亦不剥夺任何利害关系人可依援引裁决地所在国之法律或条约所认许之方式,在其许可范围内,援用仲裁裁决之任何权利",该条说明《纽约公约》不仅适用于第一条所列的自然人与法人间的普通商事仲裁裁决,还适用于投资者与东道国间的投资仲裁裁决。④

因此,笔者根据当前理论制度和国际实践,从仲裁司法审查国内制度的"通用"现实出发,以国际投资条约仲裁司法审查与普通国际商事仲裁司法审查的国内制度的一致性为基础,再结合国际投资条约仲裁司法审查的特殊性,进而从国际投资条约仲裁的视角展开仲裁司法审查制度的理论和实

---

① See *United Mexican States v. Metalclad Corp.* (B. C. Sup. Ct. 2001), pp. 133 – 136, at http://www. dfait – maeci. gc. ca/tna – nac/documents/trans – 2may. pdf, March 23,2004.

② See Judgment, in the Court of Appeal of the Republic of Singapore,2016 SGCA 57.

③ 参见魏艳茹:《ICSID 仲裁撤销制度研究》,厦门大学出版社,2007 年,第 190 页。

④ 参见孙南申、孙颖:《论国际投资仲裁裁决在〈纽约公约〉下的执行问题》,《广西师范大学学报》(哲学社会科学版),2020 年第 1 期。

践分析与完善。当然,国际投资条约仲裁司法审查制度并不局限于国内法律制度,仲裁司法审查的国际条约制度亦在本书的讨论范围之内,诸如双边投资协定和自贸协定中的争端解决条款,《纽约公约》的适用和内容分析,不予承认与执行理由的适用标准和审查标准等内容,均十分重要。

第二节　国际投资条约仲裁司法审查制度的理论支撑

一、权力监督理论

仲裁权具备权力属性,理应受到监督。权力是行为主体对其他行为体产生预期效果的能力。[①] 权力是存在于关系之中、通过强制性力量、具有正当性依据的能力。[②] 首先,就仲裁权的性质而言,有学者认为仲裁权是仲裁庭对争议进行审理并作出公正裁决的权力,[③]也有学者提出仲裁权兼具程序选择权利和社会司法权力双重属性,[④]但并不影响仲裁权具备权力属性的共识。其次,权力既可能产生正面效应又能够造成负面影响,权力的功能正确发挥主要取决于权力能否受到有效监督。对权力的监督是整个人类社会的重要议题,洛克在《政府论》中开启欧洲近代权力监督的理论,确立法律和道

---

① 参见[美]丹尼斯·朗:《权力论》,陆震纶、郑明哲译,中国社会科学出版社,2001 年,第 3 页。
② 参见李成林:《宪政民主视野下的中国特色权力制约理论研究》,吉林大学博士论文,2012 年,第 5~7 页。
③ 参见乔欣:《仲裁权研究——仲裁之程序公正与权利保障》,法律出版社,2001 年,第 15 页。杨荣新:《仲裁法理论与适用》,中国经济出版社,1998 年,第 152 页。刘家兴:《论仲裁权》,《中外法学》,1994 年第 2 期。李汉生:《仲裁法释论》,中国法制出版社,1995 年,第 1 页。
④ 参见张春良:《国际商事仲裁权的性态》,《西南政法大学学报》,2006 年第 2 期。

德对权力的双重制约,权力必须在法律的框架中运行。① 卢梭在《社会契约论》中强调监督制度的适用性和应用限度。② 马克思则在《马克思恩格斯全集》中指出权力监督的逻辑前提是权力体系要制度化、法治化,符合人民根本利益。③ 罗素、福柯等思想家也对权力监督理论进行拓展。④ 就国际投资条约仲裁而言,仲裁权权力属性更为明显,国际投资条约赋予仲裁庭较大的裁量空间,事实上赋予了仲裁庭控制国家行为的权力,直接影响国家权力的实施和国内公共利益的保护,故对权力进行监督的基本法理的运用尤为重要,孟德斯鸠在《论法的精神》中强调有权力的人都容易滥用权力,权力使用到有界限的地方才会终止。仲裁权的界限必须由法律制度进行约束。

司法机关对国际投资条约仲裁进行监督具备必要性,即司法审查的必要性。各国国内立法通过仲裁法或民事诉讼法对仲裁进行不同程度的干预和监督,并非偶然。首先,当事人利益和国家主权不可能允许仲裁完全脱离司法审查。国际投资条约仲裁权关涉投资者利益和东道国利益,直接影响国家主权行使和公共利益保护,倘若仲裁庭的仲裁权缺少司法监督,在一定程度上是对国家权威的挑战,司法审查的实质是国家权力的延伸。⑤ 其次,司法机关的监督与强制执行间存在联系。仲裁裁决具备法律约束力,但缺乏强制力履行,有必要依靠司法机关的强制力执行。与此同时,司法机关需进行必要的审查。国际投资条约仲裁司法审查是司法权对仲裁的监督制约,监督其公正合理性,监督是司法审查的内在属性。⑥ 仲裁权监督尺度也符合从疏于审查到严格审查,再到合理审查的历史发展阶段。从历史发展

---

① 参见[英]洛克:《政府论》(下篇),商务印书馆,2015 年,第 107 页。
② 参见[法]卢梭:《社会契约论》,李平沤译,商务印书馆,2003 年,第 164 页。
③ 参见《马克思恩格斯全集》,人民出版社,2002 年,第 349 页。
④ 参见王天海:《权力监督的思想谱系及其当代启示》,《中国人民大学学报》,2019 年第 1 期。
⑤ 参见周江:《商事仲裁司法监督模式的理论反思》,《北京仲裁》,2006 年第 4 期。
⑥ 参见朱科:《中国国际商事仲裁司法审查制度完善研究》,法律出版社,2018 年,第 32 页。

角度来看,仲裁与司法的互动已然形成,几无可能重回仲裁脱离司法,享受绝对自治的时代。司法不能过度干预仲裁,导致仲裁的价值丧失,但司法倘若完全脱离仲裁,仲裁裁决的执行也将成为问题。① 当然,学者李双元也通过"国家消亡之日,司法当消亡,而仲裁将永存"②的话语表现出对仲裁的信念。再次,仲裁自身的局限性也需要司法机关的监督,学者 Blackaby 和 Partasides 甚至指出"法院可以离开仲裁而生存,但仲裁绝不能离开法院"③。仲裁的效率为人称道,也是其延续至今而不衰的动力,但一裁终局特征以及选择仲裁便放弃诉讼的制度,在保证仲裁效率的同时,也使当事人对公正性产生一定忧虑,而合理的司法审查便可消除忧虑,力图保证仲裁裁决兼具公正与效率,实现仲裁的功能与价值目标,保障仲裁事业的健康发展。④ 最后,司法审查并非仅仅是约束、限制,监督之目的是为了支持仲裁的长久发展。国内法院对国际仲裁的积极支持,对于国家良好形象的树立和国家间友好关系的建立都具有重要意义,在此过程中仲裁的实践也更为顺畅,进一步发挥仲裁的定纷止争作用。⑤ 总而言之,在合法、合理、正当、必要的基础上,司法审查是司法与仲裁互动、优势互补的体现,是对效益的强调和对公正的坚守之间的融合,是一裁终局与多重救济的交流。在司法干预仲裁的过程中,不但完成了司法审查机关的使命,更有效地发挥仲裁的特色优势和保障其可持续发展。

---

① See F. D. J. Brand, Judicial Review of Arbitration Awards, *Stellenbosch Law Review*, vol. 25, no. 2, 2014, p. 249.

② 李双元:《国际经济贸易法律与实务新论》,湖南大学出版社,1996 年,第 383 页。

③ Nigel Blackaby and Constantine Partasides, *Redfern & Hunter on International Arbitration*, Oxford: Oxford University Press, 5 edition, 2009, p. 439.

④ 参见丁朋超:《我国国际商事仲裁司法监督体制的反思与重构》,《华北水利水电大学学报》(社会科学版),2018 年第 1 期。

⑤ 参见汪祖兴:《仲裁监督之逻辑生成与逻辑体系——仲裁与诉讼关系之优化为基点的渐进展开》,《当代法学》,2015 年第 6 期。

　　司法机关的监督与仲裁的独立性并不冲突。仲裁的出现早于司法,体现了仲裁的特点与价值。这种在实践中形成的争端解决方式,早于国家和国家机器的产生。① 追溯到古希腊、古罗马时期,仲裁便已得到广泛运用。中世纪时,仲裁始作为一项制度,商业交易的繁荣和商人数量的剧增,产生了"商事法院"②,商人群体中选出"法官"审理案件,此时仲裁处于绝对自治状态,将自身优势发挥得淋漓尽致。③ 自 14 世纪中叶,仲裁纳入国内法框架,步入现代仲裁阶段。④ 仲裁是当事人通过仲裁协议的订立或通过条约仲裁条款的方式,自愿采取的争端解决方式,具备契约性。在国家机器诞生后,仲裁裁决可通过法院强制执行,与法院判决效力类似,又体现司法性。仲裁相对诉讼最大的特点是自愿性,争端是否提交仲裁、临时仲裁或是机构仲裁、仲裁地为何、仲裁庭人员组成、仲裁程序规则等均由当事人意愿确定。自愿性伴随的便是灵活性,当事人的自主决定权较大,对于当事人的吸引力和信任度均有帮助。仲裁的专业性是仲裁事业长久不衰的法宝,仲裁法中对于仲裁员的资格和专业水平常有规定,对于仲裁机构的仲裁员管理也有要求。国际仲裁的便捷性和国际性,能够免去不同国家间法律制度差异的羁绊,超越一定的地理空间和法律空间,进行争端解决。其裁决的终局性,免去上诉机制的时间和金钱花费,充分满足当事人的利益。普通国际商事仲裁还具备保密性,考虑到维护当事人商业声誉、避免更多纠纷缠身等因素,案件不公开审理,无关人员非经允许不得参与,⑤当然,国际投资条约仲裁并不适合,联合国国际贸易法委员会《2013 仲裁规则》已纳入《投资人与

---

　　① 参见赵秀文:《国际商事仲裁法》,中国人民大学出版社,2016 年,第 2~4 页。
　　② 欧洲大陆中世纪的商事法院,虽冠以"法院"之名,但并非国家设立的司法审判机关,实则由商人们自行建立。本段的"法官"也是如此。
　　③ 参见于湛旻:《国际商事仲裁司法化问题研究》,法律出版社,2017 年,第 1~5 页。
　　④ 参见黄进、宋连斌等:《仲裁法学》,中国政法大学出版社,2007 年,第 15 页。
　　⑤ 参见郭玉军、梅秋玲:《仲裁的保密性问题研究》,《法学评论》,2004 年第 2 期。

国家间基于条约仲裁透明度规则》,对于文件的公布、提供的材料均有透明度要求,尤其是审理应公开进行。仲裁的独立性与司法审查并不冲突,仲裁机构并不隶属于行政机关,仲裁庭的裁判权受到监督,但依然保持独立性,法院无权指导仲裁权行使。

国际投资条约仲裁司法审查在当代更具意义。普通国际商事仲裁已将"法院对仲裁实施保障与监督"列为原则,[①]说明是否需要和能否监督已经争议不大,当代司法审查制度将更多地关注审查内容、审查标准等关键问题。国际投资条约仲裁司法审查存在两种关系结构:一方面法院与仲裁庭间的审查与被审查关系,另一方面法院面对当事人的诉求,与双方当事人形成"居中裁判"的关系,当事人对于法院的监督拥有期待。[②] 相对复杂的关系要求法院在司法审查时把握好利益均衡和权力干预适当,要求司法审查制度公正合理。当下国际投资条约仲裁的规模和影响力逐步显现,重视和梳理国际投资条约仲裁司法审查制度,明确理念引导,完善制度内容,使得国际投资条约仲裁司法审查制度更加公正合理,在当代进一步发挥司法审查的重要功能,作为国际投资条约仲裁效力落实的坚实基础、国际投资条约仲裁公信力的坚强后盾、国际投资条约仲裁事业健康长久发展的有力保障。[③]

二、国家主权理论

国家主权是国家对本国范围内一切事务的最高权威和最高统治权,在国内是最高的,对国外是独立的。[④] 国家主权是国际法领域的基本原则和基

---

① 参见赵秀文:《国际商事仲裁法》,中国人民大学出版社,2016 年,第 12~13 页。
② 参见朱科:《中国国际商事仲裁司法审查制度完善研究》,法律出版社,2018 年,第 36 页。
③ 参见刘敬东:《司法:中国仲裁事业发展的坚定支持者》,《人民法治》,2018 年第 5 期。
④ 参见周鲠生:《国际法》(上册),商务印书馆,1976 年,第 75 页。

础理论,国家主权在法律意义上的确认经过了三个阶段:首先,1576 年法国学者让·博丹在《共和六论》中创制主权概念,运用于政治学;其次,格劳秀斯在《战争与和平法》中从国际法视角论述了国家间的主权原则;最后,《威斯特伐利亚和约》的签订正式确立了国家主权的法律意义。[①] 主权是国家具有独立自主地处理自己的对内对外事务的最高权力。国家主权理论拥有丰富的实践和理论内涵,其背后蕴含着人民对民族国家的诉求与认同,也是地域范围内秩序和稳定最高效的保证。[②] 更为重要的是,国家主权在经济全球化背景下依然良好存在、意义重大。习近平总书记在党的十九大报告中指出:"世界处于大发展大变革大调整时期,世界多极化、经济全球化、社会信息化、文化多样化深入发展,各国相互联系和依存日益加深。"[③]经济全球化的形成和深化发展更凸显国家主权理论的重要性。早在 20 世纪中后期,经济全球化的逐步发展过程中,学者阿尔温·托夫勒在《第三次浪潮》中提出"民族国家崩溃",即民族国家的权力向上交给国际组织,向下挤压至次国家区域或团体。[④] 但有学者驳斥了此种观点,他强调地方的或局部团体的权力不会完全脱离国家的管理,而国际组织是国家自愿组成以解决全球共同性问题,相互合作,其功能发挥有范围限制,在各自领域产生积极作用,国家具有决策权,并非民族国家的权力被无条件转移。虽然马克思认为国家和国家主权在历史发展中终将消逝,但目前离消逝状态显然还很遥远。[⑤] 所以国家主权的崩溃或消失在相当长一段时间内是不现实的,更不会因为经济全球化而消亡。故需要坚持尊重和维护国家主权,这是国际法的基本要求。

---

① 参见邵津:《国际法》,高等教育出版社,2005 年,第 5 页。
② 参见章成:《全球治理与国家主权理论》,《重庆社会科学》,2014 年第 2 期。
③ 习近平:《决胜全面建成小康社会 夺取新时代中国特色社会主义伟大胜利——在中国共产党第十九次全国代表大会上的报告》,《人民日报》,2017 年 10 月 28 日。
④ 参见[美]阿尔温·托夫勒:《第三次浪潮》,朱志焱等译,生活·读书·新知三联书店,1983 年,第 383 页。
⑤ 参见李琮:《论经济全球化》,《中国社会科学》,1995 年第 1 期。

司法权是国家主权的一种表现形式,而司法审查权是司法权的重要内容之一,为国际投资条约仲裁司法审查的可行性打下理论基础。霍布斯在《利维坦》第十八章"论按约建立的主权者的权利"中指出司法权也属于主权的范围。[①] 有学者将司法权视为一种相对独立的国家权力,[②]更有学者为了突出司法权在主权层面的意义,提出了"主权性司法权"的概念。[③] 司法权蕴含权威性和统一性,在民族国家内拥有自主管辖权,拥有法律权威和强制力。司法审查是司法机关依法对权力行为的合法性、合理性进行审查的司法活动。司法权包括司法审查权与司法审判权,两者虽均为司法机关的职能,但司法审判侧重辨明是非曲直、解决纠纷,司法审查则侧重监察、督导,判断是否合法合理。司法审判与司法审查的提起手段不同,前者是起诉,后者是申请;司法审判与司法审查的司法目的不同,前者是解决当事人纠纷,后者是进行监督、维护仲裁事业;司法审判与司法审查的司法结果不同,前者多为判决,后者均为裁定。虽然司法权常常以审判权的形式表现出来,但这并不意味着司法权拘囿于审判,司法审查同样是司法机关的司法权行使。国际投资条约仲裁中仲裁庭的裁判权一定程度上是由国家主权赋予和让渡,倘若没有特别的条约限制和进一步让渡,法院有权对仲裁进行司法审查,只是该司法审查权是被动触发,需要经当事人申请。因国家主权对仲裁的控制力和经国家认可的法律在仲裁中的地位和作用,决定了国际投资条约仲裁条款效力和裁决撤销的司法审查由仲裁地国法院进行,而仲裁裁决需要借助司法权的强制力,由国家予以承认与执行,除非特别的条约限制,执行地国法院自然将仲裁裁决的承认与执行置于国家主权之下进行审查。

---

① 参见[英]霍布斯:《利维坦》,黎思复、黎廷弼译,商务印书馆,1985年,第120~140页。

② 参见张文显:《司法的实践理性》,法律出版社,2016年,第181页。

③ 参见章安邦:《司法权力论——司法权的一般理论与三种形态》,吉林大学博士论文,2017年,第120~122页。

三、"科斯定理"与"博弈论"

国际投资的经济学理论发展成型,为国际投资条约仲裁及其司法审查的经济学分析打下基础。经济学家是从国际贸易逐步转向国际投资的理论研究。18 世纪初,托马斯·孟在《英国得自对外贸易的财富》(England's Treasure by foreign trade)中提出以对外贸易作为增加财富的有效手段,只有把货币输出国外,依靠贱买贵卖,才能增加国家财富。① 典型的"重商主义"②思想,普遍自由贸易的概念也从此开始。③ 国际贸易理论体系的构成主要包括亚当·斯密的绝对成本理论——各国不同的生产条件决定了各国商品之间存在绝对成本差异,因此国际贸易分工存在现实基础。④ 大卫·李嘉图的比较成本理论——国际贸易分工不局限于绝对成本差异,不同国家间存在生产成本的比较差异,即可获得利益。⑤ 贝蒂尔·奥林的生产要素禀赋理论——生产结构中相互依赖的多种生产要素替代单一生产要素理论,这是产生比较成本差异的原因。⑥

国际贸易理论如火如荼的发展并没有同时带起国际投资理论的发展,究其原因,可能是经济学界开始并不认同以资本为代表的要素可以自由流

① 参见[英]托马斯·孟:《英国得自对外贸易的财富》,袁南宇译,商务印书馆,1997 年,第 2 ~ 10 页。

② 弗里德里希·李斯特在《政治经济学的国民体系》中认为"重商主义"是流行学派的误称,称为"重工主义"才恰当,但重商主义的概念和内容已经深入人心,本书仍然采纳该称谓。

③ 参见[德]弗里德里希·李斯特:《政治经济学的国民体系》,陈万煦译,商务印书馆,1961 年,第 106 页。

④ 参见[英]亚当·斯密:《国民财富的性质和原因的研究》,郭大力、王亚南译,商务印书馆,1972 年,第 2 ~ 36 页。

⑤ 参见[英]大卫·李嘉图:《政治经济学及赋税原理》,周洁译,华夏出版社,2013 年,第 1 ~ 21 页。

⑥ 参见[瑞典]贝蒂尔·奥林:《地区间贸易和国际贸易》,王继祖等译,首都经济贸易大学出版社,2001 年,第 2 ~ 17 页。

动。1957 年,罗伯特·蒙代尔在《国际贸易和要素流动》中扩宽了贝蒂尔·奥林的生产要素禀赋理论,支持要素跨越贸易障碍流动。对于绝对自由贸易的国家,生产要素的报酬可达到绝对的均等,但由于存在关税措施和非关税措施,以资本为代表的要素的自由流动,方能避开这些措施或壁垒,实现生产要素报酬的均等化,形成国际投资一定程度上取代部分国际贸易的可能。① 国际投资相比国际贸易更具主动性和灵活性,巨大收益的诱惑使得理论和实践均爆发性增长。海默在 1960 年提出垄断优势理论,解释国际投资行为,企业对外直接投资为了追求利润,而获利需要企业在东道国具备垄断优势,主张不完全竞争,如此方能与当地企业竞争中胜出。雷蒙·维农在1966 年提出产品生命周期理论,产品经过创新、成熟、标准化阶段后,往往从发达国家向发展中国家转移生产,分析考察区位因素。巴克利和卡森在1976 年提出内部化理论,通过国际投资扩大跨国公司,将本该在外部市场交易的业务发展为企业集团内部间的业务,形成内部化市场,实现一体化经营和利润最大化。小岛清在 20 世纪 70 年代中期提出比较优势理论,对外投资应从本国劣势部门但在东道国是优势部门的产业入手,利用东道国缺乏资金和潜在的比较优势获取利润。约翰·邓宁在 1977 年提出国际生产折衷理论,反对局限于国际投资理论,将国际贸易、资源转让等各派理论有机结合,强调企业应注重把握所有权优势、内部化优势和区位优势,降低投资失误。② 国际投资的经济学理论繁荣发展不仅指导了国际投资实践,也为国际投资条约仲裁及其司法审查的经济学分析打下基础。

　　"科斯定理"阐明了国际投资条约仲裁司法审查制度的经济意义与重要价值。科斯定理的表述为:"如果交易成本为零,无论产权(初始权利)如何

---

① 参见郭飞:《贸易自由化与投资自由化互动关系研究》,人民出版社,2006 年,第 276 页。
② 参见石慧:《投资条约仲裁机制的批判与重构》,法律出版社,2008 年,第 124~125 页。

界定,市场皆可引导社会经济达到高效率,实现产值最大化。"①经济学视角下的法律议题通常讨论法律制度如何产生和法律制度的经济功能两个主要问题。② 罗纳德·科斯于1960年的《社会成本问题》中首次对法律进行经济分析,科斯定理便来源于此文。1973年理查德·波斯纳的《法律的经济分析》是法学与经济学结合的经典著作,以新古典经济学为基础的价格理论分析多个部门法,把握经济本质,剖析经济逻辑,强调对经济效率的重视。③ 有学者指出,中国法学界对于科斯定理的认识不甚准确,"模拟市场、价高者得"是波斯纳对科斯定理的误读,在零交易成本下进行逻辑推论,将产权配置给最有价值的使用者。但事实上,零交易成本下的科斯定理只是开端,完整的科斯定理更强调在交易成本和制度成本大于零的现实世界中,法律对经济体系的"实然"和"应然"作用,强调通过法律的界权定则促进经济发展和社会产值最大化。④ 而不同的权利配置产生不同的效率,便利经济活动的法律制度才能受人拥护。⑤

就国际投资条约仲裁司法审查制度而言,国际投资条约仲裁司法审查通过支持和监督国际投资条约仲裁,实现促进国际投资的发展。国际投资活动的繁荣和发展,既需要东道国创造良好的营商环境,又需要外国投资者的投资利益得到合法保障,两方面均要求公正高效的国际投资条约仲裁。司法审查制度不但可以保障合法合理仲裁裁决的效力及顺利执行,而且可

---

① 斯蒂格勒在《价格理论》书中首次界定科斯定理,George J. Stigler, *The Theory of Price*, Macmillan Co., 1966, p. 113. 艾佳慧:《科斯定理还是波斯纳定理:法律经济学基础理论的混乱与澄清》,《法制与社会发展》,2019年第1期。

② See Michał Araszkiewicz · Pawel Banaś Tomasz Gizbert – Studnicki · Krzysztof Pleszka, *Problems of Normativity*, *Rules and Rule – Following*, Singapore: Springer, 2015, p. 113.

③ 参见[美]理查德·波斯纳:《法律的经济分析》,蒋兆康译,法律出版社,2012年,第2～49页。

④ 参见艾佳慧:《科斯定理还是波斯纳定理:法律经济学基础理论的混乱与澄清》,《法制与社会发展》,2019年第1期。

⑤ 参见晏玲菊:《国际商事仲裁制度的经济学分析》,上海三联书店,2016年,第58页。

以对不公正、不合理仲裁给予否定性评价,起到监督作用,保证国际投资条约仲裁沿公正高效的正确轨道发展。反之,缺乏国际投资条约仲裁司法审查制度将不利于投资活动发展。其一,在单次投资纠纷中,仲裁庭作出国际投资条约仲裁裁决后,若败诉方对裁决的合法合理性存疑,却无司法审查制度予以监督,裁决便径直被承认与执行,败诉方很可能采取资产转移等各种方式阻挠裁决执行,导致本次投资活动的恢复几无可能,严重破坏当事人间的投资关系。其二,司法审查制度的缺位,不仅会影响单次的投资争端解决,甚至会对东道国和整体外国投资者产生影响,对投资活动产生不利。依实践经验,缺乏公正合理性的国际投资条约仲裁更可能偏向投资者,倘若长期缺失司法审查制度的监督作用,很可能导致东道国对于仲裁的信赖丧失,排斥仲裁又导致外国投资者的信任危机,最终使得投资者与东道国的合作关系破裂,致使投资交往减少。总而言之,国际投资条约仲裁司法审查制度是仲裁合法合理性的保障,司法审查机关本质是仲裁的支持者,只有确保国际投资条约仲裁的健康有序发展,才能切实便利经济活动,促进投资发展。[①]

　　"博弈论"诠释国际投资条约仲裁司法审查制度致力于实现正和博弈。"博弈论"是理性行为体在一定的规则条件下,预测其他参与者的行为,然后分析自身行为可能的结果得失,从而作出行动决策。[②] 实质是研究各理性人在其行为发生直接相互作用时的决策及决策均衡的问题。[③] 20 世纪 30 年代之前,博弈论专注于零和博弈(一方所得必为另一方等量损失);至 40 年代,冯·诺依曼和奥斯卡·摩根斯坦恩在《博弈论与经济行为》中系统地将博弈论引入经济学;之后 50 年代、60 年代的"那什均衡""囚徒困境"、不完全信

---

　　① 参见[美]斯蒂文·G.米德玛:《科斯经济学:法与经济学和新制度经济学》,罗君丽等译,格致出版社,2018 年,第 12~35 页。
　　② 参见胡宗山:《博弈论与国际关系研究:历程、成就与限度》,《世界经济与政治》,2006 年第 6 期。
　　③ 参见胡希宁、贾小立:《博弈论的理论精华及其现实意义》,《中共中央党校学报》,2002 年第 2 期。

息博弈、均衡选择问题等理论不断发展;至 70 年代博弈论形成了完整体系,成为主流经济学的重要部分。① 从博弈类型来说,其基本形式为"零和博弈"与"非零和博弈"。现实生活中,人们并不会时刻思索损害他人利益谋求自身收益,更多是寻求相互间合作或更高程度的合作,从而获得大量合作剩余,这便为正和博弈创造了现实条件。②

就国际投资条约仲裁司法审查制度而言,其促进了两个层面的正和博弈。其一为投资者与东道国之间的正和博弈。当投资者与东道国将投资争端提交仲裁时,该国际投资条约仲裁虽为裁判双方利益分配,但不能视为"零和博弈"的"战场",否则当事人可能在仲裁的博弈中不择手段地作出使自己获益的决策,诸如恶意拒绝履行公正裁决,或者通过不正当手段造成不公正裁决的作出。这就要求以合法合理的国际投资条约仲裁促成正和博弈,明确本次仲裁是对当前投资争端的公正解决,解决争端避免成本进一步增加,同时希望促进投资的继续进行以及其他投资活动的发生。而国际投资条约仲裁司法审查制度的支持与监督作用,是仲裁合法合理性的重要保障,可以助力打破投资者与东道国间的零和博弈思维,促成正和博弈。③ 其二为仲裁庭与司法审查机关之间的正和博弈。国际投资条约仲裁司法审查制度虽授权司法审查机关对仲裁庭的仲裁进行监督,对缺乏公正合理性的裁决可能予以撤销或不予承认与执行,但该监督恰恰是为了支持国际投资条约仲裁的发展。考虑到国际仲裁并非投资者与东道国投资争端解决的唯一方式,一旦无法保障合法合理性,只会造成仲裁的使用率和信任度降低,这与当前出现一定程度的仲裁危机一致。值得一提的是,司法审查制度本

---

① 参见[美]罗伯特·约翰·奥曼:《博弈论讲义》,周华任等译,中国人民大学出版社,2017年,第 8~35 页。

② 参见朱富强:《重新理解合作博弈概念:内涵和理性基础》,《社会科学辑刊》,2012 年第 2 期。

③ 参见韦森:《哈耶克式自发制度生成论的博弈论诠释——评肖特的〈社会制度的经济理论〉》,《中国社会科学》,2003 年第 6 期。

身也是对司法审查机关的权力进行合理约束,避免干预过度。故国际投资条约仲裁司法审查制度的存在,有利于仲裁庭与司法审查机关形成正和博弈共识,减少不合法、不合理仲裁的产生,出现更多司法审查机关支持裁决效力、承认与执行仲裁裁决的实践。

事实上,国际经济法领域的多数合作均属于正和博弈,各方既存在共同利益,又有一定的竞争关系,在合作或是放弃合作的选择面前,各方常常明智地选择合作共赢。[①] 国际关系的现实主义学派指出合作中缺乏安全感的一方往往只关心谁获益最多,而忽视参与合作的各方能否共同获益。因此国际投资条约仲裁司法审查制度可给予投资者、东道国、仲裁庭、司法审查机关等各博弈方以安全感,该安全感源自对公平正义的追求和各方利益的平衡。正如威廉·埃文斯所言:"条约法本身是非零和博弈的产物,反过来有助于合作的继续。"[②]

第三节　国际投资条约仲裁司法审查的特殊性

一、价值取向的特殊性

国际投资条约仲裁司法审查的价值排序异于普通国际商事仲裁司法审查,尤其是公正与效率的博弈。国际投资条约仲裁的性质、影响和危机,决定了其司法审查的特殊性要求。首先,国际投资条约仲裁司法审查对仲裁

---

① 参见刘志云:《国际关系理论中的博弈论与国际经济法的发展》,《外交学院学报》,2005 年第 80 期。

② Aceves William J., Institutionalism Theory and International Legal Scholarship, *The American University Journal of International law & Policy*, vol. 12, no. 2, 1997, p. 259.

公正性的要求和排序更高。普通国际商事仲裁司法审查侧重保证仲裁的效益,这也符合商事仲裁的发展历程和目标,商人的逐利性和对效率的追求,决定了一裁终局的必然要求,花费大量的时间得到正义并一定满足当事人的需要。与此不同,国际投资条约仲裁具备公法性质,一方当事人为拥有国家主权的东道国,仲裁规制对象是国家的管理行为,涉及金额巨大,其司法审查必然将保障公正性排在首位。况且国际投资条约仲裁确实在某些程序或裁决中存在不公正的实践,这也是仲裁机制改革愿意接纳上诉机制的重要原因,相对于上诉机制完全抛弃了一裁终局,司法审查制度完善更具可行性,避免将投资仲裁视为司法的一审程序。但司法审查机关需要充分行使审查职权,严格监督仲裁条款、仲裁裁决不公正不合法之处。① 双方当事人虽然可能被耗费更多的时间,但是赔偿金额及潜在影响相比普通国际商事仲裁也更为重要,公正性的优先依然符合利益需要。

其次,国际投资条约仲裁司法审查对仲裁的支持需在公正合理范围内。普通国际商事仲裁司法审查体现支持仲裁的明显倾向,合法范围内最大限度地作出有利于仲裁的裁决,若非必须干预的情形则不予干预,可以认可的情形就予以认可,尽量认定仲裁协议有效,积极支持仲裁程序行径,充分尊重当事人的意思自治。但国际投资条约仲裁司法审查在合法的前提下需强调支持与监督的合理性,即避免盲目支持仲裁。由于投资仲裁的赔偿性后果将由东道国承担,实则由各国纳税人担负,而司法审查机关作为纳税人供养的机关和国家机关,以及国家内部政府机构与司法机关常见的交流合作,司法审查更有理由偏向东道国,不排除东道国司法机关尽可能撤销或不予承认与执行不利于东道国的仲裁裁决的行径。所以国际投资条约仲裁司法审查将更强调公正合理发挥监督功能,司法审查机关须依法正当行使权力,

---

① 参见徐树:《国际投资仲裁庭管辖权扩张的路径、成因及应对》,《清华法学》,2017 年第 3 期。

在合法合理范围内支持仲裁。

最后,普通国际商事仲裁司法审查涉及的是私人主体间的利益博弈,对于利益的均衡度要求不如效率要求高,争端的快速解决与落实最为重要。[①] 但国际投资条约仲裁司法审查涉及的是公私主体间的利益博弈,尤其是东道国的利益常常涉及社会公共利益,稍有不慎,对于国家的政治和经济波动影响很大,这就要慎重保障东道国合法利益,但投资仲裁的最终目的是顺利解决投资争端,增强外国投资者的信心,进而实现国际投资的发展,所以倘若利益天平完全朝向东道国,则似竭泽而渔,最终是对整个司法审查制度、仲裁制度和国际投资制度的损害。因此国际投资条约仲裁司法审查对于仲裁公正性和当事人利益平衡要求很高,在保证公平的基础上整体考虑双方利益,合理地行使司法审查权力。

二、审查侧重的特殊性

国际投资条约仲裁司法审查因制度约束的不同,导致与普通国际商事仲裁司法审查的具体内容和部分标准存在差异。国际投资条约仲裁与普通国际商事仲裁调整对象的性质不同,司法审查实践中面临的问题区别较大,司法审查制度的具体适用需要按照各自的内容和视角进行,便形成了不同的审查侧重。

其一是国际投资条约仲裁条款的司法审查。除了自裁管辖权的共同性关注外,国际商事仲裁协议司法审查主要针对仲裁协议的合意、仲裁机构的明确性、仲裁条款并入提单的问题、仲裁条款失效的情形、仲裁条款的独立

[①] 参见谭立:《商事仲裁庭组成程序的异化与修正——基于博弈论的分析》,《西南政法大学学报》,2014 年第 2 期。

性、合同转让对仲裁协议效力的影响、保险理赔后仲裁条款对保险人的效力、短信缔结合同的仲裁条款等问题,因为国际商事仲裁的仲裁协议是商事合同,纯粹的契约视角,私法规定、私法内容、私法主体在实践中的侧重。①但国际投资条约仲裁条款并非合同,而是国际投资条约中的条款,乃是国际法范畴,其司法审查可能更侧重国际投资条约仲裁条款存在、仲裁条款有效、仲裁条款的失效、仲裁条款的生效范围、仲裁条款的东道国同意问题、投资条约的解释权等涉及公法层面的问题,许多契约视角的仲裁协议问题在投资仲裁条款面前并无探讨必要,司法审查更多地将精力投入与实践联系紧密的独特性问题。②

其二是仲裁裁决撤销的司法审查。普通国际商事仲裁司法审查侧重于裁决国籍确定问题、重新仲裁问题、当事人异议权默示放弃和撤销理由,国际投资条约仲裁司法审查虽然同样针对这些问题进行审查,甚至制度适用也无明显差别,但关键是制度的具体适用和审查标准发生变化,诸如撤销理由的具体审查尺度和事项范围可能存在较大不同。而《ICSID 公约》内部撤销制度且排除国内法院的司法审查,这是普通国际商事仲裁司法审查不需考量的问题。③

其三是仲裁裁决承认与执行的司法审查。普通国际商事仲裁司法审查侧重于不予执行理由不得与撤销的理由相同、仲裁庭的组成与仲裁规则不符、仲裁裁决超出仲裁范围、仲裁条款被诉讼管辖条款取代等内容,国际投资条约仲裁司法审查针对大多数内容将以投资条约仲裁视角重新审视,关

---

① See Anthea Roberts, Divergence between Investment and Commercial Arbitration, *Soc' y Int' l L. Proc.*, vol. 106, no. 1, 2012, pp. 297 – 299.

② 参见宋建立:《涉外仲裁裁决司法审查原理与实践》,法律出版社,2016 年,第 1~2 页。

③ See Stephan Wilske; Martin Raible; Lars Market, International Investment Treaty Arbitration and International Commercial Arbitration – Conceptual Difference or Only a Status Thing, *Contemp. Asia Arb. J.*, vol. 1, no. 2, 2008, p. 213.

键在于司法审查标准的区别,诸如国际投资条约仲裁条款是否存在替代问题,公共利益的界定和维护很可能是国际投资条约仲裁司法审查的重点。[①]

总体而言,普通国际商事仲裁因违反商事合同而产生,国际投资条约仲裁则是东道国违反条约要求的投资保护义务而产生。司法审查机关对于私人利益间的审查侧重和私人与公共利益间的审查侧重注定不同。

三、条约限制的特殊性

《ICSID 公约》对国际投资条约仲裁司法审查产生特有的限制和约束。公约适用情况和机构约束不同,直接影响到司法审查权限的不同。传统国际商事仲裁机构诸如国际商会仲裁院、伦敦国际仲裁院、新加坡国际仲裁中心、中国国际经济贸易仲裁委员会等,以及仲裁范围更广的常设仲裁法院,近年来逐渐接收国际投资仲裁案件。除了新加坡国际仲裁中心和中国国际经济贸易仲裁委员会等少数机构的投资仲裁规则于 2017 年生效,其他机构多沿用商事仲裁规则,这些机构进行的国际投资条约仲裁和普通国际商事仲裁一样,机构和规则均不影响国家司法机关的司法审查权。但解决投资争端国际中心(ICSID)依据《ICSID 公约》成立,专门适用于投资者-东道国的投资争端解决,形成了自治性特点鲜明的机构和规则体系。ICSID 内部程序完备而独立,不受外界国家或组织影响,即便一方当事人不合作、不作为,也不影响程序行进和裁决的约束力。等到裁决作出后,《ICSID 公约》第 53 条强调裁决对当事人的法律约束力,《ICSID 公约》第 54 条要求各缔约国需将 ICSID 裁决视为各国终审判决,裁决的救济仅依靠公约内部的修改、撤销等,

---

① See S. I. Strong, Discovery under 28 U. S. C. Sec. 1782: Distinguishing International Commercial Arbitration and International Investment Arbitration, *Stanford Journal of complex litigation*, vol. 1, no. 2, Spring 2013, p. 322.

排除了公约外的法院撤销和其他方式的司法审查。倘若东道国拒不执行,投资者可以寻求其他公约成员国执行帮助,甚至《ICSID 公约》第 27 条还授权恢复投资者母国的外交保护。① 《ICSID 公约》明确设置的外部司法审查排除机制和强有力的承认与执行机制,导致东道国(成员国)无法使用司法审查权,这是普通国际商事仲裁司法审查不需面对的特殊的条约限制。当然《ICSID 公约》内部的撤销制度产生的审查效果与司法审查类似,这也为 ICSID 仲裁裁决审查制度和非 ICSID 仲裁裁决司法审查制度的对比作铺垫,梳理制度和实践中体现的优缺点,可以助力完善国际投资条约仲裁司法审查制度。

四、权益影响的特殊性

国际投资条约仲裁司法审查涉及的当事人和争议事项与普通国际商事仲裁司法审查不同,故司法审查所涉权益和影响存在差异。② 虽然司法审查均是为了促进仲裁的健康有序持续发展,但由于国际投资条约仲裁与普通国际商事仲裁存在一定的差异性,各自仲裁的功能不同,导致对公共利益、国家主权的影响大不相同。普通国际商事仲裁司法审查的影响多限于私人主体间的经济利益,商事仲裁的保密性决定了当事人的形象不会因仲裁而受损,司法审查更多的是支持仲裁和规范仲裁行为,对于当事人的意思自治和仲裁庭独立影响较小,保障商事纠纷的顺利解决和经济活动的进一步开展。但国际投资条约仲裁司法审查是针对仲裁庭对于东道国管制性行为作

---

① 参见[德]鲁道夫·多尔查、[奥]克里斯托弗·朔伊尔:《国际投资法原则》,祁欢等译,中国政法大学出版社,2017 年,第 250~251 页。

② See Claudia Priem, International Investment Treaty Arbitration as a Potential Check for Domestic Courts Refusing Enforcement of Foreign Arbitration Awards, *NYU Journal of Law & Business*, vol. 10, no. 1, 2013, p. 189.

出裁决的审查,其司法审查关涉东道国主权行使和社会公共利益,以及东道国潜在的投资吸引力,司法审查影响的权益特殊且意义重大。国际投资条约仲裁可能限制立法机关的责任、行政机关的能力、司法机关的权力行使,而司法审查则是对该影响的落实与矫正。东道国行使规制权,加大对环境、健康、劳工、人权等的保护力度时,可能受到国际投资条约仲裁不公正阻碍,[①] 此时司法审查制度的矫正十分关键,是依法保障国家主权和公共利益的利器。[②] 此外,国际投资条约仲裁司法审查直接影响到数以亿计的赔偿金和国家投资环境评价,裁决是否撤销和裁决承认与执行问题关系到国家投资环境友好度,审查结果甚至会影响国家的经济、政治形势和法律秩序。故国际投资条约仲裁司法审查更加注重审查标准和利益平衡,对司法审查制度的完善和发展提出更高要求,以便对于不合法的行为坚决予以纠正,对于公正高效的仲裁大力支持,争取对国际投资条约仲裁的缺陷施以压力和有效监督,对投资仲裁的发展贡献力量,对国家的公共利益和投资吸引力保驾护航。

第四节　国际投资条约仲裁司法审查制度的功能与作用

一、国际投资条约仲裁司法审查制度的总体功能

总体而言,国际投资条约仲裁司法审查的支持功能与监督功能在当下

---

① 参见张庆麟、郑彦君:《晚近国际投资协定中东道国规制权的新发展》,《武大国际法评论》,2017 年第 2 期。

② 参见张庆麟:《论国际投资协定中东道国规制权的实践及中国立场》,《政法论丛》,2017 年第 6 期。

更值得重视,国际投资条约仲裁司法审查制度从根本上是为了助力仲裁的发展。① 部分学者对于司法审查的讨论主要集中在司法监督。② 尤其在国际投资条约仲裁公正性与合法性备受争议的背景下,司法审查的监督作用有必要更好地发挥。当然,监督不是为了设置阻碍,而是为了更好地支持仲裁,司法监督在某种意义上也是司法支持,不宜刻意拆分。③ 如同普通国际商事仲裁中,法院对于国际商事仲裁协议效力的确认,既是对仲裁管辖权的支持,又是监督仲裁庭不可滥用管辖权。④ 正如最高人民法院院长周强指出:"法院对仲裁程序和公共政策的监督,对社会正义最后一道防线的守护,保障了仲裁裁决的正当性,增强了当事人对仲裁公平公正解决争议的信心,从而推动仲裁业长期有序发展。"⑤ 而纯粹的司法支持,如指定仲裁员、提供保全等,笔者赞同学者姜霞的观点,该种支持行为是司法权辅助仲裁顺利进行,并非对仲裁的合法性、合理性的评价。⑥ 故笔者未将仲裁程序的司法审查纳入分析范围,而是着重研究国际投资条约仲裁司法审查三方面的内容:国际投资条约仲裁条款的司法审查、仲裁裁决撤销的司法审查、仲裁裁决承认与执行的司法审查。

国际投资条约仲裁司法审查制度能够在四个层面发挥功能,这是助推仲裁发展的基础。一是司法审查制度的监督规制功能。通过对国际投资条

---

① 该处"司法监督"取"规制、纠正、控制"之意,对应"司法支持",区别于司法监督作"司法审查"解读时的宽泛含义。

② 参见赵健:《国际商事仲裁司法监督》,法律出版社,2000 年;陈安:《中国涉外仲裁监督机制评析》,《中国社会科学》,1995 年第 4 期;肖永平:《也谈我国法院对仲裁的监督范围——与陈安先生商榷》,《法学评论》,1998 年第 1 期;赵秀文:《国际商事仲裁法》,中国人民大学出版社,2014 年,第 305 页。

③ 参见宋连斌:《论中国仲裁监督机制及其完善》,《法制与社会发展》,2003 年第 2 期。

④ 参见宋连斌:《国际商事仲裁中的"管辖权之管辖权"原则析评》,沈四宝主编:《国际商法论丛》(第 3 卷),法律出版社,2001 年,第 741~743 页。

⑤ 罗东川:《中国内地法官代表参加 2015 年香港仲裁峰会总结报告》,最高人民法院民四庭编:《涉外商事海事审判工作动态》,2015 年第 2 期。

⑥ 参见姜霞:《仲裁司法审查程序要论》,西南政法大学博士论文,2007 年,第 10 页。

约仲裁条款或仲裁裁决的审查,可以影响仲裁庭管辖权、裁决效力或执行,捍卫国际投资条约仲裁的合法性要求,使权益保护更加平衡合理。国际投资条约仲裁条款无效、失效或争端超出其效力范围,司法机关可依法排除仲裁庭的管辖权;当事人提出撤销仲裁裁决的申请,司法审查机关可根据仲裁法或民事诉讼法规定的撤销理由,剥夺裁决的效力;当事人提出承认与执行申请,司法审查机关可根据仲裁法、民事诉讼法、《纽约公约》或其他法律的相关规定,不予执行涉外仲裁裁决,不予承认与执行外国仲裁裁决和非内国仲裁裁决,不予认可与执行区际仲裁裁决。凡此种种,皆为仲裁司法审查制度提供了规制合法性和路径。①

二是司法审查制度的支持功能。支持与监督是司法审查的一体两面,针对国际投资条约仲裁条款和仲裁裁决的审查过后,对申请方而言作出积极的裁定便是支持,例如"BG Group 诉阿根廷"案在历经上诉法院的撤销后,美国联邦最高法院重新支持了仲裁裁决的效力,撤销上诉法院的裁判,对于树立国际投资条约仲裁权威产生有利影响。

三是司法审查制度的正确引导功能。司法审查机关对仲裁进行审查的过程和结果对于仲裁庭、投资者和东道国皆有影响,为下一步行为提供有效指引。每个案件的撤销或不予执行都可能引起投资者和仲裁庭的反思,尤其是司法审查机关会写明审查结果的理由和法律依据,对于仲裁庭而言具有明确性和对比性,反过来,有效地支持和执行也是对仲裁庭的赞同与鼓励。案件的审查结果对于双方当事人的影响更大,尤其是参与仲裁次数较多、被审查次数较多的当事人,不可能不在司法审查中得到教育和警示,投资者和东道国皆可能因此约束自身不当行为。而且司法审查机关常有定期

---

① See Ernst – Ulrich Petersmann, International Rule of Law and Constitutional Justice in International Investment Law and Arbitration, *Indiana Journal of Global Legal studies*, vol. 16, no. 2, 2009, pp. 514 – 519.

的总结、宣传和沟通,对于东道国内的仲裁机构的引导作用更为明显。

四是司法审查制度的促进保障功能。该功能与前三种功能的发挥密不可分,也是国际投资条约仲裁司法审查制度的根本价值和存在意义,不仅是对国际投资条约仲裁的促进、对整个投资争端解决机制的促进,也是对投资者合法权益的保障,对东道国合法管理行为的保障。从整体来看,国际投资条约仲裁司法审查各项功能,有助于促进和保障仲裁的发展与全球投资经济的繁荣,有助于投资者与东道国实现互利共赢的局面。

国际投资条约仲裁司法审查制度体现出的特点,有助于推进仲裁事业的健康顺利发展。首先,国际投资条约仲裁司法审查制度体现出较为明显的非主动性,尤其是国内法律制度。法院通常需要经当事人的申请后方可行动,这是为了尊重当事人的选择以及仲裁庭的管辖权,同时减轻法院繁重的工作量。故国际投资条约仲裁条款和仲裁裁决的司法审查制度中,"经当事人申请"的字眼比比皆是。① 其次,国际投资条约仲裁司法审查制度体现出对仲裁的程序正当性要求。程序审查抑或是全面审查曾是仲裁司法审查领域的争论热点,后通行程序审查为主,这依然是国家尊重仲裁制度,保障仲裁的一裁终局特点的体现。对程序的正当性要求也是在效率的前提下维护仲裁的公正性,当然,司法审查对于自身的程序正当性要求同样严格,仲裁司法审查国内制度对于司法审查程序常常有规定。最后,国际投资条约仲裁司法审查制度体现出权力受限的特点。司法审查权与仲裁权一样具备权力属性,自然存在一定的对抗性,故对法院司法审查权力授予的同时考虑权力限制,这对于仲裁事业的发展尤其重要,对于当事人关于仲裁和司法审查的信任十分关键,程序审查为主的通行便是明例。②

---

① 参见王胜东:《论法院对国际商事仲裁的司法干预》,《法律适用》,2002 年第 12 期。
② 参见夏霁:《国际商事仲裁裁决执行机制比较研究》,华东政法大学博士论文,2014 年,第 53 ~54 页。

这些制度特点,实际是司法审查制度积极支持仲裁原则、严格依法行使审查权原则的反映。[1] 积极支持仲裁是解决当事人争端解决的需要,也是缓解诉讼压力、节约司法资源的需要。当然,支持仲裁原则不意味着放弃监督,正如前文提及支持与监督是审查的一体两面,监督便是另类的支持,监督下实现公正高效的仲裁是仲裁事业持久生命力的保证。严格行使权力是为了最大限度发挥仲裁的优势,除了效益价值的实现,便捷性、经济性、保密性特点的发挥,司法审查权力的约束更利于争端解决的公正性。毕竟当事人有选择仲裁庭的自由意志,丧失公正性的仲裁庭将失去市场价值和案件来源,但司法机关的规范性和统一部署无法为当事人提供选择余地,倘若司法审查权力与仲裁各项内容绑定,不一定有助于仲裁的公正性。[2] 从世界各国仲裁立法的发展过程及仲裁制度的发展趋势看,普通国际商事仲裁视角下的司法审查发展方向和理念变迁,都是不断缩小审查范围,简化审查标准。[3]

二、国际投资条约仲裁司法审查制度的支持作用

(一)国际投资条约仲裁发展的司法保障

国际投资条约仲裁的数量不断增长。国际投资虽体现一定的商业属性,但本质是银行资本与生产资本相融合的产物,不同于普通的商品贸易。第二次工业革命后,形成国际分工体系和垄断,为银行业的渗透打下资本基础。二战后的相对和平环境、马歇尔计划的推出、第三次科技革命的创新,

---

① 参见张潇剑:《论商事仲裁的司法监督》,《清华法学》,2002 年第 1 期。

② 参见朱科:《中国国际商事仲裁司法审查制度完善研究》,法律出版社,2018 年,第 49~50 页。

③ 参见章杰超:《论仲裁司法审查理念之变迁——以 N 市中院申请撤销涉外仲裁裁决裁定为基础》,《当代法学》,2015 年第 4 期。

带动了国际投资的恢复增长。20 世纪 80 年代后,科技进一步繁荣,金融业的蓬勃发展,跨国公司经营范围的扩张,实现了国际投资的高速发展。[1] 2019 年,全球外国直接投资 1.54 万亿美元,较 2018 年增长 3%,其中流入发达经济体 8000 亿美元,流入发展中经济体的数额稳定在 6850 亿美元。与之相随,国际投资规则和国际投资条约仲裁也逐步产生和繁荣。国际投资的发展必然伴随投资争端的产生,面对国际投资争端的解决,东道国法院、行政机关的公正性以及法律适用和裁判结果执行风险,导致投资者对于行政复议、行政诉讼等东道国当地救济措施不信任;[2]主权干涉和政治性、歧视性问题,导致东道国对于投资者母国的外交保护方式较为排斥。于是投资者-东道国间的国际投资条约仲裁获得普遍接受,逐渐成为主要的国际投资争端解决方式。根据联合国贸易和发展会议的《2020 世界投资报告:疫情之下的国际生产》,截至 2019 年,国际投资条约仲裁的案例总数达到 1023 起,超过 120 个国家和 1 个经济体对仲裁诉求作出过答复。2019 年国际投资条约仲裁庭作出了至少 71 项实质性裁决,其中东道国获胜率约为 50%。截至2019 年底,至少有 674 个投资者-东道国程序终止,各类结果所占比例与往年相比并无太大变化。值得一提的是,国际投资条约仲裁对投资者的倾斜是从具体案例中的具体规则适用得到的反馈,总体占比则不能作为反证。就国家而言,通常作为被申请方的东道国有阿根廷、委内瑞拉和西班牙;反过来,最常提起仲裁的投资者的母国有美国、荷兰和英国。具体数据如下图所示:

---

[1] 参见贺辉:《基于实践分析国际投资仲裁去商事化的必要性》,《郑州大学学报》(哲学社会科学版),2018 年第 5 期。

[2] 参见[德]鲁道夫·多尔查、[奥]克里斯托弗·朔伊尔:《国际投资法原则》,祁欢等译,中国政法大学出版社,2017 年,第 247～248 页。

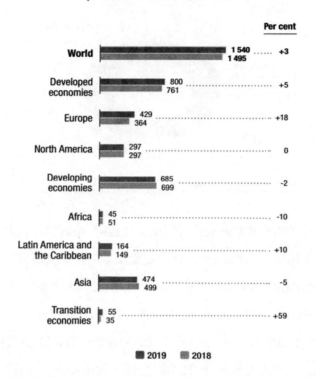

Figure I.6. | **FDI inflows, by region, 2018 and 2019**
(Billions of dollars and per cent)

Source: UNCTAD, FDI/MNE database (www.unctad.org/fdistatistics).

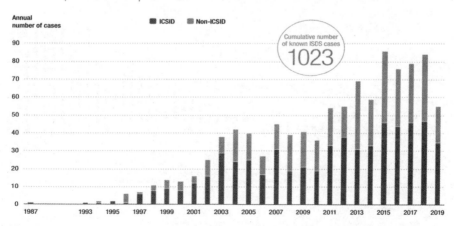

Figure III.7. | **Trends in known treaty-based ISDS cases, 1987–2019**

Source: UNCTAD, ISDS Navigator.

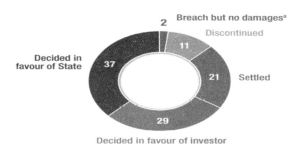

Figure III.8. | Results of concluded cases, 1987—2019 (Per cent)

Source: UNCTAD, ISDS Navigator.
ᵃ Decided in favour of neither party (liability found but no damages awarded).

　　国际投资条约仲裁并未依赖国际商会仲裁院、伦敦国际仲裁院、常设仲裁法院等著名国际商事仲裁机构,而多提交至专门处理投资者-东道国争议的解决投资争端国际中心(ICSID)。ICSID 目前有 155 个缔约国和 8 个签署国,包揽了 66% 以上的国际投资条约仲裁。截至 2020 年 6 月 30 日,依《ICSID 公约》和《ICSID 附加便利规则》登记的仲裁数达 768 起,这其中 ICSID 仲裁以 689 起占到了绝大多数。[1] 具体数据如下图所示:

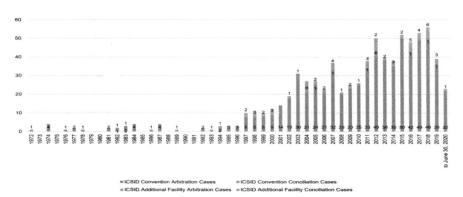

Chart 2: Number of ICSID Cases Registered, by Calendar Year

_____

　　① *The ICSID Caseload – Statistics*,ICSID Issue 2020 – 2,June 30,2020,pp. 7 – 9.

Chart 3: Type of ICSID Cases Registered

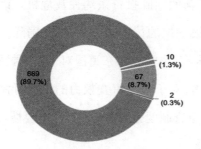

- ICSID Convention Arbitration Cases
- ICSID Convention Conciliation Cases
- ICSID Additional Facility Arbitration Cases
- ICSID Additional Facility Conciliation Cases

　　更为重要的是,国际投资条约仲裁的影响力不断扩大,需要国际投资条约仲裁司法审查制度发挥功能。国际投资条约仲裁的当事人之一为东道国,仲裁针对的常常是国家主权管理行为,其背后是巨大的社会公共利益,而投资者多展现出逐利性。由于国际投资条约仲裁标的额较大,在国际投资条约仲裁数量增长过程中,倾向于投资者的特点和实践结果已较为明显,越来越多的投资者加入到提起仲裁行列,不排除部分投资者将商业风险损失混入东道国责任中,逼迫东道国让步,进而从中获益。① 这与国际投资保护理念、国际投资保护规则、国际投资条约仲裁规则和司法审查制度的发展滞后均有关联,但对东道国产生的影响却重大而深远。以阿根廷为例,20 世纪末国有企业私有化的改革以及将外资引入公用事业,开启了外国投资者投资阿根廷的高潮,但 90 年代中后期开始出现经济衰退,到 1998 年下半年,国际金融形势动荡,阿根廷经济逐渐出现危机,进而引发 21 世纪初的政治危机,开始出现国内混乱。迫于国内形势,阿根廷采取了一系列经济管理措施,试图稳定国内经济和政治形势,这个过程中不可避免地影响到外国投资者的利益,在获取预期投资收益无望后,投资者纷纷以阿根廷为被申请人提

---

① 参见曹兴国:《国际投资仲裁制度变革的中国应对——基于宏观视角的动因分析、立场厘定与路径举措》,《社会科学辑刊》,2018 年第 4 期。

起国际投资条约仲裁,提出巨额赔偿请求。① 一系列仲裁不仅无助于阿根廷国内经济和政治形势稳定,还带来了新的国际投资条约仲裁危机。该事实与数据与阿根廷位列世界被申请国第一位的情形相一致,这在国际投资条约仲裁乃至国际仲裁历史上都前所未有,也引发了东道国对于国际投资法、司法审查制度和权力让渡的重新思考,对于司法审查权力的正当行使也更加重视,凸显国际投资条约仲裁司法审查制度完善的必要性和重要性。

(二)仲裁机制改革分歧的应对

国际投资条约仲裁因合法性和公正性危机,导致仲裁机制改革呼声渐高。自从双边、区域、多边投资条约模式形成,及实践中暴露出对仲裁员指定、仲裁程序透明度不高、仲裁庭管辖权扩张、裁决不一致等不公正的系列问题,美国和欧盟作为国际投资条约仲裁改革代表分别走向不同的改革方向,即维持传统仲裁机制和与司法结合的创新仲裁机制,对应形成了美国模式和欧盟模式。美国率先于1994年的《北美自由贸易协定》第11章作出修订,增强透明度、调整仲裁员指定规则、对仲裁员施加限制。相对来说,这些改动有进步但微不足道。之后在《美国与新加坡自由贸易协定》中提出过设置上诉机制的构想。② 2016年的《跨太平洋伙伴关系协定》(TPP)更能把握美国模式的改革思路,虽然美国在特朗普上台后退出了TPP,但这并不影响对仲裁机制改革的美国模式分析,因为美国的主导和理念已经体现在协定文本之中。

首先,是否在投资章节纳入ISDS机制便是谈判过程中的分歧,澳大利亚明确反对纳入,这是考虑到美国是世界上提起仲裁数量最多的投资者母国,

---

① 参见刘京莲:《阿根廷国际投资仲裁危机的法理与实践研究——兼论对中国的启示》,厦门大学出版社,2011年,第36~43页。

② 参见王燕:《国际投资仲裁机制改革的美欧制度之争》,《环球法律评论》,2017年第2期。

美国投资者很可能利用 ISDS 机制挑战澳大利亚国家主权,但美国依然强势将 ISDS 机制纳入,体现出美国模式对于仲裁机制的支持。其次,更细致地规定启动仲裁的限制,诸如"磋商与谈判不能视为承认仲裁庭的管辖权",但允许提交仲裁的事由仍然宽泛,包括投资授权许可。再次,仲裁员的选任依然主要依靠当事人选择决定,无非是加上"考虑候选人的专业知识和相关经验"等要求,对仲裁员资质和能力加以约束。最后,上诉机制依然缺位,并没有设立常设仲裁庭,未发生与传统 BIT 模式不同的实质性变化。[①] 美国于 2018 年 9 月 30 日与墨西哥、加拿大就"美国-墨西哥-加拿大协定"(美墨加协定)达成一致,该协定第 14 章"投资"在 14 – D 中规定了投资争端解决,相比北美自由贸易区(NAFTA),主要变化一是 ISDS 机制适用于美国与墨西哥之间,排除了加拿大;二是明确了非市场经济国家控制的企业不能享受投资章节的利益,也就无法使用 ISDS 机制。[②] 国际投资条约仲裁机制未有实质性变化,故依然视为维持传统仲裁机制的美国模式。

欧盟对于国际投资条约仲裁的改革较为彻底,发生了实质性变化。1999 年的金融危机导致欧盟成员国采取相应的经济政策,但却引发了投资争端,国际投资条约仲裁对公共政策的挑战,引发成员国和国民的不满,改革之声渐起。2014 年时,欧盟与加拿大的《欧盟与加拿大全面经济贸易协定》(CETA)谈判结束版本中,可以看到欧盟对提高机制效率、维护仲裁员公正性、增加透明度、增加仲裁员名册制度和新解释机制等进行较大幅度的改革,但是其本质仍是仲裁机制,仲裁员仍由当事方指定,呼吁已久的上诉机

---

① 参见廖凡:《投资者-国家争端解决机制的新发展》,《江西社会科学》,2017 年第 10 期。

② United States – Mexico – Canada Agreement Text, Office of the United States Trade Representative, https://ustr.gov/trade – agreements/free – trade – agreements/united – states – mexico – canada – agreement/united – states – mexico, September 30, 2018.

制也未落实。① 后在德国议员的推动下,投资法院机制获得越来越多的政治支持,2016 年 2 月欧盟与加拿大以法律检视(legal scrub)为由,将投资仲裁机制替换为投资法庭机制,形成最新的欧盟模式。重大变化包括:其一,加强磋商机制。通过时限制定将磋商机制程序化,明确提交磋商请求的时间为仲裁等候期起算点,要求在磋商请求中提供明确信息,实质成为法庭诉请的前置条件。程序化、明确化、条件化的磋商机制既能一扫过往仲裁中磋商机制的松散性,加强重视,还能避免东道国故意拖延。其二,投资法庭的建立。过往的"仲裁庭"(arbitral tribunal)改为了中性的"法庭(tribunal)"。② 一方面建立投资法庭成员(member)名单,联合委员会任命 15 名成员,成员拥有固定任期,虽然成员并非专职,但关键是投资者与东道国不再享有指定成员的权限,改由投资法庭在名单中随机指派。另一方面设立上诉机制,上诉庭成员由联合委员会任命,上诉庭不仅可以进行法律审,还可以进行实体审,审查范围十分广泛,可以维持、修改或撤销一审法庭裁决。③ 如果将 2015 年欧盟的《跨大西洋贸易与投资伙伴关系协议》(TTIP)投资章节草案考虑进去,其投资法院机制表现出强司法化特征,比 CETA 更为直接。透过这些变化,可以看出欧盟模式明显将 ISDS 机制司法化,最终形成仲裁机制与法院机制融合的投资法庭机制。④

　　国际投资条约仲裁机制改革的分歧也伴随着风险,不利于机制改革目标的实现。美国模式背后是美国对十投资者主导路径的选择,而欧盟模式

---

　　① 参见刘春宝:《欧盟国际投资协定政策的革新及其对中欧 BIT 谈判的影响》,《国际经济法学刊》,2015 年第 2 期。

　　② 文本中使用"投资法庭",虽有学者称为"投资法院机制",但本书按照文本采用"投资法庭"的表述。另外,"仲裁员"也按照文本改用"成员"。

　　③ 参见陶立峰:《中欧 BIT 谈判中投资者与国家争端解决的模式选择》,《法学》,2017 年第 10 期。

　　④ 参见叶斌:《〈欧盟与加拿大全面经济贸易协定〉对投资者诉国家争端解决机制的司法化》,《国际法研究》,2017 年第 6 期。

则是欧盟选择东道国主导改革路径。国际投资条约仲裁商事化特征导致投资者和仲裁庭权限过大，美国模式采取的一系列改革措施，均是在维护仲裁优越性的基础上试图对仲裁缺陷的矫正，避开了仲裁机制的根本，仍给予投资者较大的自主权，尊重仲裁的独立性和一裁终局性。虽在协定中表露出未来可能安排上诉机制，但一直未予落实，仍是站在投资者一边。欧盟模式则直接针对国际投资条约仲裁商事化的弊端，侧重国家的规制权维护和公共利益保护，着重投资仲裁的公法属性，明确将公正性排在效益之前，加上欧盟长期对法院的信任与偏好，终于撼动了仲裁的本质，将其司法化，剥夺了投资者的仲裁员指定权，授权上诉庭可以超越 WTO 上诉机制审查范围进行事实审和法律审。如此看来，是否欧盟模式更胜一筹？美国为何同样面对投资仲裁的危机之时，没有选择投资法庭模式呢？这是因为投资仲裁成功实现了投资争端解决的"去政治化"，给予投资者提起仲裁权利和较大自主权，可以增强投资信心，促进国际投资发展，同时相对而言，国际投资条约仲裁着实发挥了巨大作用，总体运行良好。① 毕竟争端解决的目的是为国际投资服务。在该层面，欧盟模式究竟能在全球范围内获得多大的接受度，尚存疑问，究竟能否实现促进投资的目标，尚待观察。此外，欧盟模式需要借助《ICSID 公约》，但投资法庭与公约的兼容存在风险，考虑到公约明确排除上诉机制和外部撤销程序，如何协调和实践，是欧盟投资法庭在未来面临的难题。

国际投资条约仲裁司法审查制度可作为仲裁机制改革分歧的应对方式，切实促进仲裁公正性保障和健康发展。面对重大改革分歧，而美国和欧盟都是排名前列的资本输出国和资本输入国，全球影响力和主导能力也是有目共睹，故可以预见一段时间内分歧将继续存在下去。即使美国与欧盟

---

① 参见王燕：《国际投资仲裁机制改革的美欧制度之争》，《环球法律评论》，2017 年第 2 期。

达成一致,双方均为发达国家,能否代表发展中国家的利益,仲裁机制改革能否满足发展中国家和投资者的需求,机制改革的风险能否消除,根本无法确定。所以仲裁机制改革的前景不能准确预测,但国际投资条约仲裁的支持与监督却是一刻不能停歇。故不能将发展视角局限于仲裁机制改革,而更应该充分发挥司法审查制度的作用。东道国对于国际投资条约仲裁的质疑,以及仲裁本身的危机,可以通过司法审查予以应对,司法审查制度有能力有动力发挥作用,对仲裁予以支持和监督。当然为了更好地发挥功能,仲裁司法审查制度也需要被重视和完善,从而保障仲裁机制的健康发展。

三、国际投资条约仲裁司法审查制度的监督作用

(一)国际投资条约仲裁"商事化"的司法监督

国际投资条约仲裁一定程度的商事化是必然的,这也是投资条约仲裁与普通商事仲裁在司法审查国内制度一致性的基础,但是过度"商事化",照搬商事化逻辑,忽视投资条约仲裁特殊性时则需要仲裁司法审查制度予以监督矫正。20世纪60年代后世界范围内的跨国资本流动和民族独立浪潮,伴随着一批征收和国有化措施,国际投资争端开始产生,国际投资仲裁逐步出现,但90年代之前的国际投资仲裁以合同仲裁为主,且数量较少。经国际投资条约的数量和制定能力发展,90年代中后期始,以条约为依据提起的国际投资仲裁成为多数。① 国际投资条约仲裁的理论和实践逐步发展,但国际投资条约仲裁的"商事化"特征较为明显。所谓"商事化",是指国际投资条约仲裁深刻地受到普通商事仲裁影响的现象,充满商事化逻辑。商事化不

---

① 参见贺辉:《基于实践分析国际投资仲裁去商事化的必要性》,《郑州大学学报》(哲学社会科学版),2018年第5期。

仅体现在制度中,同时也体现在仲裁过程中。① 国际投资条约仲裁商事化的主要问题是照搬商事化逻辑,未能结合投资条约仲裁的特点造成正当性危机,需要司法审查制度及时矫正。

国际投资条约仲裁深刻地受到普通商事仲裁的影响,表现在仲裁的各方面。首先,将投资争端视为普通商事争端。联合国国际贸易法委员会的《示范法》将投资争端纳入商事争端,为制度通用奠定基础,但并不意味着投资争端完全等同于普通商事争端,国际投资争端本身存在商事性,但公私主体间的管理行为争端与私主体间的合同行为争端存在性质差异,将投资条约认定为合同的情形在美国最高法院处理 BG group 诉阿根廷案中已经上演。② 其次,在仲裁时东道国与投资者间的关系是平等的。仲裁过程中东道国并不比投资者享有更高的权力,部分学者主张私人化东道国的公法人格,③需注意,倘若私人化东道国的公共利益保护权力,将投资者利益与东道国公共利益视为等同,则可能忽视公共安全、环境、劳工等的社会公共价值和影响。再次,仲裁裁决的一裁终局性。有学者认为国际商事仲裁存在该特点由其效率价值的追求和当事人的利益取舍决定,这沿袭到国际投资条约仲裁,不过需要重新考量投资条约仲裁的价值追求排序和涉及的利益体量,需充分实现投资条约仲裁的独特性和当事人利益的均衡保护。④ 笔者认同国际投资条约仲裁的一裁终局性是受到普通国际商事仲裁的影响,并不将一裁终局性视为缺点。最后,自治性与秘密性方面仍受到普通国际商事仲裁的影响。尊重当事人意思自治是普通国际商事仲裁很重要的原则,赋

---

① See Stephen J. Toope. *Mixed International Arbitration*. London:Grotuus Publications Limited,1990.

② See *Judgement of the Supreme Court of the United States*,UNCTAD BG Group Plc v. The Republic of Argentina judicial review by national courts,March 5,2014,p. 2.

③ 参见张圣翠:《论〈仲裁法〉中仲裁协议效力要件规则的完善》,《上海财经大学学报》,2010年第 4 期。

④ 参见蔡从燕:《国际投资仲裁的商事化与"去商事化"》,《现代法学》,2011 年第 1 期。

予当事人较大的自主权,国际投资条约仲裁当然也具备一定自治性,但国际投资条约的特点与作用需要体现;国际商事仲裁的特点及当事人利益需求决定了保密性的特点,但国际投资条约仲裁可能更需要透明度和案外人知悉参与,当然目前部分仲裁规则对透明度问题已有改善,但仲裁庭的思维模式转变同样重要。①

各投资仲裁机制均不同程度地反映出商事化特点。首先,以常用于临时仲裁的 UNCITRAL 仲裁规则为例,经过 2013 年 12 月 16 日第 68 次全体会议,"《仲裁规则》广泛用于解决投资人与国家间基于条约的争议"明确写入大会决议,《透明度规则》的通过是国际投资条约仲裁的新特点和一大进步,但该规则依然存在商事化特点,以第 35 条"适用法律"为例,"所有案件中,仲裁庭均应按照所订立的合同条款作出裁决"的表述,明显针对商事合同产生的仲裁,或者是将投资条约默认为合同。其次,国际商会仲裁院、伦敦国际仲裁院等知名国际商事仲裁机构,在愿意接收国际投资条约仲裁的基础上,假设国际投资条约提供了这些机构作为仲裁选项,但其仲裁规则仍然按照国际商事仲裁版本,即便少数商事仲裁机构近年发布国际投资仲裁专用规则,也同样带有"商事化"特点。再次,专为投资仲裁设立的 ICSID,其对商事仲裁机制的借鉴也较为明显。ICSID 的成立背景便是亚、非、拉各民族国家独立的潮流兴起时,各国进而追求经济独立,废除不平等条约协议,对国家命脉型产业进行征收或国有化。加之当时国际投资条约不发达且不受重视,国际投资条约仲裁更无处可寻。故《ICISD 公约》谈判史中记录 ICSID 机制主要服务投资者与东道国的直接协议(合同)。② 学者雷德芬在《国际商事

---

① See Roger P. Alford, The Convergence of International Trade and Investment Arbitration, *The Convergence of International Trade and Investment Arbitration*, vol. 12, no. 1, pp. 37 – 38.

② *History of the ICSID Convention*, ICSID Volume Ⅱ – 1, pp. 1 – 3.

仲裁法律与实践》中也指出 ICSID 目标的"国家契约""合同"字眼。① 学者陈安也在国内提出此观点,②这也符合 ICSID 的时代背景和最初数十年的仲裁实践数据。此外,《ICSID 附加便利规则》下仲裁的独立性和自治性弱于 ICSID 仲裁,是为了非缔约国能够将争端提交 ICSID,其与国际商事仲裁机制更为接近。③

国际投资条约仲裁过度"商事化"的成因是多方面的。首先,普通国际商事仲裁制度的完备与运行良好是重要原因。经过多年积淀和实践检验,国际商事仲裁的价值理念和裁判尺度对于仲裁员和投资者的影响根深蒂固,存在一定商事特征的国际投资条约仲裁在出现后有理由纳入该裁判制度中。其次,国际投资条约仲裁伴随着投资利益保护,而过往实践以投资者母国为发达国家的情形居多,发达国家掌控规则制定权和国际话语权自二战结束前夕便已成型,商事化的国际投资条约仲裁更易被他们推广,也能利于发达国家投资者和母国利益。于是从仲裁理念、仲裁规则到仲裁实践,自双边投资保护协定、自贸协定仲裁条款、多边投资条约至司法审查国内法律制度,均被有意识地形成商事化特征。最后,投资条约概念界定不清晰和内容制定不完备,仲裁员受规制不足,仲裁员、律师在不同案件身份混同的实践,都为国际投资条约仲裁的商事化提供了实现空间。

面对国际投资条约仲裁过度"商事化"引发一定程度的正当性危机,司法审查制度需要发挥监督矫正作用,保障仲裁的健康发展。考虑到国际投资条约与商事合同的差异,国际投资条约仲裁主体的差异,④不少学者对国

---

① 参见[英]艾伦·雷德芬、马丁·亨特:《国际商事仲裁法律与实践》,林一飞、宋连斌译,北京大学出版社,2005 年,第 510～523 页。

② 参见陈安:《国际投资争端仲裁——"解决投资争端国际中心"机制研究》,复旦大学出版社,2001 年,第 140～157 页。

③ 参见石慧:《投资条约仲裁机制的批判与重构》,法律出版社,2008 年,第 45～74 页。

④ 参见李恺祺:《中国接受投资法院争端解决机制条款之研究》,《海关与经贸研究》,2018 年第 3 期。

际投资仲裁的不同领域提出了"去商事化"建议。① 对此,笔者谨慎地认为矫正过度"商事化"是必要且可行的,而完全排除商事化,甚至人为割裂国际投资条约仲裁与普通国际商事仲裁的联系,则是不可行的。除了学者,联合国国际贸易法委员会仲裁规则中的《透明度规则》体现出国际组织已经着手对投资仲裁商事化的反思,国家、仲裁庭也在具体案例中体现出一定程度的反思。

首先,司法审查制度有能力矫正国际投资条约仲裁过度商事化,尤其是通过仲裁裁决的撤销和不予承认与执行,鉴于司法审查制度的存在,司法审查机关完全可以根据撤销理由或拒绝承认与执行的理由依法矫正,只是在审查标准上结合国际投资条约仲裁的特殊性,充分利用制度空间,落实仲裁的公正性。其次,国际投资条约仲裁司法审查制度需要以公正合理、利益平衡为指引,强调对公正裁决的支持,对不公正、不合理裁决的否定,实现投资者与东道国的利益平衡保护,维护国家主权的正当行使和公共利益维护。这些均有利于摆脱纯粹商事化逻辑,避免再出现公正性、合法性、正当性危机。最后,国际投资条约仲裁司法审查制度需要把握国际条约的重要性,这是普通商事仲裁不存在的问题,无论是国际投资条约仲裁的提起、国际投资条约仲裁的法律适用,抑或是国际投资条约仲裁条款、仲裁裁决撤销、仲裁裁决承认与执行的司法审查,均离不开对国际投资条约的把握。总之,国际投资条约仲裁司法审查制度有能力矫正仲裁商事化问题,但也需要在正确的理念下进一步完善,从而更好地实现司法监督作用,以促进仲裁健康发展。

---

① 参见赵骏:《国际投资仲裁中"投资"定义的张力和影响》,《现代法学》,2014 年第 3 期。蔡从燕:《国际投资仲裁的商事化与"去商事化"》,《现代法学》,2011 年第 1 期。

(二)国际投资条约仲裁合法性危机的司法监督

1. 仲裁庭管辖权不当扩张的司法监督

国际投资条约仲裁庭通过各种方式造成管辖权不当扩张,需要通过国际投资条约仲裁条款的司法审查予以监督矫正。经过多年发展和案件积累,国际投资条约仲裁庭扩张管辖权的偏好逐渐显现。自裁管辖权通常是仲裁庭的固有权力,[1]又得到国内法律制度或国际条约的确认。诸如《英国仲裁法》第 30 条第 1 款"除非当事人另有约定,仲裁庭可裁定其实体管辖权";《ICSID 公约》第 41 条第 1 款"仲裁庭应该是自身管辖权限的决定者"。同时,国际投资条约仲裁庭的管辖权依据国际投资条约的授权,而条约的内容永远存在一定的模糊性和解释空间,尤其是国际投资条约的数量庞大,缔约水平参差不齐,部分条约年代久远。于是多重因素叠加,国际投资条约仲裁庭在仲裁管辖权实践中更多地掌握条约解释权,压缩了作为缔约国的东道国的解释权。

其一,滥用投资条约的目的与宗旨。由于国际投资条约的主要目的与宗旨是保护和促进国际投资,倘若直接依该类目的与宗旨来判断仲裁庭的管辖权,则如 Tokios 诉乌克兰案一样,[2]仲裁庭主张不该对"投资""投资者"施加任何限制,否则就是违背了保护和促进投资的条约宗旨,将不属于管辖权范围内的争端纳入管辖,管辖权的扩张显而易见。其二,限制东道国的解释权。缔约国在仲裁庭援引国际投资条约时有权解释条款含义,解决条款的不确定性。但在实践中,仲裁庭对于被申请方或潜在被申请方的东道国

---

① See C. F. Amerasinghe, Jurisdicton of International Tribunal, *Kluwer Law International*, 2003, pp. 126 – 130.

② See *Tokios Tokeles v. Ukraine*, ICSID Case No. ARB/02/18 Decision on Jurisdiction, April 29, 2004, pp. 38 – 43.

不信任,认为其解释很可能压缩投资者的权利以获得有利裁判。仲裁庭通过将东道国解释条约行为认定为修改条约,进而排除东道国的解释影响,牢牢掌控解释权。[①] 其三,从宽解释管辖范围。法律规定含糊不清之处,是解释权发挥作用之时,此刻之关键在于能否按照《维也纳条约法公约》的要求进行客观善意的解释。但为仲裁案件数量计,为仲裁机构影响力计,仲裁庭常常会从宽解释,扩大管辖权,增加仲裁案件数量,属于合法范围内的"滥用"权力。其四,否定前置条件的强制性。东道国在条约订立时,为了平衡投资者与东道国利益,会在仲裁程序启动前加入前置条件内容,诸如数月时间的友好协商或当地救济,一旦违反前置条件提起仲裁,违背强制性规定,仲裁庭是不具备管辖权的。但仲裁庭在 Lauder 诉捷克案等类似案件中,[②]却否认了该前置条件的强制力,导致仲裁合法性存疑。国际投资条约仲裁司法审查制度可以通过对于国际投资条约仲裁条款的效力或效力范围的否定,矫正类似行为。司法审查机构依据国际法标准对于国际投资条约仲裁条款的存在、有效、失效以及效力范围进行司法审查,其中涉及的条约解释问题则需要通过完善国际投资条约仲裁司法审查制度予以明确,从而保障条约的正确合理解释,进而避免仲裁庭管辖权的不当扩张。

2. 仲裁员公正性危机的司法监督

仲裁员公正性可通过仲裁庭组成等程序审查进行司法监督。国际投资条约仲裁程序通过理性主张、当事人对抗、中立裁判的制度设计求得公正裁决,但这其中仲裁员的主观能动性发挥着至关重要的作用。仲裁员的公正性要求其仅能依据案件事实和适当法律进行裁判,而非案外的私人因素,否则失去公正性的仲裁员不仅无法保证个案公正,更是对仲裁体系信用的损

---

① 参见徐树:《国际投资仲裁庭管辖权扩张的路径、成因及应对》,《清华法学》,2017 年第 3 期。

② See *Ronald S. Lauder v. Czech*,UNCITRAL,Final Award,September 3,2001,pp. 190 – 191.

毁。于是,一方面对仲裁员身份提出要求,原则上仲裁员不能与案情、与当事人有密切关联,尤其是利益捆绑,最理想的情况是价值判断和情感倾向上亦保持中立。同一案件中的身份冲突,不同案件中的身兼数职,以及曾在案件中发表相左意见的观点冲突,都可能无法保证仲裁员公正性。[①] 在 Suez 诉阿根廷案中,[②]阿根廷指出其中一名仲裁员同样是之前诉阿根廷案件中的仲裁员,而上个案件作出了不利于阿根廷的裁决,所以据此对公正性提出质疑,但最终合议庭并未采纳阿根廷的意见。另一方面对仲裁员行为提出要求,促裁员在仲裁程序行进中需保持中立性行为,不能采取损害公正性的行动。倾向性提问、介入诱导当事人发言、未及时进行信息披露,都可能是影响仲裁员公正性的行为。在 CDC 诉塞舌尔案中,[③]塞舌尔列举仲裁员在仲裁过程中有倾向性的插话、提问行为,提出撤销申请,但被专门委员会驳回了。当然,身份与行为的公正性判定,需要依据客观行为标准,谨慎判断行为与公正性的关系和相互影响。[④] 面对仲裁员的公正性问题,完全寄希望于仲裁规则和仲裁庭的自我审查是不够的,要充分发挥司法审查制度的功能,借助司法审查对仲裁庭组成和仲裁员的行为进行监督,要求其恪守法律制度,矫正因仲裁员问题导致的不公正性裁决。[⑤]

3. 投资者与东道国利益保护失衡的司法监督

投资者与东道国作为国际投资条约仲裁的当事人,理应受到仲裁庭公正对待,各方利益依法受到保护,仲裁司法审查制度需作为监督与保护后

---

① 参见于湛浈:《论国际投资仲裁中仲裁员的身份冲突及克服》,《河北法学》,2014 年第 7 期。

② See Suez, Sociedad General de Aguas de Barcelona S. A. and Vivendi Universal S. A v. Argentine Republic, ICSID Case No. ARB/03/19.

③ CDC Group plc v. Republic of Seychelles, ICSID Case No. ARB/02/14.

④ 参见丁夏:《国际投资仲裁案件中"客观行为标准"的适用——以质疑仲裁员公正性为视角》,《国际经贸探索》,2016 年第 3 期。

⑤ 参见于湛浈:《论国际投资仲裁中仲裁员的回避》,《武大国际法评论》,2014 年第 1 期。

盾。国际投资条约仲裁常常涉及公共利益的保护。[①] 而国际投资条约仲裁对于投资者与东道国利益保护常常失衡，其中存在多方面原因：首先，国际投资条约仲裁的过度商事化导致仲裁虽然涉及私人利益、国家利益和公共利益，却忽视了私人利益与国家利益的性质差别和不同影响。其次，国际投资条约在内容设置上本就侧重投资者利益保护，该情形与国际投资发展和东道国吸引投资意图相关。再次，仲裁庭存在倾向保护投资者利益的可能性，这主要是因为国际投资条约仲裁的选择权由投资者掌握。最后，仲裁规则的商事化特征也不利于国家利益与私人利益的平衡保护，仲裁更接近商人法庭的私人利益环境，但事实上却会规制公法性质行为，其导向很容易偏至私人属性的投资者。[②] 利益失衡的仲裁实践着实存在，[③]国际投资条约仲裁对公众的透明度、对管辖权的合理界定、对条约内容的合法解释、对仲裁裁决的协调统一，乃至知识产权领域缺乏对公共利益敏感性的公平考量，[④]都在实践中体现出对于投资者的过度保护和对东道国公共利益的漠视。[⑤]因此国际投资条约仲裁司法审查制度这一利器值得被重视且能够发挥矫正作用，对国际投资条约仲裁条款、仲裁裁决的合法性、合理性审查，通过撤销或不予承认与执行裁决直接影响实践，司法审查制度主要渊源是国内法和国际条约，其中国内法律制度更为详尽和可操作，国家立法机关和司法机关可以结合现状充分发挥主观能动性，免受其他国家的不当干涉，确保投资者

① 参见李武健：《国际投资仲裁中的社会利益保护》，《法律科学》（西北政法大学学报），2011年第4期。

② 参见张光：《论国际投资仲裁中投资者利益与公共利益的平衡》，《法律科学》（西北政法大学学报），2011年第1期。

③ See Susan D. Franck, "The Legitimacy Crisis in Investment Treaty Arbitration: Privatizing Public International Law through Inconsistent Decisions," *Fordham Law Review*, vol. 73, no. 1, March 2005, pp. 1521 – 1523.

④ 参见何艳：《涉公共利益知识产权投资争端解决机制的反思与重构》，《环球法律评论》，2018年第4期。

⑤ 参见何芳：《国际投资协定利益平衡化改革及中国的应对》，《甘肃社会科学》，2018年第4期。

利益与国家利益的平衡保护。[①]

4. 挑战国家主权的司法监督

国家对外国投资的管理是履行国家主权的具体表现之一,国际投资条约仲裁庭事实上拥有控制东道国管理行为的权力,不公正裁决可能对国家主权造成不当制约,因此需要司法审查制度进行监督,以维护国家主权的正当行使。东道国为了促进投资发展,在部分国家于 20 世纪的鼓吹推广下,大量签署自由化的国际投资条约,东道国主动接受国际投资条约仲裁的管辖,允许投资者直接提起仲裁,赋予仲裁庭相当大的裁量权。经过多年实践,东道国逐步体会到不受制约的国际投资条约仲裁可能出现的问题。在国际投资条约仲裁中,东道国提前表达同意提交仲裁的意思表示,而仲裁通常由投资者提起,导致东道国承受一定的被动性。东道国的管理政策或主权行为可能会受到仲裁庭的裁判,可能导致"规制寒颤"。[②] 国际投资条约仲裁延续商事化特征下的一裁终局性。[③] 投资仲裁涉及数额巨大,投资者甚至可以要求东道国以外国家执行其财产,这些金钱实则来自东道国人民的纳税,可能引发人民与政府的紧张关系,不利于国家稳定。凡此种种,需要充分依托国际投资条约仲裁司法审查制度,通过程序审查甚至适当的实体审查监督矫正仲裁庭的不当约束,保障国家主权的合法行使。

[①]　See David Schneiderman, Judicial Politics and International Investment Arbitration: Seeking an Explanation for Conflicting Outcomes, *Northwestern Journal of International Law & Business*, vol. 30, no. 1, 2010, p. 383.

[②]　参见刘笋:《国际投资仲裁引发的若干危机及应对之策述评》,《法学研究》,2008 年第 6 期。

[③]　参见王露阳:《ISDS 中投资者与东道国权益平衡性探究——美国路径转变及对中国的启示》,《河北法学》,2016 年第 12 期。

本章小结

国际投资条约仲裁是投资者依条约授权对东道国提请的仲裁,是投资者为寻求管制性争议的中立性解决,基于国家间条约的仲裁条款针对东道国提起的仲裁。国际投资条约仲裁是以私法机制解决国际公法性质的争端,具备公法性质。国际投资条约仲裁同时是"无默契"仲裁,投资者与东道国间并无直接的合同关系或合同相对性。2019 年至少新增 55 起国际投资条约仲裁案件,截至 2020 年,该类案件总数达 1023 起。国际投资条约仲裁司法审查的概念为:司法机关根据法律规定,对于国际投资条约仲裁的合法性、合理性进行审查的司法活动。因此国际投资条约仲裁司法审查制度就是国家制定或认可的,调整国际投资条约仲裁司法审查活动的法律规范的总称。制度存在、实践存在、学理存在三方面印证国际投资条约仲裁司法审查的真实存在,国际投资条约仲裁司法审查制度的监督功能和支持功能在仲裁实践背景下更具研究意义。国际投资条约仲裁司法审查根据不同的分类标准可分为机构仲裁司法审查和临时仲裁司法审查,程序审查和实体审查,国际投资条约仲裁条款司法审查、仲裁裁决撤销的司法审查、仲裁裁决承认与执行的司法审查。本书着重探讨国际投资条约仲裁条款的司法审查、仲裁裁决撤销的司法审查、仲裁裁决承认与执行的司法审查三个方面的内容,凸显司法审查制度对仲裁健康发展的支持与监督作用。国际投资条约仲裁司法审查主要存在三个方面的理论支撑。

一是权力监督理论。司法对仲裁进行监督具备正当性,就国际投资条约仲裁而言,仲裁权权力属性更为明显,国际投资条约赋予仲裁庭较大的裁量空间,事实上赋予了仲裁庭控制国家行为的权力,直接影响国家权力的实施和国内公共利益的保护。同时仲裁的独立性与司法审查并不冲突,仲裁机构并不隶属于行政机关,仲裁庭的裁判权受到监督,但依然保持独立性,法院无权指导仲裁权行使。司法对仲裁进行审查具备正当性和必要性,在合法、合理、正当、必要的基础上,司法审查也是司法与仲裁互动、优势互补的体现。

二是国家主权理论。司法权是国家主权的一种表现形式,而司法审查权是司法权的重要内容之一,为国际投资条约仲裁司法审查的可行性打下理论基础。国际投资条约仲裁对东道国的影响不可小觑,调整对象针对国家经济管理行为,涉及利益巨大,对国家的经济、社会、环境都可能产生震动。司法权也属于主权的范围,司法审查同样是司法机关的司法权行使。国际投资条约仲裁中仲裁庭的裁判权一定程度上是由国家主权赋予和让渡,倘若没有特别的条约限制和进一步让渡,法院有权对仲裁进行司法审查。

三是"科斯定理"与"博弈论"。通过法律的界权定则促进经济发展和社会产值最大化,不同的权利配置产生不同的效率,便利经济活动的法律制度才能受人拥护。国际投资条约仲裁司法审查制度不但可以保障合法合理仲裁裁决的效力及顺利执行,还可以对不公正、不合理仲裁给予否定性评价,起到监督作用,保证国际投资条约仲裁沿公正高效的正确轨道发展。国际投资条约仲裁司法审查通过支持和监督国际投资条约仲裁,促进国际投资发展。此外,国际投资条约仲裁司法审查制度致力于实现正和博弈。"博弈论"是理性行为体在一定的规则条件下,预测其他参与者的行为,然后分析自身行为可能的结果得失,从而作出行动决策。国际投资条约仲裁司法审查制度促进了两个层面的正和博弈:其一为投资者与东道国之间的正和博弈,其二为仲裁庭与司法审查机关之间的正和博弈。

国际投资条约仲裁司法审查的特殊性以及司法审查制度的重要性,奠定了全书的研究价值和研究方向。国际投资条约仲裁司法审查的特殊性，主要通过价值倾向更加强调公正性，审查侧重于国际投资条约仲裁条款的效力和裁决司法审查的标准，《ICSID 公约》对司法审查的限制，仲裁司法审查对于国家主权和公共利益的特殊影响四个方面予以体现。国际投资条约仲裁的数量增长与影响扩大、国际投资条约仲裁的过度"商事化"表现，表明了国际投资条约仲裁需要司法审查制度予以约束。国际投资条约仲裁的合法性危机、对国家主权的挑战等发展形势，表明了国际投资条约仲裁需要司法审查制度予以矫正。国际投资条约仲裁机制改革的分歧与风险、卡尔沃主义"复活"、替代性争议解决方式兴起等诸多挑战，表明了国际投资条约仲裁需要司法审查制度予以支持和应对。

总之，仲裁司法审查制度发展时间较长，理论相对丰富，国际投资条约仲裁与普通国际商事仲裁通用仲裁司法审查国内法律制度，但司法审查制度长期以普通国际商事仲裁司法审查为研究对象，故需完善仲裁司法审查国内法律制度中不适用、不协调之处。同时，避免局限于国内法律制度，要将制度完善覆盖到国际条约，明确《ICSID 公约》对司法审查的限制，并将 IC-SID 裁决撤销制度纳入研究，以期获得启示，如此将有利于找到国际投资条约仲裁司法审查制度完善的正确路径。

第二章 国际投资条约仲裁条款的司法审查制度

国际投资条约仲裁并无严格意义上的仲裁协议。20 世纪 60 年代，英国学者施米托夫将仲裁协议定义为："双方当事人保证将仲裁条款下的争议提交仲裁解决的协议。"[①]有学者指出："国际商事仲裁协议是争议各方通过平等协商一致而达成的争端解决合同。"[②]学者赵秀文强调："国际商事仲裁协议是当事人之间达成的，旨在通过仲裁方式解决国际商事争议的契约或协议。"[③]比照仲裁协议的定义，国际投资条约仲裁不存在"当事人之间达成"的"契约或协议"。国际投资条约仲裁的依据是国际投资条约中的仲裁条款，是国际法属性，该投资条约以及仲裁条款并非投资者与东道国之间达成的。

---

① ［英］施米托夫：《国际贸易法文选》，赵秀文译，中国大百科全书出版社，1993 年，第 611 页。

② 杨文升、张虎：《论〈纽约公约〉下仲裁协议效力的确定——以"默示仲裁协议"为视角》，《法学杂志》，2015 年第 4 期。

③ 赵秀文：《国际商事仲裁法》，中国人民大学出版社，2016 年，第 54～55 页。

即便有观点将国际投资条约仲裁条款"视为"仲裁协议,①明确国际投资条约仲裁条款在投资仲裁中承担了国际商事仲裁协议的角色功能,②笔者也认同该观点。但由于国际投资条约仲裁条款并非严格意义上的仲裁协议,故在学理分析层面,笔者从严谨性出发,将使用术语"国际投资条约仲裁条款",而非笼统的"仲裁协议"。

国际投资条约仲裁条款司法审查是判断国际投资条约仲裁及其裁决正当性的基础,国际投资条约仲裁条款的效力和效力范围对于当事人、仲裁庭、司法审判机关和司法审查机关均十分重要。

首先,有效的国际投资条约仲裁条款为投资者将争议提交国际投资条约仲裁提供了合法性。投资争端的解决从投资者母国外交保护到卡尔沃主义的当地救济模式,再到国家间仲裁,终于发展至投资者-东道国仲裁为主,诉讼与其他替代性争议解决方式共同发挥作用的状态。对于国际投资条约仲裁条款的司法审查关系到投资者可选择的争端解决方式,不同方式的利弊直接影响到投资者利益保护、赔偿金的获取和东道国公共利益保护。在裁决作出后,国际投资条约仲裁条款的司法审查还关系到裁决的撤销和承认与执行,对于投资者和东道国更为重要。

其次,有效的国际投资条约仲裁条款对于仲裁庭的裁判权意义重大。无论是否将仲裁庭的裁判权视为国家司法主权的让渡,均需要国际投资条约仲裁条款作为触发前提,对于国际投资条约仲裁条款的司法审查便是为

---

① "Yukos诉俄罗斯"案中法院通过分析国际投资条约仲裁条款的不适用,以"缺乏有效的仲裁协议"为由撤销仲裁裁决。漆彤、窦云蔚:《条约解释的困境与出路——以尤科斯案为视角》,《中国高校社会科学》,2018年第1期。中国国际经济贸易仲裁委员会《国际投资争端仲裁规则》第2条"一方当事人通过条约作出了提交仲裁的意思表示,另一方当事人通过提起仲裁予以接受的,视为达成仲裁协议",也体现了该观点。

② See S. R. Subramanian, BITs and Pieces in International Investment Law: Enforcement of Investment Treaty Arbitration Awards in the Non – ICSID States: The Case of India, *The Journal of World Investment & Trade*, vol. 14, no. 1, 2013, p. 228.

了确保国际投资条约仲裁条款的有效性、仲裁庭对具体案件行使仲裁权的合法性,更是仲裁裁决的约束力和可执行性的基本要求。

再次,有效的国际投资条约仲裁条款是排除司法审判机关管辖权的依据。国际投资争端常常涉及东道国的重大利益和公共利益,对于国家经济颇具影响,面临具体争端时,东道国自然倾向于将争端放在国内解决,更信赖本国的司法审判机关,司法机关也确实拥有管辖权。但国际投资条约中的仲裁条款授权,投资者可依据仲裁条款将争端提交给更信任的国际投资条约仲裁,排除司法审判机关的管辖权。结合仲裁庭普遍偏向投资者利益保护的实际,通过司法审查的有效国际投资条约仲裁条款对管辖权归属和利益分配影响重大。

最后,国际投资条约仲裁条款的效力影响各方面的司法审查。对于国际投资条约仲裁条款进行司法审查和效力裁定是司法审查机关的职能,经当事人申请,司法审查机关有权根据国际法标准裁定国际投资条约仲裁条款的效力。倘若是仲裁裁决作出后,国际投资条约仲裁条款被认定为无效,司法审查机关则会作出撤销或不予承认与执行的裁定。鉴于国际投资条约仲裁条款的重要意义,本章将对于国际投资条约仲裁条款司法审查制度进行研究。

第一节　国际投资条约仲裁条款司法审查概述

一、国际投资条约仲裁条款司法审查的可行性

国际投资条约仲裁条款具有国际法属性。

(一) 从国际投资条约仲裁的提起入手, 阐明学者和实践人员对于国际投资条约仲裁条款司法审查的不同认识

这些认识大致可归纳为三种:

其一, 以美国联邦最高法院为代表, 将国际投资条约仲裁直接等同于通常意义的国际商事仲裁, 将国际投资条约等同于普通商事合同, 将国际投资条约仲裁条款等同于国际商事仲裁协议, 国际投资条约仲裁仍然是依据协议提起的仲裁。国际法学家劳特派特等学者认为尽管国际条约具有国际法性质, 但不能否认其潜在的契约性质, 条约的契约属性构成了调整条约的国际法规则的基础。故将投资条约中仲裁条款的谈判类比为合同成立, 具有可行性。[①] 有学者直言国际投资条约仲裁与国际商事仲裁的区别不在于是否存在仲裁协议, 而是主体和客体事项。[②] 该观点忽视国际投资条约仲裁条款并非投资者与东道国间达成, 一定程度上忽视了国际投资条约仲裁的特殊性质以及国际投资条约和仲裁条款的属性。

其二, 以学者杨彩霞为代表, 将国际投资条约中的仲裁条款视为东道国的单方法律行为, 是东道国作出的承诺, 不需要投资者与东道国的合意而提起仲裁。[③] 类似民法中悬赏广告的单方行为说, 不需要行为人的承诺, 因广告人单方允诺。该观点强调提交仲裁同意方面存在合意缺失, 东道国事前单方同意仲裁, 投资者可径直提起仲裁请求, 投资者与东道国是公法层面的条约法律关系。学者彭思彬亦强调 "外国投资者凭东道国的单方承诺, 单方

---

① 参见张文彬:《论私法对国际法的影响》, 法律出版社, 2001 年, 第 166 页。

② 参见张建:《对无默契仲裁管辖权正当性的反思——以中国参与国际投资争议解决的实践为视角》,《西部法学评论》, 2017 年第 5 期。

③ 参见杨彩霞、秦泉:《国际投资争端解决中的无默契仲裁初探》,《比较法研究》, 2011 年第 3 期。

发起仲裁程序"①。该观点本无可厚非，但学者常常在文章中强调"在申请仲裁前"的合意缺失，甚至在文章后半部分，又指出东道国作出的乃是"要约"，与前文的"承诺"认定不甚相符，似有矛盾之嫌。

其三，以学者徐树为代表，明确国际投资条约仲裁存在投资者与东道国的合意，但不存在国际商事仲裁协议，投资者与东道国之间无合同关系。② 提起国际投资条约仲裁是条约为投资者创设的专属权利。③ 学者肖芳指出：东道国同意仲裁的意思表示在国际投资条约中，是对另一缔约国的投资者作出的仲裁要约（offer），争端发生后，投资者按照国际投资条约的规定对东道国提起仲裁的行为构成对要约作出的承诺（acceptance）。④ 美国首席大法官 John G. Roberts 同样认为国际投资条约仲裁条款是单边的、附条件的要约。⑤ 在此观点下，中国国际经济贸易仲裁委员会进一步把握国际投资条约仲裁条款的特殊性，同时又抓住国际投资条约仲裁条款与国际商事仲裁协议在依据层面的相似性，通过《国际投资争端仲裁规则》第 2 条表示"一方当事人通过条约作出了提交仲裁的意思表示，另一方当事人通过提起仲裁予以接受的，视为达成仲裁协议"。"视为达成仲裁协议"的观点有助于支持国际投资条约仲裁条款司法审查的可行性，也为后续司法审查制度完善打下基础。

综上，各观点均指向国际投资条约仲裁条款的司法审查。笔者更赞同

---

① 彭思彬：《"无默契仲裁"管辖权问题研究——以 ICSID 为切入点的考察》，《国际商务研究》，2015 年总第 205 期。

② 参见徐树：《国际投资仲裁庭管辖权扩张的路径、成因及应对》，《清华法学》，2017 年第 3 期。

③ See Zachary Douglas, *The International Law of Investment Claims*, Cambridge：Cambridge University Press，2009，pp. 32 – 38.

④ 参见肖芳：《国际投资仲裁裁决司法审查的"商事化"及反思——以美国联邦最高法院"BG公司诉阿根廷"案裁决为例》，《法学杂志》，2018 年第 3 期。

⑤ See Roberts，C. J.，dissenting，BG Group PLC v Republic of Argentina，572US＿（2014），pp. 12 – 14.

第三种观点,法院能够对"视为仲裁协议"的国际投资条约仲裁条款进行司法审查,因为投资者提起仲裁的行为仅代表同意的意思表示,说明投资者与东道国达成仲裁合意。有了该合意,东道国的行为连同投资者的行为才被视为达成仲裁协议,而国际投资条约仲裁条款才被视为仲裁协议。考虑到仲裁协议的司法审查毋庸置疑,故法院同样可对国际投资条约仲裁条款进行司法审查。

(二)从国际投资条约仲裁条款司法审查的标准、对象和意图入手,阐释法院对国际投资条约仲裁条款的司法审查

国际投资条约仲裁条款虽然具有国际法属性,但并不与法院的司法审查权冲突。

其一,法院司法审查针对的是国际投资条约仲裁条款对于具体争议的效力,即便否定也只是否定该条约或条款对具体争端的效力,这与国际商事仲裁协议的效力判定存在一定不同,因国际条约对于不特定投资者的普遍适用性,并非国际商事仲裁协议的当事人相对确定。对于具体争议下国际投资条约仲裁条款的效力否定不影响仲裁条款对其他争议生效的可能性,即在具体争议之外条约或条款的真实效力与法院无关。

其二,法院依据法定标准审查国际投资条约仲裁条款的效力,该效力标准是由习惯国际法或国际条约设置,并非法院恣意而为或一国国内法任意设立。实质上作为国际法的国际投资条约仲裁条款的效力仍由国际法标准决定,法院仅是司法审查主体。

其三,法院对于国际投资条约仲裁条款的司法审查是为了判断其效力,确认争议管辖权的归属,明晰仲裁裁决的法律效力。法院经过司法审查确定国际投资条约仲裁条款的效力,进而明晰仲裁庭是否享有该具体投资争议的管辖权,还可能因此裁定是否撤销或者承认与执行仲裁庭的裁决。

最后,近年来引起广泛关注的"BG Group 诉阿根廷"案、"Sanum 诉老挝"案、"Yukos 诉俄罗斯"案、"Achmea 诉斯洛伐克"案,均涉及国际投资条约仲裁条款的司法审查,国内法院的司法审查已存在现实案例支撑。综上,法院能够对国际投资条约仲裁条款进行司法审查。

二、国际投资条约仲裁条款司法审查的内容

国际投资条约仲裁条款与国际商事仲裁协议作用相似,但司法审查的内容和标准不同。有效的国际投资条约仲裁条款与国际商事仲裁协议均是当事人提起仲裁的依据,是仲裁庭对投资争端行使管辖权的依据,是法院确认裁决效力和承认与执行仲裁裁决的前提要求。但国际投资条约仲裁条款的司法审查内容围绕条约的生效和条约的内容设置,主要依照国际法;而国际商事仲裁协议的司法审查则围绕合同的生效和合同的内容设置,主要依照国内法。司法审查内容侧重不同将直接影响仲裁司法审查制度的适用性和协调性,以及国际投资条约仲裁条款司法审查的国内法律制度和国际条约制度完善。

国际投资条约仲裁条款司法审查由当事人向仲裁地法院提起,[①]针对国际投资条约仲裁条款的有效要件及效力范围,法院依据国际条约的效力标准,适用《维也纳条约法公约》、习惯国际法或一般国际法原则,判断国际投资条约仲裁条款对具体投资争端的效力。各国对于国际投资条约仲裁条款司法审查程序的具体规定存在差异,有的明确"应当在仲裁庭首次开庭前提

---

① Ndifreke Uwem, BG Group v. Argentina: A Reiteration of Undesired Complexity for a Simple Principle: Kompetenz – Kompetenz under the FAA and the UNCITRAL Model Law, *U. Miami Int1 & Comp. L. Rev.*, vol. 25, no1, 2018, p. 437. 学者 Ndifreke Uwem 在文章中明确指出,一旦仲裁庭作出管辖权决定,当事人有权向仲裁地法院寻求司法审查。

出",有的指出"除非满足必要条件,否则法院不应考虑该申请"。[①]

国际投资条约仲裁条款的司法审查需经过多个步骤,以确定国际投资条约仲裁条款对于具体投资争端的效力。第一,审查国际投资条约仲裁条款是否存在。国际投资条约仲裁条款与条约中其他条款息息相关,其存在涉及不同情形。倘若国际投资条约中不存在仲裁条款,一般认为国际投资条约仲裁条款不存在,但是不能忽略最惠国待遇条款的适用,若是最惠国待遇效力及于仲裁条款,则其他投资条约中的仲裁条款被视为适用于本条约。第二,审查国际投资条约仲裁条款是否有效。国际投资条约仲裁条款的有效要件与国际商事仲裁协议的有效要件差别较大,在明确国际投资条约仲裁条款存在之后,需按照国际法标准判断仲裁条款是否有效,尤其值得注意的是,国际投资条约仲裁条款与国际投资条约的效力相关,这与国际商事仲裁条款独立性不同。审查东道国在条约中的同意仲裁的意思表示,特别是该同意是否附加条件,只有东道国同意后,投资者提起仲裁的行为才形成仲裁合意。第三,审查国际投资条约仲裁条款是否失效。国际投资条约仲裁条款因为存在于国际投资条约中,其失效并非普通合同的失效,而是国际投资条约或条款本身的失效,可能存在违反其他国际法而失效的特殊情形,这与国际商事仲裁协议存在很大不同。存在、有效、未失效后方能判断国际投资条约仲裁条款的效力,但该效力能否适用于具体投资争端,尚需进一步审查。第四,审查投资争端是否符合国际投资条约仲裁条款效力范围。审查争议是否属于国际投资条约仲裁条款的范围,这是针对具体的争端,先审查是否满足适格的争端,后审查适格的当事人要求。如此四个审查步骤过后,

---

① 前者如《仲裁法》第20条"当事人对仲裁协议的效力有异议,应当在仲裁庭首次开庭前提出";后者如《英国仲裁法》第32条第2款:"本条所指的一项申请不应考虑,除非:(a)经程序的其他当事人一致书面同意提出,或(b)经仲裁庭许可提出,且法院认为:(i)对问题的决定很可能实际上节省费用,(ii)申请未经迟延地提出,且(iii)该事项由法院决定具有合适的理由。"

法院便可确定国际投资条约仲裁条款的效力,从存在方式、有效要件、失效情形到效力范围,以及司法审查过程中涉及的条约解释权问题,都与国际商事仲裁协议司法审查的侧重有很大不同。

国际投资条约仲裁条款司法审查可能发生在国际投资条约仲裁的不同环节和阶段。由于未有公约对国际投资条约仲裁条款或国际商事仲裁协议的司法审查进行统一规定,故各国国内法的相关规定不尽相同。[①] 首先,在争端发生后而仲裁程序开始前,争端当事人向法院请求确认仲裁协议的效力,各国几乎没有专门对该阶段的审查进行规定,一般来说普通国际商事仲裁不排除司法审查机关介入可能。[②] 中国仲裁法允许法院对于国际商事仲裁协议的司法审查涵盖该阶段,只要是仲裁庭首次开庭前提出均可。该阶段司法审查影响仲裁庭的管辖权,若及早确认仲裁协议的效力和适用性问题,可节约仲裁成本和后续可能的司法审查成本。但就国际投资条约仲裁而言,当事人不可能在仲裁程序开始前提起对国际投资条约仲裁条款的司法审查。其次,在仲裁程序开始后而仲裁裁决作出前,各国的规定不尽相同,法国禁止法院对于国际商事仲裁协议进行司法审查,支持仲裁庭有权决定其管辖权,这包括国际商事仲裁协议的有效性,排除了司法审查机关的审查。即便当事人对于管辖权有异议,也无法在仲裁程序进行中向法院申请救济,只能待仲裁裁决作出后,申请对裁决的司法审查。这乃是"仲裁庭终局决定"的模式。[③] 其他多数国家则规定当事人若不服仲裁庭裁决,可向法院提出异议,审查仲裁协议,但不影响仲裁程序的继续。[④] 这体现对仲裁庭

---

① 参见张圣翠:《仲裁协议纠纷司法审查阶段制度的国际比较与我国的借鉴》,《国际商务研究》,2017 年第 3 期。此处所谓相关规定,乃是各国对于"仲裁协议"司法审查的规定,在制度层面,国际投资条约仲裁条款司法审查通用仲裁协议司法审查制度,与"视为仲裁协议"理论一致。

② 参见侯登华、赵莹雪:《仲裁庭自裁管辖理论及其在我国的实践路径》,《河北法学》,2014 年第 7 期。

③ 参见高菲:《中国海事仲裁的理论与实践》,中国人民大学出版社,1998 年,第 225 页。

④ 参见朱科:《中国国际商事仲裁司法审查制度完善研究》,法律出版社,2018 年,第 100 页。

自裁管辖权消极效力的支持,在关于管辖权的裁决作出前,限制法院对于管辖权异议的直接裁定,但仲裁庭对于管辖权的裁决要接受司法审查机关的审查,①如印度支持对仲裁协议进行表面审查,德国、澳大利亚、新西兰支持对仲裁协议进行全面审查。这乃是"并存控制,法院终局决定"模式。② 国际投资条约仲裁条款的司法审查在该阶段是可能的,与普通仲裁协议司法审查模式相同。最后,仲裁裁决作出后,各国均对于该阶段的司法审查有详细规定,仲裁裁决的撤销和裁决的不予承认与执行理由中均涉及仲裁协议的司法审查。当事人可以仲裁协议无效为由,向仲裁地国法院或裁决执行地法院请求司法审查。③ 此阶段不仅适用国际投资条约仲裁条款,更是司法审查的重要内容,也是维护国际投资条约仲裁公正性的基本要求。

三、自裁管辖权与司法审查权的优先性和终局性

自裁管辖权是国际投资条约仲裁条款司法审查的重要制度内容。《示范法》第 16 条专门规定了"仲裁庭对其管辖权作出裁定的权力",支持仲裁庭自裁管辖权,可对仲裁协议的存在或效力的任何相关异议作出裁决。《英国仲裁法》第 30 条:"仲裁庭可裁定其实体管辖权,包括:(a)是否存在有效的仲裁协议,(b)仲裁庭组成是否适当,(c)依仲裁协议何等事项已提交仲裁。"《法国民事诉讼法典》第 1458 条:"根据仲裁协议提交仲裁庭的争议若提交到国家的法院,该法院应拒绝管辖。如果仲裁庭仍未受理此事,法院也应拒绝管辖,除非仲裁协议是明显无效的。"《荷兰民事诉讼法典》第 1052

---

① 参见孙南申、胡荻:《国际商事仲裁的自裁管辖与司法审查之法律分析》,《武大国际法评论》,2017 年第 3 期。

② 参见韩健:《现代国际商事仲裁法的理论与实践》,法律出版社,2000 年,第 117 页。

③ 参见赵秀文:《国际商事仲裁案例评析》,中国法制出版社,1999 年,第 1~34 页。

条："仲裁庭有权决定其管辖权。"《瑞士民事诉讼法典》第 359 条："仲裁庭有权决定自己的管辖权。"从制度层面可明显看出《法国民事诉讼法典》赋予自裁管辖权强效力。

自裁管辖权包含仲裁庭对于国际投资条约仲裁条款的效力判断，判断过程中又涉及仲裁庭对于国际投资条约的解释，这些内容与国际投资条约仲裁条款司法审查密切相关，还关涉自裁管辖权与司法审查权的优先性和终局性。自裁管辖权是指仲裁庭对其是否拥有管辖权进行裁判的权利。仲裁庭自裁管辖权原则是强调仲裁庭有权决定自身是否具备管辖权，认定仲裁协议是否有效，在法院裁定作出前不受法院程序影响，可继续审理案件。自裁管辖权理论于 20 世纪 50 年代后发展起来，被世界各国广泛采纳。该理论最初发端于前联邦德国的争论——当事人可否通过仲裁协议授权仲裁庭确定仲裁协议效力范围，1955 年德国高等法院支持仲裁庭的权限，但 1977 年该法院又持不同态度。该时期通常认为当事人对于仲裁协议效力和仲裁庭管辖权提出异议，虽然不能完全排除仲裁庭确定自身管辖权的可能性，但由于终局性原因，还是由法院决断较为恰当，基本不赞成仲裁庭的该项权利。① 后来随着仲裁的发展，尤其是普通国际商事仲裁的突飞猛进，对于仲裁的效率和自治性给予进一步的尊重，立法和实践逐步接受自裁管辖权，《欧洲国际商事仲裁公约》《欧洲统一仲裁法》均采纳了这一原则，特别是 1965 年的《ICSID 公约》，它是第一个接受该理论的世界性公约，其后的各机构仲裁规则和《示范法》及各国仲裁法和民诉法多支持该理论，终形成自裁管辖权被广泛接纳的良好局面。

自裁管辖权的产生存在多种理论依据，其一是当事人的合意授权，在仲

---

① 参见侯登华、赵莹雪：《仲裁庭自裁管辖理论及其在我国的实践路径》，《河北法学》，2014 年第 7 期。

裁协议中明确约定仲裁庭的自裁管辖权;其二是仲裁地国家法律授权,承认自裁管辖权;其三是仲裁固有权限学说,学者雷德芬和亨特提出自裁管辖权是仲裁庭完成其使命的基础权限,失去该权限,管辖权异议只能提交法院,势必影响仲裁进程。① 自裁管辖权的立法模式包括常见的法律直接授权,诸如法国、德国等;包括法律规定当事人需明确授权,如美国;还包括法律规定当事人未明确排除,如英国。自裁管辖权试图将围绕仲裁协议的所有争议交由仲裁庭裁判,包括仲裁协议的有效性和效力范围。本质上讲,自裁管辖权涉及仲裁庭与法院对于仲裁协议解释和执行的管辖权权力分配,赋予仲裁庭更多权力。②

自裁管辖权与国际投资条约仲裁条款司法审查存在优先性和终局性问题。自裁管辖权包含积极效力和消极效力,所谓积极效力是授权仲裁庭确认自身管辖权,仲裁庭享有确认仲裁协议效力等权利。所谓消极效力是仲裁庭决定管辖权之前,限制甚至剥夺法院对于管辖权的审查权限。③ 积极效力的落实需要提出消极效力要求,以防法院将仲裁庭自裁管辖权停留在纸面。自裁管辖权积极效力现如今普遍获得认可,但是因为消极效力实则是对司法审查权的限制,是要求仲裁庭自裁管辖权的优先性,所以各国并未达成共识,对于优先性采取不同态度。其一,明确接受消极效力,支持自裁管辖权优先性,法国是该立场的坚定支持者,绝对维护自裁管辖权,禁止法院在仲裁庭作出管辖权裁定前进行司法审查。其二,未明确接受消极效力,立法未体现支持自裁管辖权优先性,德国、瑞典等国如此,国内法包含"仲裁庭组成前,法院可对案件管辖权作出决定"等此类表述,不能得出仲裁庭自裁管辖

---

① 参见王瀚、李广辉:《论仲裁庭自裁管辖权原则》,《中国法学》,2004 年第 2 期。

② 参见刘晓红:《国际商事仲裁专题研究》,法律出版社,2009 年,第 204 页。

③ 参见张玉卿:《试论商事仲裁自裁管辖权的现状与中国的改进》,《国际经济法学刊》,2018 年第 1 期。

权限制法院司法审查权或司法审查权不受限制的结论,也无法探知优先性。但是由于仲裁庭的自裁管辖权并不必然给予仲裁庭管辖权裁定的终局性,故仲裁庭作出裁定后,部分国家法院可以进行司法审查,这体现司法审查权对自裁管辖权的制约,司法审查权的终局性。[①] 仲裁庭作出裁定后,丹麦、爱尔兰等多数国家规定法院有权根据当事人申请对管辖权作出裁定,该过程中仲裁庭不受法院行为的影响,既维持了司法审查机关对于管辖权的审查权,又一定程度支持了仲裁庭的自裁管辖权和仲裁进程;既避免了仲裁庭不具备管辖权造成的仲裁资源浪费和不公正裁决落实,又杜绝了当事人恶意拖延仲裁进程的可能。而法院对于管辖权争议的审查范围,学者孙南申指出,多数国家支持对于裁决的全面审查:首先,仲裁庭对于管辖权的初步裁决具有临时性法律效力,而仲裁庭在初始阶段对于事实和法律的把握不见得准确,法院有理由质疑裁决的正确性。其次,最终裁决里的管辖权问题与裁决其他问题的程序审查为主不同,法院可以进行事实审和法律审。[②]

第二节　国际投资条约仲裁条款效力的司法审查

一、国际投资条约仲裁条款存在的司法审查

(一)国际投资条约仲裁条款纳入的司法审查

国际投资条约仲裁条款司法审查首先要审查仲裁条款的存在与否,而

---

① 参见[英]艾伦·雷德芬:《国际商事仲裁法律与实践》,林一飞、宋连斌译,北京大学出版社,2005 年,第 439 页。

② 参见孙南申、胡荻:《国际商事仲裁的自裁管辖与司法审查之法律分析》,《武大国际法评论》,2017 年第 3 期。

最基本的存在方式是国际投资条约中直接纳入国际投资条约仲裁条款。国际投资条约仲裁条款司法审查需要落实仲裁条款的纳入,因为国际投资条约并非仲裁协议,产生类似仲裁协议作用的是国际投资条约仲裁条款。条约因与私人合同的性质差异而存在的登记与公布制度,使得法院可较为容易地审查国际投资条约仲裁条款的直接纳入与否,诸如《联合国宪章》第102条:"联合国任何会员国所缔结之一切条约及国际协定应尽速在秘书处登记,并由秘书处公布之。"《维也纳条约法公约》第80条"条约之登记及公布":"条约应于生效后送请联合国秘书处登记或存案及记录,并公布之。"而国际投资条约的存在,并不意味着国际投资条约仲裁条款的必然存在,这与国际投资条约的发展和东道国的缔约态度息息相关,司法审查时需警惕条约未纳入国际投资条约仲裁条款的情形。一方面是年代较为久远的投资条约中,由于当时投资争端较少,对于投资仲裁方式不重视,即便需要仲裁也往往通过缔约国间的仲裁,故投资条约更强调实体性条款,可能未纳入投资者-东道国仲裁条款。另一方面是近年来的投资条约中,由于部分国际投资条约仲裁的合法性危机和利益保护失衡,导致部分国家对于投资仲裁不信任,或者出于对投资仲裁的恐惧,主动在新条约或旧条约更新版本中放弃了国际投资条约仲裁条款。故在国际投资条约仲裁条款司法审查时,法院首先要认真审查国际投资条约中仲裁条款的纳入情形,不存在仲裁条款很可能导致法院确认国际投资条约仲裁条款无效。

(二)最惠国待遇条款适用的司法审查

最惠国待遇条款可能影响国际投资条约仲裁条款存在与否的认定,是国际投资条约仲裁条款司法审查的重要内容。国际投资条约仲裁条款除了在条约中直接纳入的常规形式,还可能因为最惠国待遇及于投资者-东道国争端解决条款而导致国际投资条约仲裁条款的存在。具体而言,东道国通常与不同国家签署了数量庞大的投资条约,倘若投资者母国与东道国签署的投资条约包含最惠国待遇条款却不含国际投资条约仲裁条款,但第三国与东道国签署的投资条约中存在国际投资条约仲裁条款,那么投资者能否通过最惠国待遇享受第三国与东道国条约中的国际投资条约仲裁条款,请求法院确认国际投资条约仲裁条款的存在?[①] 司法审查机关需把握该问题的本质——最惠国待遇条款是否适用于争端解决条款?

最惠国待遇条款对于争端解决条款的适用问题,不仅关涉国际投资条约仲裁条款存在与否的司法审查,还涉及当事人提交仲裁意思表示的司法审查和国际投资条约仲裁条款效力范围的司法审查,鉴于问题本质相同,本部分将统一进行研究。最惠国待遇条款起源于 13 世纪,发展于 15、16 世纪,至 17 世纪形成现代意义的最惠国待遇条款,起初适用于国际贸易领域,现如今同样适用于国际投资领域。缔约一方给予缔约另一方的待遇不得低于在类似情势下给予第三国的待遇,在国际贸易领域只适用于实体性事项,但国际投资领域投资者相对弱势,发生争端时会争取将争端提交国际仲裁和获得更有利的待遇,这便为最惠国待遇条款的适用扩展提供了动力。国际投资条约仲裁实践关于最惠国待遇条款的扩展适用主要分为四种情形:一是规避投资仲裁的前置条件;二是扩大争端解决条款的属时范围;三是扩大仲裁庭的争端管辖范围;四是扩展更多的仲裁机制选择。[②] 第四种情形涵盖条约未纳入国际投资条约仲裁条款时,但因最惠国待遇条款对于争端解决程序的适用,而被视为"存在"国际投资条约仲裁条款的情况。最惠国待遇条款的适用问题已经在仲裁实践中产生不同的认定,势必会成为司法审查机

---

① 参见王楠:《最惠国待遇条款在国际投资争端解决事项上的适用问题》,《河北法学》,2010年第 1 期。

② 参见朱明新:《最惠国待遇条款适用投资争端解决程序的表象与实质——基于条约解释的视角》,《法商研究》,2015 年第 3 期。

关面临的难题。

最惠国待遇条款的适用起初并未出现争议,但自"Maffezini 诉西班牙"案始,部分仲裁庭对最惠国待遇条款适用问题发起了挑战。一段时间内,国际投资条约仲裁对于最惠国待遇条款的适用问题持一致意见,即实体问题与程序问题适用分离,默认为不适用于争端解决条款。但 2000 年"Maffezini 诉西班牙"案冲击了原本的一致意见,阿根廷投资者 Maffezini 因投资所建的化工厂与西班牙政府产生争端。在争端解决过程中,正常情况下需依据《西班牙-阿根廷双边投资协定》,Maffezini 须先求助于西班牙法院方能提交 IC-SID 仲裁,且法院救济时间至少经过 18 个月。然而 Maffezini 发现《西班牙-智利双边投资协定》仅规定 6 个月磋商后,便可诉诸 ICSID。与此同时,《西班牙-阿根廷双边投资协定》中存在最惠国待遇条款。于是 Maffezini 要求援用最惠国待遇条款,享有《西班牙-智利双边投资协定》中争端解决的更优惠待遇,即经过磋商便向 ICSID 提起仲裁,无需历经 18 个月的西班牙法院救济。后仲裁庭作出裁决,支持最惠国待遇条款对于争端解决程序事项的适用。裁决声称,"尽管基础条约没有明确表明争端解决在最惠国条款的适用范围之内,但争端解决条款与投资者的保护之间关联密切,如果第三方条约中包含的争端解决条款更为有利,那么此类条款可适用于最惠国待遇条款的受益者"①。此案之后,"Siemens 诉阿根廷"案、"Camuzzi 诉阿根廷"案、"Gas Natural 诉阿根廷"案、"Tecmed 诉墨西哥"案、"Interaguas 诉阿根廷"案、"Grid 诉阿根廷"案、"Vivendi 诉阿根廷"案的仲裁庭同样支持最惠国待遇条款对于争端解决条款的适用。

与此同时,另一部分仲裁庭明确反对最惠国待遇条款适用于争端解决

---

① 赵骏:《论双边投资条约中最惠国待遇条款扩张适用于程序性事项》,《浙江社会科学》,2010年第 7 期。

条款。"Plama 诉保加利亚"案便是代表,塞浦路斯的 Plama 收购了保加利亚的一家炼油公司,后遭遇保加利亚的"间接征收"。Plama 如果依据《保加利亚-塞浦路斯双边投资协定》必须先经过保加利亚的行政救济与司法救济程序,方可提交仲裁。但《保加利亚-芬兰双边投资协定》的争端解决条款中却并无此类要求和限制,于是 Plama 试图通过《保加利亚-塞浦路斯双边投资协定》中的最惠国待遇条款,享受《保加利亚-芬兰双边投资协定》中的争端解决条款。但此尝试最终被仲裁庭否决,仲裁庭强调"不能推定缔约方同意将争端解决条款嵌入其他条约"[1]。

除了仲裁庭的意见相左,专家学者也未就最惠国待遇条款的适用达成一致意见,体现出该问题的复杂性,对司法审查机关就国际投资条约仲裁条款的效力确认提出了更高要求。学者董静然指出:"即便投资条约中没有仲裁条款,也不能否认投资者通过其他投资条约获得仲裁的权利。"[2]学者黄世席则强调:"最惠国条款不能成为或者取代当事人接受仲裁管辖权的书面意思表示。"[3]有的学者选择折中的方案,主张有条件地承认最惠国待遇条款适用于程序性事项,[4]满足"同类原则""相同情况"以及"与实现公平竞争条件密切相关"等要求。[5]

归根结底,法院的司法审查离不开对于最惠国待遇条款适用的解释。倘若从宽解释,支持最惠国待遇条款适用于争端解决条款,一方面使得实体

---

① 徐崇利:《从实体到程序:最惠国待遇适用范围之争》,《法商研究》,2007 年第 2 期。

② 董静然:《最惠国待遇条款与国际投资争端解决程序法律解释研究》,《国际商务》(对外经济贸易大学学报),2018 年第 5 期。

③ 黄世席:《国际投资仲裁中最惠国条款的适用和管辖权的新发展》,《法律科学》(西北政法大学学报),2013 年第 2 期。

④ 参见刘颖、封筲:《国际投资争端中最惠国待遇条款适用范围的扩展——由实体性问题向程序性问题的转变》,《法学评论》,2013 年第 4 期。

⑤ 参见梁丹妮:《国际投资条约最惠国待遇条款适用问题研究——以"伊佳兰公司诉中国案"为中心的分析》,《法商研究》,2012 年第 2 期。

性事项与程序性事项联系紧密,相互依存,不可能人为割裂;另一方面支持最惠国待遇条款的扩展适用,为投资者面对投资争端时提供了更多解决方式选择,符合保护投资者和促进投资发展的目标。倘若限制解释,不承认最惠国待遇条款对于争端解决条款的适用,一方面扩展适用不符合缔约方的意图,不同条约的缔结是基于不同的对象和不同的环境,倘若扩展适用最惠国待遇条款,将使缔结与谈判的作用大打折扣;另一方面扩展适用后容易造成"条约挑选",甚至"条约搭配"的现实情况,不利于公正性和有序性,也使得投资者过分关注程序技巧,而非实体权利,不符合投资促进与发展的宗旨。

司法审查机关对于最惠国待遇条款适用的认定,需把握国际投资条约仲裁司法审查的特殊性,以投资者与东道国利益平衡为指引,依据《维也纳条约法公约》,否定仲裁庭的不合法不合理裁决。首先,在条约明确规定最惠国待遇条款适用于争端解决条款的情况下,司法审查机关可依此确认国际投资条约仲裁条款的存在等要件,纵然不存在仲裁条款纳入条约的普通方式。英国常常在条约中明确最惠国待遇条款对于争端解决条款的适用。[1] "Garanti Koza 诉土库曼斯坦"案便是因为《英国-土库曼斯坦 BIT》(《英土 BIT》)的最惠国待遇条款明确可适用于前 11 条,包含了第 8 条争端解决条款,进而投资者可将案件提交《英土 BIT》中未纳入的 ICSID 仲裁。[2] 其次,当条约明确规定最惠国待遇条款不适用争端解决条款时,司法审查机关可依条约不予认定国际投资条约仲裁条款的此种存在方式,并否定其他试图通过最惠国待遇条款而达成的要件。最后,除了明确规定适用或不适用的情

---

[1] See Scott Vesel, Clearing a Path Through a Tangled Jurisprudence: Most – Favored – Nation Clauses and Dispute Settlement Provisions in Bilateral Investment Treaties, *Yale J. Int' l L.*, vol. 32, no. 5, 2007, p. 128.

[2] 参见朱明新:《最惠国待遇条款适用投资争端解决程序的表象与实质——基于条约解释的视角》,《法商研究》,2015 年第 3 期。

形外,司法审查机关需依据《维也纳条约法公约》对最惠国待遇条款进行合理解释,进而公正合理地认定国际投资条约仲裁条款的效力和效力范围。

在最惠国待遇条款使用"所有事项"等措辞、通过列举方式限制适用范围的情形下,最惠国待遇条款能否适用于争端解决条款相对模糊,需要司法审查机关作出解释后进行认定。司法审查机关对于最惠国待遇条款的解释需按照《维也纳条约法公约》的"依照其用语按上下文并参照条约的目的及宗旨所具有的通常含义善意解释"的要求,故最惠国待遇条款中存在"所有事项"用语,从用语本身的通常含义可解释为条款适用于争端解决条款;①而通过列举方式限制最惠国待遇条款的适用范围,可解释为排除适用于争端解决条款。② 同时,最惠国待遇的解释需遵循"同类原则",即基础条约与第三国条约规定事项为同一类别,且与最惠国待遇相关。但值得一提的是,即便最惠国待遇条款被解释为适用于争端解决条款,依然要尊重缔约国在缔结条约时对公共利益的基本考量和意思表示,需受到"公共政策因素"限制,不能规避投资仲裁实质性前置条件,不能扩大争端解决条款的属时范围,不能扩大仲裁庭的争端管辖范围,不能扩展更多的仲裁机制选择。③ 于是,需要司法审查机关解释的两种情形,均不能因最惠国待遇条款实现国际投资条约仲裁条款的存在。该种认定符合投资者与东道国的利益平衡保护,为了防范投资者"选购条约",司法审查机关有必要在合法范围内限制最惠国待遇条款对争端解决条款的适用。

条约的条文设置和东道国的解释,对国际投资条约仲裁条款存在的司法审查同样重要。最惠国待遇条款适用的无定论,往往是因为国际投资条

---

① 参见郭桂环:《论 BIT 中最惠国待遇条款的解释》,《河北法学》,2013 年第 6 期。

② 参见徐崇利:《从实体到程序:最惠国待遇适用范围之争》,《法商研究》,2007 年第 2 期。

③ 参见刘颖、封筠:《国际投资争端中最惠国待遇条款适用范围的扩展——由实体性问题向程序性问题的转变》,《法学评论》,2013 年第 4 期。

约未对最惠国条款的适用范围予以明确,同时一国至少签署了两个投资条约,为最惠国待遇条款的扩展适用提供了可能。这便对国际投资条约的缔结和修改提出要求,缔结或修改条约时更加重视最惠国待遇条款并明确其适用范围,是国际投资条约仲裁条款司法审查的要求和制度完善方向。另外,学者黄世席强调:缔约国可以在司法审查实践中对条约用语进行解释,但必须能够证明缔约国在条约解释上达成合意,而仲裁地法院应注意此情形。[①]

二、国际投资条约仲裁条款有效的司法审查

(一)国际投资条约对于具体争端效力的司法审查

1. 仲裁条款独立性的不适用

国际投资条约仲裁条款与国际投资条约的效力一致,不具备国际商事仲裁协议的独立性。独立性问题是司法早于立法,1942 年英国上诉法院的"海曼诉达尔文斯"案最早确立普通国际商事仲裁领域的仲裁条款独立性,然后从有限的独立性发展为完整的独立性,不仅国家立法,还有仲裁规则全面支持仲裁条款独立性。[②] 这其中蕴含当事人意思自治、仲裁条款作为救济手段之目的、相对诉讼灵活便捷的追求、管辖权确定不依赖法院等理论依据。[③] 合同中仲裁条款的效力有"绝对论"和"相对论"两种立场,前者认为仲裁条款与其他合同条款有完全不同的性质,效力判断上与主合同绝对分

---

① 参见黄世席:《国际投资仲裁裁决的司法审查及投资条约解释的公正性基于"Sanum 案"和"Yukos 案"判决的考察》,《法学》,2017 年第 3 期。

② 参见温长庆:《仲裁条款独立性再认识——在合同效力规则中的解读》,《北京仲裁》,2016 年第 4 期。

③ 参见刘想树:《仲裁条款的独立性问题》,《现代法学》,2002 年第 3 期。

离,但当主合同存在非法性时,对于仲裁条款产生多大影响,并无结论;后者认为仲裁条款的独立性并不能将仲裁机构对于纠纷的管辖权绝对化,不能推导出仲裁条款有效,需要单独认定其效力。[①] 国际商事仲裁协议的独立性逐渐从绝对立场向相对立场理性转变。

但国际投资条约仲裁条款却不存在独立性问题,因为国际商事仲裁协议独立性理论渊源有《民法通则》第 60 条和《合同法》第 56 条,即民事行为部分无效,不影响其他部分的效力,但其为私法性质。而国际投资条约仲裁条款具备公法属性,两者存在本质区别,国际投资条约仲裁条款作为国际投资条约的一部分,其效力与条约效力一致,具有不可分离性。《维也纳条约法公约》第 44 条第 1 款"除条约另有规定或当事国另有协议外,条约内所规定或因第 56 条所生之当事国废止、退出或停止施行条约之权利仅得对整个条约行使之"的规定,支持了条约的整体性,即便第 3 款罗列了特定条文的分离,[②]也是强调该特定条文因理由失效,但在符合一定条件情况下,可分离出去,使其他条文继续有效,这与仲裁条款的独立性问题不同。从另一层面讲,国际商事仲裁协议的独立性很大程度是因为当事人意思自治,而国际投资条约仲裁条款并非根据投资者与东道国的意思设立,只是仲裁条款可惠及投资者,真正达成一致的是缔约国家,这与条约中其他条款是相同的。况且在国际投资条约仲裁领域,并无意思自治发挥作用之空间,国际条约需要接受习惯国际法的约束,而习惯国际法对于仲裁当事人几乎没有授权。故国际投资条约仲裁条款不具有独立性,国际投资条约的有效是国际投资条

[①]　参见王克玉:《合谋欺诈视角下的合同仲裁条款独立性问题研究》,《法商研究》,2014 年第 3 期。

[②]　《维也纳条约法公约》第 44 条第 3 款:三、倘理由仅与特定条文有关,得于下列情形下仅对各该条文援引之:(甲)有关条文在适用上可与条约其余部分分离;(乙)由条约可见或另经确定各该条文之接受并非另一当事国或其他当事国同意承受整个条约拘束之必要根据;及(丙)条约其余部分之继续实施不致有失公平。

约仲裁条款效力的前提。国际投资条约仲裁条款司法审查需把握投资仲裁条款的特殊性,首先确认国际投资条约的效力。

2. 国际投资条约有效要件的司法审查

国际投资条约效力的司法审查依据国际法规定,分为形式有效要件的司法审查和实质有效要件的司法审查。法院对于国际投资条约有效要件的司法审查,实质指国际投资条约对于具体投资争端的效力,而条约本身有效是前提。条约是至少两个国际法主体按照国际法产生、变更、废除相互间权利义务的意思表示的一致。国际投资条约涵盖包含投资内容的双边、区域、多边条约。国际投资条约的生效是指国际投资条约在国际法上成立,产生约束各缔约国的法律效果,缔约国须善意履行条约的法律状态。[1]

国际投资条约与普通国际商事合同不同,具备其自身独特的形式有效要件和实质有效要件。按照学者李浩培的观点,谈判、约文的起草,协议和约文的认证、签署、批准,批准书的交换等条约缔结程序均属于条约的形式有效要件,还包括条约的登记和公布要求。形式有效要件的司法审查需依据《维也纳条约法公约》第7条至第16条、第24条、第80条等。而实质有效要件的司法审查主要包括三个方面:缔约能力的具备,同意的自由,符合强行法。

具体而言,第一方面缔约能力可能因缔约方的国际地位而受到限制,原则上只有土权国家享有完全的缔约权,有权缔约的机关或代表则可能超出国内法的授权范围而影响缔约能力。第二方面同意的自由可能受到错误、诈欺、对一国代表之贿赂、对一国代表之强迫、以威胁或使用武力对一国施行强迫的影响,《维也纳条约法公约》第48条至52条分别予以对应规定,可能导致条约被撤销或实质无效。缔约国以签署、交换条约文书,批准、接受、

---

[1] 参见李浩培:《条约法概论》,法律出版社,2003年,第171~199页。

赞同、加入或任何其他同意之方式,表示愿意承受条约约束,即为缔约国对于条约效力的同意。这份同意涵盖对于仲裁条款的同意。加之条约必须信守原则,东道国须善意履行对其有约束力的条约,待条约生效后该份同意将持续存在。第三方面符合强行法体现各国承认的一般法律原则,违反国际法强行规则的条约无效,避免将国际法上的不法行为通过条约构建而化身为正义,《维也纳条约法公约》第53条也对此作出专门规定。

《维也纳条约法公约》第24条是专门关于条约"生效"的规定,首先便明确"条约生效的方式及日期,依条约之规定或谈判国之协议",倘若未有规定或协议,则按照缔约国同意接受条约约束,视为生效。故国际投资条约效力的司法审查要回到条约文本或条款中去,常见的关于条约效力的规定有三方面内容:其一,缔约方各自完成为使本条约生效的内部法律程序,即各个国家的国内法律程序;其二,有效期届满后,本条约仍将继续有效,在此后的任何时候,任一缔约方均可终止条约。既有利于条约的长期有效,又明确缔约国在有效期届满后随时可以终止;其三,终止日前进行的投资,条约中生效条款以外的其他条款将自协定终止日起算,继续有效一段时间。这是从利于投资的角度设置。总之,国际投资条约仲裁条款的司法审查以国际投资条约的效力为前提,审查国际投资条约的效力有相应的国际法规制,司法审查机关依据普遍认可的国际法原则或习惯即可。

3. 国际投资条约临时适用的司法审查

国际投资条约的临时适用关涉国际投资条约的效力,对其进行司法审查十分重要。一般而言,按照繁复程序缔结的条约自缔约方交换批准书之日起生效,按照简易程序缔结的条约自签字之日起生效,在满足生效条件前条约不具备法律效力。[①] 但缔约国拥有缔约自由,条约的临时适用可在条约

———————————

① 参见梁西:《国际法》,武汉大学出版社,2011年,第350页。

中自由议定,司法审查机关便不可忽略临时适用条款。国际投资条约的临时适用是指根据条约规定或缔约国合意,在条约正式生效前,将条约适用于相关事宜的机制。在条约既需要批准又面临急需付诸实施、避免拖延等原因时,缔约方可在条约中规定"条约必须经批准但自签署之日起全部或部分立即临时适用"。《维也纳条约法公约》第25条"暂时适用"中允许在条约如此规定或缔约国协议如此的情况下,条约或条约的部分内容在条约生效前暂时适用。未及条约正常生效要件满足即提出临时适用,可能因为自然灾害或重大事故等紧急情形、防止缔约方反悔、方便关联条约适用、灵活性、避免耽搁等缘由。[1] 除了少部分学者将条约的临时适用视为软法,主流观点承认临时适用的条约具有法律约束力。[2] 故针对单纯的条约临时适用条款,司法审查机关宜认可国际投资条约的法律效力。

但实践中国际投资条约临时适用的司法审查并非简单地审查条约是否包含该条款,更需审查临时适用条款的具体内容,甚至需要结合相关国内法进行判定。例如"Yukos诉俄罗斯"案中,国际投资条约的临时适用问题便成为仲裁庭裁判和法院司法审查的焦点。俄罗斯签署了《能源宪章条约》(ECT),但一直未经国内程序批准,ECT第45条第1款规定,各签署方同意对该国正式生效前临时适用该条约,但同时要求该临时适用以不与该国的宪法、法律或法规相违背为条件。而《俄罗斯联邦条约法》第23条规定了临时适用国际条约的提议需提交国家批准。在这种情况下,仲裁庭倾向于各国不能以国内法为由不履行国际法义务,认为ECT第45条第1款针对"临时适用"这一整体问题,而俄罗斯国内法并不反对临时适用,故ECT的临时

---

[1] 参见吕宁宁:《论条约暂时适用所致冲突及其解决——从尤科斯国际仲裁案出发》,《江淮论坛》,2016年第3期。

[2] 参见钟英通、徐泉:《国际条约临时适用的理论与实践阐微》,《江西社会科学》,2016年第9期。

适用与俄罗斯国内法不冲突,于是国际投资条约仲裁条款有效,投资者可据其提起仲裁。但最终荷兰海牙地区法院司法审查时却认为 ECT 的临时适用与俄罗斯国内法矛盾,否定国际投资条约的临时适用,进而导致缺乏有效的国际投资条约仲裁条款,故将仲裁裁决撤销。[①] 该裁定并非最终结局,2020年 2 月海牙上诉法院撤销地区法院的裁定,维持海牙常设仲裁法院作出的仲裁裁决,2020 年 12 月荷兰最高法院以俄罗斯提出的撤销海牙常设仲裁法院仲裁裁决的理由不充分为由,裁定驳回俄罗斯的上诉。综观该案件,可以看到条约临时适用问题对于国际投资条约仲裁条款的效力以及裁决司法审查的重要影响,司法审查机关对于国际投资条约临时适用的司法审查,不仅要关注临时适用条款的具体设置,同时可能要考察东道国国内法的相关规定,更不能忽视条约解释的重要性。总之,国际投资条约的临时适用会影响投资条约的生效和国际投资条约仲裁条款的效力,是司法审查的重要内容之一。

(二)当事人提交仲裁意思表示的司法审查

1. 意思表示特殊方式的司法审查

国际投资条约仲裁中当事人同意提交仲裁意思表示的方式与普通国际商事仲裁的方式不同,需要司法审查机关把握国际投资条约仲裁的特殊方式。国际投资条约仲裁当事人提交仲裁意思表示方式的确立和独特性可追溯至《ICSID 公约》拟定时,专家学者对 ICSID 的管辖条件进行讨论,有观点提出除了书面的要求外,不对同意的方式进行限制,单方、双方均可,这成为国际投资条约仲裁同意方式的理论源头。但该观点不能被发展中国家接

[①]　参见张建:《〈能源宪章条约〉对签署国的临时适用机制研究——以"尤科斯诉俄罗斯"仲裁案为中心的探讨》,《甘肃政法学院学报》,2016 年第 6 期。

受,后确定了"双方同意"的要求,但依然不要求双方同意发生在同一份法律文件中,于是一方先行同意,另一方较后同意成为了可能。20 世纪 80 年代前的仲裁实践中也未出现与普通国际商事仲裁不同的意思表示方式,ICSID 在 1988 年的"SPP 诉埃及"案中,虽然依据的是埃及国内投资法确定 ICSID 的管辖权,并非国际条约,但是意思表示方式的变化已然出现。1990 年的"AAPL 诉斯里兰卡"案是真正的国际投资条约仲裁,投资者依据斯里兰卡与英国间的双边投资条约提起了 ICSID 仲裁,仲裁庭也确认了其管辖权,反映出对该类意思表示方式的支持。

国际投资条约仲裁当事人的意思表示和达成合意的方式较为特殊,东道国通过国际投资条约中的仲裁条款作出提交仲裁的意思表示,而后投资者通过提起仲裁或单方书面通知等方式作出意思表示,达成投资者与东道国的仲裁合意。这与普通国际商事仲裁当事人合意签署商事合同或仲裁协议的方式存在多方面不同。由于东道国事先作出意思表示,彼时投资者尚不确定或无法具体化,在投资者提起仲裁前,双方对于仲裁机构、仲裁范围和法律适用都缺乏沟通和共识,相对于普通国际商事仲裁而言,存在无默契的典型特征,故也被学者称为"无默契仲裁"。东道国缔结国际投资条约时,对于提交仲裁大致存在三种模式:全面接受、限制接受和逐案接受,前两种属于无默契仲裁,第三种则不属于。《美国-加拿大-墨西哥贸易协定》的前身《北美自贸协定》以及《能源宪章条约》都明确了条约中的仲裁条款是东道国的事先同意,视为一种"要约",投资者将争端提交仲裁即视为根据要约作出了"承诺",仲裁庭享有管辖权,东道国不能阻止。[①] 提交仲裁意思表示方式的区别直接影响国际投资条约仲裁条款的司法审查内容,需要司法审查

---

① 参见杨彩霞、秦泉:《国际投资争端解决中的无默契仲裁初探》,《比较法研究》,2011 年第 3 期。

机关重视。

司法审查机关需把握国际投资条约仲裁当事人同意提交仲裁意思表示的特点,并理解其背后存在一定的必然性,才能公正合理地认定当事人提交仲裁的意思表示。首先,国际投资条约仲裁当事人提交仲裁意思表示方式体现出明显的分离性。普通国际商事仲裁的双方意思表示是合并在同一仲裁协议中的,对于仲裁相关内容是共商共选的,这是仲裁庭获得管辖权的前提。但是国际投资条约仲裁中东道国意思表示与投资者意思表示分离,东道国完全无法确定将面临哪一个投资者,时间错位和仲裁内容无默契是其显著特征。其次,在国际投资条约仲裁中,东道国同意的对方当事人是无限的和不可预测的。与普通国际商事仲裁的投资对象必然是有限的不同,东道国通过在投资条约中发出提交仲裁的"要约",该要约理论上可被无数投资者利用。实际中东道国会签署数量庞大的国际条约,事先在条约中作出同意的意思表示,倘若最惠国待遇条款被适用于争端解决条款,更是会大大扩展意思表示的覆盖面,再加上国际投资条约可能对于"投资者"定义模糊,于是大量的投资者可根据东道国的事先同意提起仲裁,而且未来还有多少投资者根据这些事先同意提起仲裁是无法预计的,存在一切可能性。再次,国际投资条约仲裁东道国提交仲裁意思表示的载体是条约。国际投资条约仲裁中,投资者通过提起仲裁或单方书面通知的方式体现意思表示,而东道国的仲裁意思表示在条约之中,这便为条约中其他条款对东道国仲裁意思表示的影响埋下伏笔,条约中不同条款间的紧密联系和相互影响是司法审查不可忽略的。最后,国际投资条约仲裁当事人同意的仲裁机制的丰富性和多样性。国际投资条约仲裁条款常常提供机构仲裁或临时仲裁以及多种仲裁规则等多样化选择,东道国提交仲裁的意思表示同时覆盖,尤其是全面接受的模式。投资者提起仲裁时拥有多种选择,完全有条件选择对自己最有利的仲裁机构或仲裁规则。

这些特性背后蕴藏着国际投资条约及仲裁条款的目的和意图,可从中窥探出一定的必然性。国际投资条约仲裁独特的意思表示方式,要考虑到在此之前投资争端只能寄希望于投资者母国外交保护或东道国当地救济两种旧方式解决,两种方式不能同时让投资者和东道国接受,在这种情况下为了尽量避免外交保护,东道国不排斥在仲裁同意上稍多让步。[1] 同时,赋予投资者较大的选择权和自主权,让其能够选择较信任的投资争端解决方式,将是否选择仲裁、选择何种仲裁、运用何种仲裁规则的决定权归于投资者,可有效提高投资者到东道国进行投资的信心,带动投资的发展,满足东道国经济发展目标,这也是东道国愿意接受事先同意制度的原因。[2] 只有司法审查机关把握了国际投资条约仲裁当事人提交仲裁意思表示的特点,才能正确地认定当事人仲裁合意和国际投资条约仲裁条款的效力。

2. 意思表示前置条件的司法审查

国际投资条约仲裁中东道国的意思表示可能受到条约其他条款的限制,该限制作为同意仲裁的前置条件和先决条件,不满足时则可能导致东道国同意提交仲裁意思表示的不成立,进而导致国际投资条约仲裁条款的无效,故国际投资条约仲裁条款司法审查需重视东道国提交仲裁意思表示的限制性条件。[3] 由于国际投资条约的国际法属性,与私人合同性质的国际商事仲裁协议不同,一方面,条约中不同条款间关系紧密、相互影响,东道国提交仲裁意思表示的前置条件常为其他条款,且在国际投资条约中较为常见。另一方面,条约中条款众多,对于东道国提交仲裁意思表示和国际投资条约

---

[1] 参见彭思彬:《"无默契仲裁"管辖权问题研究——以 ICSID 为切入点的考察》,《国际商务研究》,2015 年第 205 期。

[2] 参见张建:《对无默契仲裁管辖权正当性的反思——以中国参与国际投资争议解决的实践为视角》,《西部法学评论》,2017 年第 5 期。

[3] See Guiguo Wang, "Consent in Investor – State Arbitration: A Critical Analysis," *Chinese Journal of International Law*, vol. 13, no. 1, August 2014, pp. 335 – 337.

仲裁条款效力的影响较为复杂,需要司法审查机关充分把握相关前置条件,并公正合理地认定其对东道国仲裁意思表示的影响。

首先,东道国同意提交仲裁的意思表示可能受到"岔路口条款"的限制。在国际投资条约设立时,东道国倾向于国内诉讼的方式,以维护自身的合法权益,而投资者及其母国更信任国际投资仲裁的方式,故国际投资条约通常在投资者-东道国争端解决条款中提供东道国法院诉讼和国际仲裁等方式,为投资者提供较多的争端解决方式选择。虽然多样化的争端解决方式有利于东道国的投资吸引力提升,但东道国很难接受双重救济的同时发生,而且投资者多重获利不利于制度公正,还容易造成争端解决资源浪费。① 故不少国际投资条约在提供了两种争端解决方式后,设有"岔路口条款"。

所谓"岔路口条款"是指投资者与东道国发生投资争端时,既有权选择国内诉讼的救济方式,又有权选择国际投资仲裁的救济方式,但作出的选择具有终局性。② 例如阿根廷与法国的双边投资条约中"投资者将争端提交涉案的缔约方法院管辖或国际仲裁,则选择的程序是终局的"之类规定;又如《中日韩投资协定》第 15 条第 5 款规定:"争议投资者一旦将投资争议提交争议缔约方的管辖法院或本条第 3 款规定的仲裁之一,则争议投资者所做选择应当是终局的,争议投资者之后不得再将同一争议提交本条第 3 款规定的其他仲裁。"东道国要求投资者从两种争端解决方式中自由选择一种,一旦选定则丧失求助另一种争端解决方式的权利,岔路口条款的效力为东道国同意投资仲裁添加了限制条件。③ 但司法审查机关对于岔路口条款适用的认定需谨慎,实践中已存在仲裁庭对岔路口条款进行不公正性的狭隘解释,

---

① See Zachary Douglas, Joost Pauwelyn, Jorge E. Viuales, *The Foundations of International Investment Law: Bringing Theory Into Practice*. Oxford: Oxford University Press, 2014, p. 525.

② 参见张炳南:《论"一带一路"倡议下的岔路口条款研究》,《河北法学》,2018 年第 11 期。

③ 参见徐崇利:《国际投资条约中的"岔路口条款":选择"当地救济"与"国际仲裁"权利之限度》,《国际经济法学刊》,2007 年第 3 期。

强调诉讼和仲裁必须当事人、投资争端和诉由均相同时才可适用岔路口条款。如"Genin 诉爱沙尼亚"案中,Genin 提起国内诉讼后,又提起国际投资仲裁,爱沙尼亚政府认为根据美国与爱沙尼亚双边投资协定中的岔路口条款,投资者丧失了依据国际投资条约仲裁条款提起仲裁的权利,但仲裁庭却以国内诉讼与国际仲裁的诉因和当事人不同而拒绝岔路口条款的适用,进而认可国际投资条约仲裁条款的效力。① 当然,仲裁实践中也存在对"三重相同"标准的拒绝。如"H&H 诉埃及"案,H&H 在埃及国内提起诉讼后,又提起国际投资仲裁,埃及政府认为 H&H 的行为触发了美国与埃及双边投资协定中的岔路口条款,仲裁庭认为岔路口条款的适用取决于不同争端解决方式的争端事项是否相同,而非当事人身份,从而认定岔路口条款的适用。② 对于司法审查机关审查当事人意思表示而言,应从投资者与东道国利益保护平衡角度出发,拒绝当事人、投资争端和诉由必须相同的不公正、不合理标准。同时认清合同或国内法请求权与条约请求权不能成为拒绝岔路口条款的因素,避免这种"形式大于内容"的抗辩,而需在争端事项相同时承认岔路口条款的效力。

其次,用尽当地救济条款是东道国同意提交仲裁意思表示较为严格的前置条件。用尽当地救济包括通过东道国的司法手段和行政手段解决争端,旨在将投资争端先行在东道国内尝试解决,在此之前不能径直寻求国际仲裁或其他方式。在卡尔沃主义盛行之时,东道国主张外国投资者只能与国内投资者享受同样的争端解决方式,拒绝国际仲裁。后来国际投资条约仲裁盛行后,卡尔沃主义才逐渐失势。但是国际投资条约中的用尽当地救济条款带有一定的卡尔沃主义色彩,同时对于东道国提高国内争端解决方

---

① See Alex Genin, Eastern Credit Limited, Inc. and A. S. Baltoil v. The Republic of Estonia, ICSID Case No. ARB/99/2.

② H&H Enterprises Investments, Inc. V. Arab Republic of Egypt, ICSID Case No. ARB/09/15.

式的公正性和合理性有帮助,而且也未剥夺投资者求助国际仲裁的可能性,只是对于仲裁的同意添加了前置限制条件。该条款的"用尽"一词不仅包括用尽可适用的所有司法和行政手段,还包括用尽手段涉及的所有可能的程序措施,甚至要求提交仲裁时的论点,都是经过国内救济过的论点,不能提出新论点。① 可以预见用尽当地救济条款依然存在"用尽"界定的复杂问题。但从国际投资条约仲裁条款司法审查视角来看,首先明确用尽当地救济条款需要接受司法审查,且为同意仲裁意思表示的前置条件。其次司法审查需判断用尽当地救济条款的存在形式,传统国际法认为条约中默示不为放弃,但《ICSID 公约》及其实践奠定了用尽当地救济条款需明示存在,否则为缔约方放弃了该要求的观念。故国际投资条约中用尽当地救济条款的存在需为明示存在。再次对于用尽当地救济条款的司法审查的标准,即"用尽"的判断标准,可根据主管机关作出最终决定且不存在上诉机会,或者是拒绝司法两种情形。最后司法审查不可忽略用尽当地救济条款附期限的问题。所附期限实质是对用尽当地救济的限制,要求当地救济提高效率,否则期限届满投资者可求助仲裁等其他解决方式,尤为重要的是期限内当事人需寻求当地救济,而非将期限消耗完毕即可。

最后,国际投资条约中的磋商要求对于东道国同意提交仲裁意思表示的限制越来越明显,该前置条件愈发具备可审查性。很长一段时间内,国际投资条约中的磋商要求虽是投资者提起仲裁的前提条件,但是对于磋商实施未有太多详细规定,导致司法审查并无太多空间和实施标准。而《欧盟与加拿大全面经济贸易协定》在投资者-东道国投资仲裁机制改革过程中,将磋商机制程序化和条件化,为今后磋商的司法审查提供了方向。一方面在

---

① 参见殷敏:《用尽当地救济原则在区域贸易协定中的适用》,《上海对外经贸大学学报》,2016年第 1 期。

条约中明确设置磋商步骤和时间,诸如提起磋商的一般期限和最长期限,时间上的要求作为进入仲裁的条件;另一方面对磋商内容进行明确,并将内容与仲裁诉请挂钩,未列入磋商的内容可能被仲裁庭拒绝接受。[①] 对司法审查而言,满足磋商机制的要求则满足同意仲裁的意思表示,进而不影响国际投资条约仲裁条款的效力。在"Burlington 诉厄瓜多尔"案中,确立了磋商期间从违反条约声明作出时开始计算。[②] 当然,欧盟的投资条约发展较快,还未在世界范围内普及,但是磋商要求对于国际投资条约仲裁的东道国同意渐增影响是可以预见的。具体到国际投资条约仲裁条款司法审查,同样需要留意磋商要求以判断东道国意思表示这一要件是否成立,结合条约的具体规定进行国际投资条约仲裁条款的效力判断。

总之,国际投资条约中可能作为东道国同意提交仲裁意思表示前置条件的条款,需要司法审查机关重视,公正合理地审查东道国同意这一要件,审查国际投资条约仲裁条款的效力。理论上讲,国际投资条约仲裁条款司法审查在仲裁条款有效后,还要审查仲裁条款的可执行性,但考虑到仲裁条款是缔约国间经讨论达成,并结合实际条约内容设置,一般不会在实践中出现不可执行的国际投资条约仲裁条款,故不必像国际商事仲裁协议司法审查那般对该问题详细探讨。

三、国际投资条约仲裁条款失效的司法审查

(一)国际投资条约失效的司法审查

鉴于国际投资条约仲裁条款的特殊性质,仲裁条款可能因国际投资条

---

① 参见叶斌:《〈欧盟与加拿大全面经济贸易协定〉对投资者诉国家争端解决机制的司法化》,《国际法研究》,2017 年第 6 期。

② ICSID Case No ARB/08/5,Decision on Jurisdiction of June 02,2010.

约的效力变化而失效。法院对于国际投资条约效力的司法审查,实质是国际投资条约对于具体争议的效力,而非条约本身的真实效力。国际投资条约的效力是仲裁条款有效的前提。国际投资条约在生效后,可能出现条约的终止或暂停施行,导致条约规定的权利义务失效,无法产生相应的法律效果,国际投资条约仲裁条款自然随之失效。国际投资条约的终止或暂停施行不同于国际投资条约的无效,因无效是原始瑕疵导致的自始无效,而终止或暂停施行是原本有效的条约因法定原因失去效力。通常而言,有三方面的原因可能导致国际投资条约的失效,这也是国际投资条约仲裁条款司法审查的重点。

其一,在国际投资条约中规定失效原因。《维也纳条约法公约》第 54 条和第 57 条(甲)款明文规定了该种原因:"在下列情形下,得终止条约或一当事国得退出条约:(甲)依照条约之规定。""在下列情形下,条约得对全体当事国或某一当事国停止施行:(甲)依照条约之规定。"缔约国在不违反国际法强行规则的前提下,可以自由设置条约内容,其中可能包括条约失效原因的内容,一般来说在条约中设置有效期和终止方式较为常见,诸如《中国和坦桑尼亚关于促进和相互保护投资协定》最后一条"本协定有效期为 10 年,且除非根据本条第二款而终止,10 年后将继续有效。二、缔约一方可在首个10 年届满时或此后的任何时候终止本协定,但需提前 1 年书面通知另一缔约方"的规定。也可以在条约中设置明确的终止期,此外,以将来不确定的事实设为条约解除条件,抑或是条约规定的单方解约或单方退出,抑或是在条约中规定暂停施行的条款,都可能发生国际投资条约对一国或多国的失效。

其二,缔约国在缔约后共同同意该条约失效。《维也纳条约法公约》第54 条和第 57 条(乙)款明文规定了该种原因:"在下列情形下,得终止条约或一当事国得退出条约:(乙)无论何时经全体当事国于谘商其他各缔约国后表示同意。""在下列情形下,条约得对全体当事国或某一当事国停止施行:(乙)无论何时经全体当事国于谘商其他各缔约国后表示同意。"既然缔约国有权缔结一个条约,那么同样有权通过共同同意使得该条约失效。具体方式可能是另行缔结一个新条约,在新条约中明确原条约失效。抑或是就同一事项缔结新条约且满足终止或暂停施行条件的默示方式。

其三,法律事实或单方行为引起的国际投资条约失效。缔约国丧失国际人格、发生意外不可能履行条约、情况之基本改变、嗣后出现与条约不相容的国际法强行规则、缔约国数目减至条约生效所必须数目以下等法律事实均会导致国际投资条约的终止或暂停施行。还包括缔约国违约等单方行为造成的条约终止或暂停施行。法律事实和单方行为均在《维也纳条约法公约》第三节第 60 至 64 条有明文规定。无论如何,国际投资条约的失效直接影响国际投资条约仲裁条款的司法审查,而具体审查内容和失效情形又与国际商事仲裁协议存在本质不同,值得司法审查机关重视。

(二)国际投资条约仲裁条款合法性的司法审查

一般来说,由于不存在超国家权威,国际法领域除了强制性规范,通常不存在明确的法律位阶,国际投资条约中的仲裁条款也很难因不合法而失效,但是这一特殊情形着实可能在欧盟法律制度下发生。欧盟法是指以建立欧盟、规制各成员国为核心的规范总称,调整欧盟对内对外关系。欧盟法是一种全新的"自动"模式,成员国通过法定程序将部分立法主权让渡给欧盟,理事会和欧洲议会的立法不隶属于任何一成员国,而是自动对各成员国的立法、行政行为进行约束,不需要经成员国就相关立法的国内实施另行立法。[①] 欧盟是一个在成员国之上的超国家性质的高度一体化组织。2009 年

---

① 参见张晓东:《论欧盟法的性质及其对现代国际法的贡献》,《欧洲研究》,2010 年第 1 期。

《里斯本条约》生效后,更是将外国直接投资纳入欧盟专属权能。① 于是,成员国间的投资仲裁条款违背欧盟法是存在可能的,欧盟法院裁定仲裁条款无效也在实践中发生过。

"荷兰 Achmea 诉斯洛伐克"案仲裁裁决的司法审查,引发了成员国间双边投资条约的仲裁条款与欧盟法相容性的第一案,颇具里程碑意义。2006年斯洛伐克禁止其健康保险市场的自由化,禁止荷兰 Achmea 公司在斯洛伐克从事保险活动的利润分配。于是荷兰 Achmea 公司依据《荷斯 BIT》对斯洛伐克提起仲裁,仲裁庭依据 UNCITRAL 规则设立,仲裁地为德国法兰克福。仲裁庭裁决斯洛伐克赔偿 2210 万欧元给荷兰 Achmea 公司。后斯洛伐克请求德国法院撤销仲裁裁决,其理由是《荷斯 BIT》仲裁条款违反《欧洲联盟运行条约》第 18、267、344 条。法兰克福高等地区法院驳回了斯洛伐克的申请,认定仲裁条款与欧盟法相容。斯洛伐克又向德国联邦最高法院上诉,德国联邦最高法院将问题提交欧盟法院先行裁决。最终欧盟法院认定《荷斯 BIT》第 8 条违反欧盟法自治权,《欧洲联盟运行条约》第 267 与 344 条被解释为排除成员国间仲裁条款。该裁决对于欧盟成员国法院的裁定和成员国之间的 196 个 BIT 影响重大,2019 年 1 月 15 日,欧盟除瑞典、芬兰等国之外的 22 个成员国签署声明废止相互间的双边投资条约,同时尽可能地请求撤销或拒绝承认与执行相关裁决。国际投资条约仲裁条款不与上位法相容,导致国际投资条约仲裁条款失效,这对于投资者和司法审查机关均十分重要。欧盟的案例虽是国际投资条约仲裁条款司法审查中不常见的,但也证明了国际投资条约的条款设置是否与上位法或国际强行法冲突导致失效的情形,不该被国际投资条约仲裁条款司法审查绕过。

---

① 参见董静然:《欧盟国际投资规则的冲突与中国策略》,《国际贸易问题》,2018 年第 7 期。

第三节　国际投资条约仲裁条款效力范围的司法审查

一、适格投资争端的司法审查

国际投资条约仲裁条款即便符合效力要件,还需考察具体投资争端是否属于国际投资条约仲裁条款效力范围,以裁定国际投资条约仲裁条款对于具体争端能否生效。除了条约中仅允许因征收和国有化补偿款额产生的争端提交仲裁,此种适格投资争端的司法审查外,适格投资争端的司法审查可能会受到国际投资条约的保护伞条款或投资定义条款的影响。国际投资条约中的保护伞条款可以将合同争端上升为条约争端,进而使国际投资条约仲裁条款成为合同争端提起仲裁的依据,扩展了国际投资条约仲裁条款的效力范围,值得司法审查机关注意。

20 世纪 50 年代,英国学者劳特派特创设保护伞条款,1959 年前联邦德国与巴基斯坦的 BIT 正式纳入保护伞条款,2000 年后数以百计的 BIT 以不同表述方式涵盖了该条款。例如:《能源宪章条约》的"每个缔约方应履行与任何其他缔约方的投资者或投资者的投资有关的任何义务"[1];《英国 BIT 范本》的"各缔约方应遵守其对另一缔约国国民或公司之投资所承担的各项义务"[2]。乍一看,该条款是强调东道国承诺履行对投资者的义务,并无特别之

---

[1]　Giovanna Adinolfi and Freya Baetens, *International Economic Law*, Cham: G. Giappichelli Editore, 2017, p. 211.

[2]　邓瑞平、董威颉:《论中国双边投资条约中的保护伞条款》,《河北法学》,2018 年第 2 期。

处,但事实上,一旦跳出条约自身的角度来观察,"任何""各项""一切"等字眼,不止将合同义务囊括,更是将仲裁程序的提起权利拱手相让,国际投资条约仲裁条款的效力范围随之扩大,囊括更多争端。学者王彦志指出保护伞条款的适用范围不仅包含合同上的承诺和义务,还括东道国投资授权、东道国投资立法、东道国国际条约本身的承诺与义务,范围之广显而易见。①

保护伞条款的纳入和效用一方面是因为投资者与东道国间的投资合同只是国内合同,通常较难获得国际仲裁救济,一般局限于东道国的当地救济,但是东道国法制健全与否、司法公正与否的潜在风险均可能打消投资者投资意愿,投资者与投资者母国利益一体,都希望通过保护伞条款设置来实现合同争端提起国际仲裁。另一方面保护伞条款创设伊始,便存在扩大投资者提起仲裁的权利和利用国际机制限制东道国行为的目的,但东道国为了吸引投资和改善投资环境,也为了避免外交保护手段的实施,在预见具有较大风险的情况下,依然不同程度地接受了该条款,对待条款效力存在一定程度的默认和妥协。其结果是,即便投资合同中存在争端解决条款,试图排除投资条约的仲裁条款适用,依然无法阻止保护伞条款的适用,无法阻止国际投资条约仲裁条款对于合同争端的效力。② 故司法审查机关需正确审视保护伞条款的效力,准确把握国际投资条约仲裁条款的效力范围,同时为了维持科学合理的投资争端范围,司法审查制度完善中也不能忽视对于保护伞条款的限制乃至排除。

"投资"定义条款关涉国际投资条约仲裁条款效力范围的司法审查,适格投资是仲裁庭行使管辖权的前提。国际投资条约中通常会列明投资的定义,只是不同的条约采取不同的方式,有开放式、封闭式、混合式,有基于"财

---

① 参见王彦志:《投资条约保护伞条款的实践及其基本内涵》,《当代法学》,2008 年第 5 期。

② 参见赵红梅:《投资条约保护伞条款的解释及其启示——结合晚近投资仲裁实践的分析》,《法商研究》,2014 年第 1 期。

产"的模式、基于"企业"的模式。基于"商业存在"的模式，①归根结底是缔约国试图确定条约的适用范围，也决定了国际投资条约仲裁条款的适用范围，明确适格投资的定义，对于司法审查机关认定具体争端是否属于国际投资条约仲裁条款效力范围十分基础和重要。以美国 2012 年 BIT 范本为例，将投资定义为投资者直接或间接所有或控制的具有投资特征的财产，同时列举了 8 项投资形式。从美式定义可以看出适格投资囊括的内容十分丰富，几乎全面覆盖了全部投资类型，同时留下较大的弹性空间以便未来新型投资的纳入。这种情形带来的问题是同时存在模糊性特征，仲裁庭或司法审查机关拥有解释权限和空间，尤其是仲裁庭对于适格投资的认定，已经造成一定程度投资范围的扩大趋势。有学者将此种情形描述为"投资定义条款功能实效的偏离"，开放性定义模式少有限制，高度包容性带来高度不确定性，进而产生仲裁条款适用的不确定性。而且部分投资类型间存在重叠的可能，缺乏准确性，过度扩张的适格投资范围也可能超出东道国的义务和责任承受范围，投资定义解释上的分歧也会影响适格投资的实效。② 有学者建议对投资特征作出要求，并将特定资产排除在投资定义范围之外。③ 也有学者将投资定义扩大趋势归结为市场逻辑的必然结果，一方面是个人财产自由作为市场经济的起点，市场的运作取决于个人财产的转移和转让，另一方面国家保护私人财产是市场经济的基本要求，符合市场逻辑，才能维护市场秩序和提高市场效率。故不断扩大对于投资的定义和保护范围，尽可能允许更多类型投资运用国际投资条约仲裁符合市场规律，符合国际投资法的核心价值取向。④

---

① 参见朱文龙：《国际投资领域投资定义的发展及对中国的启示》，《东方法学》，2014 年第 2 期。

② 参见文婕：《论双边投资协定投资定义条款之功能实效》，《东岳论丛》，2013 年第 10 期。

③ 参见徐树：《国际投资仲裁庭管辖权扩张的路径、成因及应对》，《清华法学》，2017 年第 3 期。

④ 参见张庆麟：《论国际投资协定中"投资"的性质与扩大化的意义》，《法学家》，2011 年第 6 期。

　　除了 BIT 的投资定义实践,ICSID 的适格投资实践也对投资定义产生影响,"Salini 诉摩洛哥"案确定了适格投资的 4 个判断标准:资金、资产投入,持续时间,参与经营,促进东道国发展。① 有学者强调投资定义要充分考量东道国发展这一要素。②

　　总体而言,投资定义的范围扩大一方面是因为国际投资条约投资定义条款的设置不严密,另一方面是由于条约解释的扩大倾向。③ 投资定义扩张不但会侵蚀东道国管辖权,而且影响司法审查对国际投资条约仲裁条款效力范围的认定。因此为了公正合理地保障投资者与东道国利益,司法审查机关在审查适格投资争端时,需以"一定的持续时间,定期的利润及回报,承担风险,实质性承诺以及对东道国发展有重大贡献"为标准,同时要确保解释的公正合理性,正确把握适格投资和国际投资条约仲裁条款的效力范围。

　　除了投资标准外,投资定义是否囊括间接投资也在实践中引起争议,需要司法审查机关公正合理的解释投资定义。例如:在"德国 DT 公司诉印度"案中,德国 DT 公司购买印度 Devas 公司 20% 的股份,而印度国有企业 Antrix 因"印度内阁安全委员会"的文件解除与 Devas 公司的租赁合同,于是德国 DT 公司对印度提起仲裁,认为其违反公平公正待遇。而印度以 DT 公司在印度的投资属于间接投资,并非印度与德国 BIT 的保护范围为由,请求仲裁地法院——瑞士联邦最高法院撤销仲裁裁决。法院首先确定国际投资条约仲裁条款适用于在东道国国土领域内进行的投资,故关键点在于适格投资的理解。然后法院针对投资定义,从文本本身即术语的一般含义进行善意解释,认定间接投资也包括在印度与德国的 BIT 投资保护范围内。故该投资

---

　　① 参见何芳:《论 ICSID 仲裁中的投资定义》,《河北法学》,2018 年第 10 期。
　　② 参见黄世席:《国际投资条约中投资的确定与东道国发展的考量》,《现代法学》,2014 年第 5 期。
　　③ 参见赵骏:《国际投资仲裁中"投资"定义的张力和影响》,《现代法学》,2014 年第 3 期。

争端属于国际投资条约仲裁条款效力范围,仲裁庭具有管辖权,拒绝撤销裁决。

此外,国际投资条约对于具体投资争议的溯及力可能存在不同认识,《维也纳条约法公约》第 28 条将条约不溯及既往发展为国际法的一般原则,但同时不反对缔约方通过明确意思表示对不溯及既往的排除。[①] 在不溯及既往的前提下,实践中可能存在具体投资争议在条约生效前发生,但一直持续到条约生效后尚未进入仲裁程序等复杂情形,是否将其认定为国际投资条约仲裁条款效力范围内,也会影响到司法审查。如果可以在国际投资条约中予以明确,则更有利于国际投资条约仲裁条款的司法审查。

二、适格缔约方的司法审查

国际投资条约仲裁条款的效力范围是否覆盖缔约方的全部地区,即哪些地区是国际投资条约仲裁条款效力范围内的适格缔约方,司法审查机关不该忽视该特殊情形。所谓条约的不适用,主要指满足有效要件的国际投资条约仲裁条款存在有效性,却对缔约方部分地区不适用的情形,进而影响国际投资条约仲裁条款效力范围和对具体争端的生效,这在中国两岸三地的仲裁中尤为明显。

"澳门 Sanum(世能)诉老挝"案里中国与老挝的双边投资条约是否适用于澳门特别行政区,即国际投资条约仲裁条款对缔约方的效力范围,是司法审查的关键性问题。Sanum 投资公司在澳门注册成立,博彩业、酒店业等投资业务拓展至老挝。Sanum 公司与老挝政府发生投资争端后,依据 1993 年

---

① 参见任强:《投资仲裁实践对国际投资协定时间效力的认定——争端、争端诱因和争端程序在国际投资仲裁管辖权界定中的应用》,《北京仲裁》,2015 年第 4 期。

《中国-老挝双边投资协定》提起仲裁,仲裁地为新加坡。老挝政府以《中老BIT》适用范围不包括澳门特别行政区为由,反对国际投资条约仲裁庭的管辖权,但仲裁庭未采纳老挝的观点,并于 2013 年 12 月作出裁决,确认澳门特别行政区属于《中老 BIT》的适格缔约方范畴,澳门公司有权运用该协定,仲裁庭拥有管辖权。针对该裁决,老挝政府向新加坡最高法院高等法庭申请司法审查,得到高等法庭的支持,判决《中老 BIT》不适用于澳门特别行政区,于是仲裁庭不能享有管辖权。面对该判决,Sanum 公司请求新加坡最高法院上诉庭予以撤销,最终上诉庭于 2016 年 9 月否定了高等法庭的判决,支持仲裁庭的管辖权,认定《中老 BIT》适用于澳门特别行政区。①

"香港 Tza Yap Shum(谢业深)诉秘鲁"案也同样涉及适格缔约方问题,不过由于是 ICSID 裁决,所以由 ICSID 专门委员会审查,而非司法审查。谢业深作为股东,持有秘鲁 TSG 公司 90% 的股份,秘鲁国家税务机关于 2004年以 TSG 公司拖欠税款为由,采取临时措施致使 TSG 公司无法正常经营。谢业深认为秘鲁政府违反《中国-秘鲁双边投资协定》而进行了间接征收,故依《中秘 BIT》提起 ICSID 仲裁,ICSID 仲裁庭裁决享有管辖权,认定香港特别行政区属于适格缔约方范围,香港居民谢业深有权依协定提起仲裁,并作出有利于谢业深的裁决。秘鲁政府虽启动 ICSID 内部的撤销程序,但 ICSID 专门委员会最终决定不予撤销,支持《中秘 BIT》适用于香港特别行政区。

两个案件都涉及中国与其他国家签署的双边投资条约在特别行政区的适用问题,"澳门 Sanum(世能)诉老挝"案中司法审查机关的不同裁定,致使国际投资条约仲裁条款效力、仲裁庭管辖权、裁决的撤销得出不同结论,反映出该问题的重要性和复杂性。《香港特别行政区基本法》和《澳门特别行

---

① 参见戴瑞君:《中国缔结的双边条约在特别行政区的适用问题——兼评"世能诉老挝案"上诉判决》,《环球法律评论》,2017 年第 5 期。

政区基本法》实际上对于该问题列明了规则,"中华人民共和国缔结的国际协定,中央人民政府根据特别行政区的情况和需要,在征询特别行政区政府的意见后,决定是否适用于特别行政区"。一方面要求中国中央人民政府最终决定,另一方面要求征询特别行政区意见,另外暗含在决定前不适用于特别行政区。这是中国"一国两制"方针的高明制度安排,在维护国家主权统一的前提下,给予特别行政区充分的自主权和尊重。但是案件中部分司法审查机关和 ICSID 专门委员会认为《维也纳条约法公约》第 29 条①和《关于国家在条约方面继承的维也纳公约》第 15 条②确立了"移动条约边界规则",除非缔约方明确表示相反意见,否则中国签署的条约自动适用于特别行政区,而事实上没有证据能够认定秘鲁或老挝同意不适用。③ 有学者直击"中国恢复对特别行政区主权是否属于国家继承问题",提出不能适用"移动条约边界规则",进而反对审查机关的结论。④ 虽然两个案件已作出最终裁定,但是中国签署的投资条约是否适用于特别行政区的问题,需要司法审查机关根据港澳地区的基本法和"移动条约边界规则"的正确适用,作出正确认定,显然特别行政区不在中国与他国签署的国际投资条约的效力范围内的认定更为公正合理。

---

① 《维也纳条约法公约》第 29 条规定:"除条约表示不同意思,或另经确定外,条约对每一当事国之拘束力及于全部领土。"

② 《维也纳关于条约的国家继承公约》第 15 条规定:"当一国领土的某一部分变成另一国领土的一部分时,前一国缔结的条约对该部分领土不再适用,而后一国缔结的条约开始适用于该部分领土(除非某条约表明或另有证据表明适用于该领土不符合该条约的目的和宗旨)。"

③ 参见易在成、朱怡:《港澳投资者适用中外 BITs 问题研究——以"谢业深案"与"世能案"为视角》,《国际商务研究》,2018 年第 2 期。

④ 参见黄世席:《国际投资仲裁裁决的司法审查及投资条约解释的公正性基于"Sanum 案"和"Yukos 案"判决的考察》,《法学》,2017 年第 3 期。

三、适格投资者的司法审查

投资者的挑选条约行为可能受到利益拒绝条款的约束,对于国际投资条约仲裁条款效力范围的审查提出了新的挑战。国际投资条约仲裁条款对于具体投资者的适用,可能因条约挑选行为而导致范围扩大,但同时需考察是否存在利益拒绝条款,这直接影响国际投资条约仲裁条款的司法审查。条约挑选是投资者通过转投资、返程投资等行为改变国籍以选择更有利投资仲裁的国际投资条约进行适用。东道国与投资者母国未签订投资条约,投资者将其国籍变更为与东道国签有投资条约的第三国的国籍,进而依国际投资条约仲裁条款提起仲裁;东道国本国国民,通过转投资等手段将自身变为外商企业后提起国际仲裁;投资者改变国籍以挑选不存在仲裁提起障碍的国际投资条约仲裁条款进行适用。这三类为条约挑选的通常情形。这些国籍变更之所以时常发生,是由于国际投资的特殊性,不同于国际货物贸易的原产地规则,投资者来源更容易被人为操纵改变。[1] 原本不能适用该条约的投资者因条约挑选具备了资格,导致扩大了国际投资条约仲裁条款对投资者的适用范围,倘若不存在利益拒绝条款,则司法审查机关无权拒绝投资者的条约挑选,国际投资法原则上也不禁止条约挑选行为。[2]

但利益拒绝条款越来越多地被纳入国际投资条约之中,有效规制条约挑选,对适格投资者的范围产生直接影响,需成为司法审查的内容。利益拒绝条款是指投资条约缔约方拒绝给予另一缔约方投资者条约下利益的条款,因另一缔约方投资者实际由本国或非缔约方投资者拥有或控制,且在另

---

① 参见王燕:《欧盟新一代投资协定"反条约挑选"机制的改革——以 CETA 和 JEEPA 为分析对象》,《现代法学》,2018 年第 3 期。

② 参见黄世席:《国际投资仲裁中的挑选条约问题》,《法学》,2014 年第 1 期。

一缔约方境内未从事实际经营活动。① 利益拒绝条款最早出现在二战后的友好通商航海条约,当时是为了防止本国或非缔约方的企业不当利用条约获得保护。② 利益拒绝条款可排除通过挑选条约享受条约利益的投资者,此种利益包括依据国际投资条约仲裁条款提起仲裁的利益,故属于司法审查的内容。审查利益拒绝条款需把握两个要件:其一,拥有或控制;其二,无实质性商业活动。两个要件相对模糊,对于"拥有或控制"的审查标准可参照GATS(《服务贸易总协定》)第28条"持有股本超过50%即为拥有,拥有任命大多数董事或其他方式指导活动的权力即为控制"的标准;对于"无实质性商业活动"的审查标准可按照法律要求的最低商业活动标准,诸如纳税、召开股东会等。一方面,主要强调为投资者与东道国的利益平衡保护计,适格投资者的司法审查需重视利益拒绝条款,规制条约挑选扩大国际投资条约仲裁条款的投资者适用范围和效力范围。另一方面,利益拒绝条款的具体审查标准并不确定,需要在司法审查制度完善中进行细化,③也需要司法审查机关在实践中避免肆意扩大适用,坚持公正合理。

第四节 国际投资条约仲裁条款司法审查制度的问题与完善

各国关于仲裁协议司法审查制度具有代表性,充分体现国际投资条约仲裁条款司法审查国内法律制度现状。本书有必要重申,理论上国际投资

---

① 参见漆彤:《论国际投资协定中的利益拒绝条款》,《政治与法律》,2012年第9期。

② 参见马迅:《国际投资条约中的"利益拒绝"条款研究》,《中国海洋大学学报》(社会科学版),2013年第1期。

③ 参见阿迪拉·阿布里克木:《中亚国家在仲裁中援用的利益拒绝条款研究》,《国际商务研究》,2018年第4期。

条约仲裁条款可被视为仲裁协议,制度上因国际投资条约仲裁司法审查与普通国际商事仲裁司法审查在国内制度的通用,导致仲裁协议司法审查制度的通用。由于仲裁协议司法审查的重要性,各国司法审查制度中均有针对仲裁协议的内容,并且因联合国国际贸易法委员会《示范法》的广泛影响力,多数国家的仲裁协议司法审查制度大同小异。

国际投资条约仲裁条款效力和效力范围的司法审查,将依据国际条约标准。国际投资条约仲裁条款的国际法属性,决定了其效力和效力范围标准不同于普通合同,当前各国仲裁协议司法审查国内法律制度的司法审查标准主要适用于国际商事仲裁协议,较难适用于国际投资条约仲裁条款。这是国际投资条约仲裁条款的性质所致,制度完善要将司法审查标准交由国际条约制度设置,而国内法律制度主要规定司法审查的主体、客体、程序等内容。

一、司法审查主体和客体的问题与完善

(一)司法审查主体和客体的问题

通过制度比较可知,各国的仲裁协议司法审查制度对于国际投资条约仲裁条款而言,存在大量不适用、不协调之处。各国仲裁协议司法审查制度以国际商事仲裁协议为潜在研究对象,反映出纯粹商事化特征。

其一,仲裁协议定义未能反映国际投资条约仲裁条款的特殊情况。《示范法》整个第二章是"仲裁协议",《示范法》第 7 条第 1 款对仲裁协议的定义为"当事人同意将他们之间一项确定的契约性或非契约性的法律关系中,已经发生或可能发生的一切争议或某些争议交付仲裁的协议"。《美国联邦仲裁法》第 2 条、《英国仲裁法》第 6 条、《法国民事诉讼法典》第 1442 条、《荷兰

民事诉讼法典》第 1020 条、《新加坡国际仲裁法》第 2A 条第 1 款也是对仲裁协议的阐释。《示范法》中"仲裁协议可以采取合同中的仲裁条款形式或单独的协议形式"的内容,司法审查制度过分强调"合同",把仲裁条款默认为存在于合同之中,强调合同的仲裁条款而忽视国际投资条约仲裁条款,也未采取将国际投资条约仲裁条款单独列出,视为仲裁协议的方式。

其二,司法审查主体和程序相对模糊,司法审查的法院级别偏低,不能体现国际投资条约仲裁司法审查的特殊性和重要性,司法审查程序简略,对重要事项制度供给不足。《示范法》第 8 条规定存在仲裁协议的情况下向法院提出实体性申诉,"就仲裁协议的标的向法院提起诉讼时,一方当事人在不迟于其就争议实体提出第一次申述时要求仲裁的,法院应让当事人诉诸仲裁"。《美国联邦仲裁法》第 4 条:"双方当事人签订了书面仲裁协议,对于对方不履行、拖延或者拒绝仲裁而受侵害的一方可以请求依照法律、衡平法或者海事法庭的法典的规定对争执引起的诉讼有管辖权的任何美国法院,命令依照协议规定进行仲裁。"《英国仲裁法》第 9 条:"如诉讼针对仲裁协议的一方当事人提出,所涉及的事项依仲裁协议应提交仲裁,该方当事人可向诉讼发生地法院提出申请。""当事人依本条向法院提出申请,法院应同意中止,除非法院认为仲裁协议无效、不可执行或不能实行。"《荷兰民事诉讼法典》第 1022 条:"如果一方当事人在提出答辩前援引前述现有协议,则法院应宣布无管辖权,除非该协议无效。"《新加坡国际仲裁法》第 6 条"法院应中止程序"。从以上条款可得出主体均为仲裁地法院,程序规定详略不同。

(二)司法审查主体和客体的完善

1. 提升管辖法院级别

国际投资条约仲裁条款司法审查管辖法院的级别需提升,有必要高于普通国际商事仲裁协议司法审查法院级别。一方面因为国际投资条约仲裁条款司法审查关涉条约的解释,对于裁定的统一性和权威性要求更高。通过前两节对效力和效力范围的分析,可知国际投资条约仲裁条款司法审查内容存在诸多分歧和解释空间。对于仲裁实践中仲裁庭存在解释分歧的条款,法院的解释更需谨慎,否则可能违背公正合理的要求,无助于司法审查制度促进仲裁发展的目的,故较高级别法院进行司法审查更有利于条约的正确解释。另一方面由于国际投资条约仲裁条款司法审查涉及条约多个条款,相对复杂。不同条款间相互影响,最终作用于国际投资条约仲裁条款的效力,故较高级别的法院在裁判人员能力、案件影响把握、各方观点比较方面更具优势,更能够全面审查所涉内容。更何况部分国家的司法审查制度不允许对司法审查裁定上诉,这对于司法审查机关提出了更高要求,需保证司法审查结果的公正合理,较高级别的法院能够更好地完成该任务。最后,国际投资条约仲裁条款司法审查关乎国家主权和投资者与东道国利益,责任重大。国际投资条约仲裁条款司法审查作为整个仲裁司法审查的重要内容之一,司法审查结果直接影响仲裁庭的管辖权和仲裁裁决的司法审查,同时影响法院对投资争端的管辖权,涉及投资者与东道国间的重大经济利益和国家公共利益,非普通国际商事仲裁的司法审查结果可比。故提升司法审查管辖法院级别是对国家主权的尊重,对投资者与东道国利益平衡保护的努力,有助于公共利益的合法捍卫。

2. 拓宽仲裁协议范畴

虽然严格来讲国际投资条约仲裁条款与国际商事仲裁协议存在不同,但有必要拓宽仲裁协议范畴,将国际投资条约仲裁条款纳入其中。

首先,国际投资条约仲裁司法审查国内制度与普通国际商事仲裁司法审查制度处于"实然"的通用状态,而当前的仲裁司法审查制度均以仲裁协议作为制度用语。仲裁协议范围仅包含合同及合同中条款,若是将其改为国际投资条约仲裁条款,则太过狭隘,大大缩小制度的适用范围,将普通国际商事仲裁协议排除也是不可能实现的。故从拓宽仲裁协议范畴出发,便可解决制度的不适用、不协调之处。

其次,国际投资条约仲裁条款和国际商事仲裁协议在功能上相同,除去司法审查内容和标准的巨大差异外,司法审查程序方面也存在共同适用的基础。而司法审查制度关于仲裁协议司法审查内容和标准的模糊性为纳入提供了空间,故拓宽仲裁协议范畴纳入国际投资条约仲裁条款,具备必要性和可行性。

最后,拓宽仲裁协议范畴不需要违背仲裁协议的本身定义,通过将国际投资条约仲裁条款视为仲裁协议的方式更具合理性。仲裁协议的合同属性不存在问题,但通过"视为"将国际投资条约仲裁条款纳入,既不违背仲裁协议定义,又扩展了其内涵。具体而言,可在仲裁协议定义后添加"一方当事人通过条约作出了提交仲裁的意思表示,另一方当事人通过提起仲裁予以接受的,视为达成仲裁协议"的表述。

二、司法审查内容的问题与完善

(一)司法审查内容的问题

国内法律制度的仲裁协议效力要件围绕书面形式要求,不符合国际投资条约仲裁条款的司法审查需要。《示范法》第7条第2—6款强调"仲裁协议应为书面形式",并对何为书面形式进行阐释,《美国联邦仲裁法》第2条、《英国仲裁法》第5条、《法国民事诉讼法典》第1443条、《荷兰民事诉讼法典》第1021条、《新加坡国际仲裁法》第2A条第3款、《瑞士民事诉讼法典》第358条均是对书面形式的要求和对书面形式范围的界定。书面形式要求对国际商事仲裁协议而言具备合理性,有学者认为书面形式既可以明确证明仲裁协议的存在,又可以起到宣传作用,强化对于仲裁协议的重视,还方便当事人选择。① 英国学者雷德芬也认为仲裁协议的重要性决定了书面形式的明确性要求。② 书面形式内涵广泛,传统的签订形式、互换函电中纳入的仲裁条款、以文字表示的通讯方式、口头方式、行为方式或其他方式均包含在内。③ 但无论如何,书面形式要件并非国际投资条约仲裁条款司法审查的侧重,条约的缔结有严格的程序和形式要求。合同关注的当事人行为能力、书面形式、仲裁机构是否明确等问题并不适用国际投资条约仲裁条款,而国际投资条约仲裁条款司法审查关注的条约效力、东道国提交仲裁意思表示、仲裁条款失效等问题并未在国内法律制度中体现。

(二)司法审查内容的完善

1. 国际投资条约的条款增设

第一,增设利益拒绝条款,强化司法审查机关对于条约挑选的规制。④ 在条约中纳入利益拒绝条款,该条款是二战后美国在投资条约中为赋予东道国利益否决权而设,东道国有权拒绝将投资条约下全部或部分利益给予特定条件下的投资者。利益拒绝条款是限制条约挑选的常用方式。相较于限制投资者定义,利益拒绝条款承认投资者适格,但拒绝给予条约下的权利。诸如美国2012年BIT范本第17条:"如果投资是由第三国或者缔约一方的私人拥有或控制的法人进行的,且该法人在另一缔约方境内未从事实质性商业行为,那么缔约一方有权拒绝将条约利益授予缔约另一方的法

---

① 参见赵健:《国际商事仲裁的司法监督》,法律出版社,2000年,第69页。
② 参见[英]艾伦·雷德芬等:《国际商事仲裁法律与实践》,林一飞、宋连斌译,北京大学出版社,2005年,第143页。
③ 《纽约公约》第2条第2款:称"书面协定"者,谓当事人所签订或在互换函电中所载明之契约仲裁条款或仲裁协定。
④ See Jorun Baumgartner, *Treaty Shopping in International Investment Law*, Oxford: Oxford University Press, 2016, pp. 239 – 276.

人。"利益拒绝条款为东道国自我保护提供了合法性基础,也符合条约缔结的意图,防止不该享用仲裁条款的投资者不当适用。具体到投资条约条款设立中,除了要纳入拒绝利益条款,还要考虑到条款如果模糊性明显,可能留给仲裁庭不当解释的机会。故拒绝利益条款需注意避免"有权拒绝"等可能性表述,改用"应予拒绝"等自动适用的表述;需明确适用对象,哪些情形必然无法享受条约权利;需明晰拒绝的利益涵盖仲裁程序提起;需消除东道国拒绝利益的时间限制。通过限制投资者定义和清楚设置利益拒绝条款,防范投资者挑选条约,滥用仲裁条款,确保司法审查机关能够有效地对条约挑选行为进行规制。

第二,改善投资定义条款,实现国际投资条约仲裁条款司法审查对于适格投资的把握。国际投资条约仲裁司法审查对于投资定义制度完善主要从两方面着手,一方面投资条约文本设置,需逐步放弃 20 世纪 90 年代以来的为了吸引投资盲目扩大投资定义范围,或对投资定义不加约束的条款设立方式,无论是开放式、封闭式、混合式,均需结合投资者利益保护和东道国发展利益更加理性、更加合理地在投资条约中订立投资定义条款。尽量避免"不限于""一切""等"之类的范围不确定用语。另一方面认清投资者定义的较低要求为条约挑选创造了可能性,限缩投资者的范围是较为直接的方法,也为司法审查机关的作用发挥提供一定支持。在注册地标准之外,添加实际经营活动、有效管理、主要营业地、主要管理所在地等要素限制。有学者建议将投资者定义为:在一缔约国成立且在该国开展实质性商业活动的公司,还要排除缔约国本国国民拥有或控制的情形。[①] 为司法审查机关确立适格投资、正确把握投资定义作出制度贡献。

---

① 参见徐树:《国际投资仲裁中投资者的"条约选购"问题研究》,《国际经济法学刊》,2013 年第 2 期。

2. 国际投资条约的条款排除

第一,为了实现公正合理的司法审查,需明确排除最惠国待遇条款对于争端解决条款的适用。首先,最惠国待遇条款的扩大适用可能违背缔约国缔结条约时的真正意思表示。缔约自由使得缔约国完全可以在条约中设置达成一致的内容,只要不违背国际强行法,并无限制。在缔约时并未明确规定的内容,试图通过最惠国待遇条款享受,可被视为对缔约国意思表示的违背。故明确排除最惠国待遇条款对于争端解决程序的适用,与缔约国缔约时的意思表示保持一致,更具制度合理性。其次,制度适用不明晰或明确适用争端解决程序均存在缺陷。不明晰的制度设定,将为司法审查机关带来条约解释的困难,若是明晰最惠国待遇条款的扩大适用,由于涉及内容较广,对于投资者利益保护过度,不利于投资者与东道国利益平衡保护的目标,也不利于国家主权的合法维护。最后,国际投资条约仲裁条款司法审查需要明确排除最惠国待遇条款对于争端解决程序的适用。倘若最惠国待遇条款适用于争端解决程序,最惠国待遇条款的扩大适用可能将会影响国际投资条约仲裁条款的存在,影响国际投资条约仲裁条款的时效,影响国际投资条约仲裁条款的投资争端范围,影响当事人提交仲裁意思表示的前置条件,这些均是国际投资条约仲裁条款司法审查的重要内容。故应足够重视最惠国待遇条款,明确厘清适用范围,防止过度扩张适用,确保公正合理性。

第二,国际投资条约中的保护伞条款将合同争端纳入国际投资条约仲裁条款效力范围,为东道国带来较大的责任和风险,为了实现公正合理的司法审查结果,有必要在条约中排除保护伞条款。一段时期内,保护伞条款对于增强投资者信心,促进投资发展大有裨益。同时,东道国也未察觉该条款的巨大影响和效力,导致东道国被施加不公正不合理的义务,投资者利益被过度保护,仲裁中也表现出对东道国的不利倾向。① 为了发挥国际投资条约仲裁条款司法审查平衡投资者与东道国利益的目标,首先要认识到保护伞条款的潜在威胁,认识到保护伞条款不但会引发国际仲裁庭对于东道国外资监管权的约束,而且会影响公共利益保护。这是因为东道国与投资者签署的投资合同通常涉及道路、桥梁、自然资源开发、水电气和垃圾处理等民生工程和重大项目,由于工程浩大,持续多年不足为奇。这个过程中国家政策调整、经济形势变化等导致合同基础变化的可能性很大,还有环保、劳工的要求也在世界范围内不断加强,保护伞条款借助国际仲裁要求东道国必须按原合同履行或支付巨额赔偿均对东道国公共利益不利。其次要着手限制条约中的保护伞条款。考虑到对于保护伞条款的限制相对较难,仲裁庭拥有很大的自由裁量度,一方面启动条约修改程序,通过加强缔约国的解释权来对抗仲裁庭的解释权;另一方面对于缔约过程中对方要求纳入保护伞条款时,需尽可能在条款设置时对条款的效力和适用范围进行严格限制,缩减解释空间,保证条款符合东道国的意图,均衡各方利益。最后在未来条约缔结中可考虑废弃保护伞条款。实践中大量投资条约未纳入保护伞条款也不影响投资者和东道国利益均衡保护,而且当前广大发展中国家的投资环境已有明显改善,不需要该类强力保护、明显倾斜的条款在条约中存在。②总之,审慎对待保护伞条款,在明确的基础上加强司法审查机关对国际投资条约仲裁条款效力范围的正确把握。

---

① "通用公证行诉巴拉圭案"仲裁庭的意见即为例证:"将第11条保护伞条款解读为对合同争议有管辖权是为了满足保护伞条款之目的并使之发挥效用。缔约国设定保护伞条款的基本意图是为了给投资者以充分的保护,使其在合同和东道国国内法中赋予的权利都能够得到实现。如果否定仲裁庭的管辖权,那么保护伞条款的目的根本无法实现。"

② 参见赵红梅:《投资条约保护伞条款的解释及其启示——结合晚近投资仲裁实践的分析》,《法商研究》,2014年第1期。

三、司法审查标准的问题与完善

(一)司法审查标准的问题

仲裁条款独立性不作区分,条约解释相对混乱。《英国仲裁法》第 7 条:"除非当事人另有约定,构成或旨在构成其他协议(无论是否为书面)一部分的仲裁协议不得因其他协议无效、不存在或失效而相应无效、不存在或失效。"《荷兰民事诉讼法典》第 1053 条、《瑞士民事诉讼法典》第 178 条、《示范法》第 16 条均有规定。《英国仲裁法》第 7 条等制度体现的仲裁条款独立性仅适用于国际商事仲裁,由于国际投资条约仲裁条款与商事合同的性质不同,无法适用于国际投资条约仲裁条款,需要对国际投资条约仲裁条款独立性不适用予以明确,避免混淆。各国仲裁协议司法审查制度对于国际投资条约仲裁条款司法审查的不适用、不协调,也进一步反映出司法审查国内法律制度的完善空间。

(二)司法审查标准的完善

1. 司法审查标准的正确把握

第一,司法审查制度需限制仲裁条款独立性的适用范围。国际投资条约仲裁条款需排除在国际商事仲裁条款独立性适用范围之外,国际投资条约仲裁条款因性质与国际商事仲裁条款不同,使得其效力与国际投资条约一致,无法适用仲裁条款独立性。故有必要将仲裁条款独立性的适用范围限定在合同中的仲裁条款,《示范法》在该方面起到了良好的示范作用,"构成合同一部分的仲裁条款应当视为独立于合同其他条款的一项协议。仲裁庭作出关于合同无效的决定,在法律上不导致仲裁条款无效"。

第二,国际投资条约仲裁条款的效力和效力范围认定离不开国际投资条约的正确解释,《维也纳条约法公约》为司法审查标准提供了制度支持。实践中部分仲裁庭误解条约目的和宗旨,存在将"促进和保护投资"作为条约解释标准,以致在解释时忽视东道国合法利益保障。[①] 部分仲裁庭对于《维也纳条约法公约》缺乏认真对待,有时对于国际投资条约的解释未按照公约进行;部分仲裁庭未严格按照条约规定的解释方法的适用顺序。根据《维也纳条约法公约》,一要坚持文本解释的规则,这也是《维也纳条约法公约》的基本要求,司法审查机关在解释时需谨慎从文本出发,这是对于条约缔约方的尊重。二是合理使用目的解释,在文本解释困难的情况下才结合目的解释,一定要注意先后顺序,对于保护和促进投资的目的也不能作狭隘理解,不能默认为一切有利于投资者的解释都会符合条约目的和缔约国意图。[②] 三是要坚持善意解释的原则。[③] 要应对解释方法可能存在的缺陷,需要在条约中对司法审查相关条款予以明确规定,压缩不合理的解释空间。

第三,尊重缔约国联合解释对仲裁庭和司法审查的约束力。国际投资条约仲裁条款司法审查面对条约解释困境,首先要积极在条约中纳入缔约国的条约解释权利,明确其对仲裁庭的作用。在国际投资条约中设置仲裁"准据法"条款,明确缔约国对于条约的解释权利,并明确缔约国的解释对于仲裁庭的约束力,防范仲裁庭的错误解释,避免投资者利益保护与东道国利益保护失衡。

2. 国际投资条约中条款的依法解释

第一,明确岔路口条款的触发导致东道国同意仲裁的意思表示不复存

---

① 参见张生:《国际投资仲裁中条约解释方面的问题及其完善对策》,《国际经济法学刊》,2014年第1期。

② 参见郭桂环:《论 BIT 中最惠国待遇条款的解释》,《河北法学》,2013 年第 6 期。

③ See Eric De Brabandere and Isabelle Van Damme, *Good Faith and International Economic Law*, Oxford:Oxford University Press,2015,pp. 37 – 59.

在。岔路口条款的设置本是为了均衡投资者与东道国的权利和利益,既给予投资者自由选择争端解决方式的机会,又避免追求利益最大化滥用多种方式,确保投资者选择后的终局性。当然首先要明确是否在国际投资条约中纳入该条款,在确定设置岔路口条款的前提下,无论如何选择,一种选择的终局性对于国际投资条约仲裁条款的司法审查相对明确,司法审查机关通过条约判断国际投资条约仲裁条款效力相对容易。但是实践中投资者对于投资争端和投资者的"包装",以及岔路口条款的不同解释方法可能对国际投资条约仲裁条款的效力产生不同影响。如果对于岔路口条款的解释采取诉因、当事人、争端事由相同的严格方法或限制方法,则通过诉讼与仲裁主体变化、合同或条约争端的包装、法律依据的改变,导致一个通常意义上的投资争端可以演化出多个投资争端,进而不合理地避开岔路口条款对于同意的限制。[1] 例如,ICSID 在 2003 年仲裁的"CMS 诉阿根廷"案,仲裁庭将同一争议事实的合同诉求与条约诉求区分,在存在岔路口条款的情况下,支持投资者先利用当地救济又利用国际仲裁。又如 ICSID 在 2004 年的"Enron诉阿根廷"案中,同一事实被投资者 Enron 以所在公司 TGS 的身份发起国内诉讼,又以个人身份发起投资仲裁,仲裁庭认同岔路口条款的不适用。[2] 但这些情况显然违背岔路口条款的设立目的和价值意义,对于投资者和东道国的利益进行失衡性扭曲。故国际投资条约仲裁条款司法审查需公正对待岔路口条款,避免对于岔路口条款的过严解释,采用更加公正合理的审查标准,确保投资者与东道国的利益均衡。另外,在国际投资条约订立过程中,可设置如果当地救济与国际仲裁针对东道国同一管理行为,则符合岔路口条款对于同一争端的要求,为司法审查提供充足的制度铺垫。

---

[1] 参见徐树:《国际投资仲裁庭管辖权扩张的路径、成因及应对》,《清华法学》,2017 年第 3 期。

[2] 参见徐崇利:《国际投资条约中的"岔路口条款":选择"当地救济"与"国际仲裁"权利之限度》,《国际经济法学刊》,2007 年第 3 期。

　　第二,国际投资条约中的用尽当地救济条款对于东道国同意意思表示的限制明显,①值得国际投资条约仲裁条款司法审查的重视,需要司法审查机关依法合理解释。首先要把握用尽当地救济条款含有一定的卡尔沃主义色彩。印度在 2015 年 BIT 范本中用尽当地救济条款的回归被学者称为卡尔沃主义"复活",条款回归一方面是因为国际投资条约仲裁的合法性危机,尤其是公正性问题和裁决不一致使得东道国对于投资仲裁信任度大幅降低,同时重申本国的司法主权,避免投资者与东道国利益失衡引起的巨额赔偿;另一方面是因为东道国要求投资者先行使用国内救济具备合法性和合理性,用尽当地救济符合国际习惯规则,同时对于国内司法体制完善和投资者利益多元保护均有利。② 基于以上目的,用尽当地救济条款需被解释为东道国同意仲裁意思表示的限制条件,只有用尽当地救济才能获得东道国的同意,将争端提交仲裁。国际投资条约中用尽当地救济条款的存在需为明示存在。③ 司法审查不可忽略用尽当地救济条款附期限的问题,所附期限实质是对用尽当地救济的限制,要求当地救济提高效率,否则期限届满投资者可求助仲裁等其他解决方式,尤为重要的是期限内当事人需寻求当地救济,而非将期限消耗完毕即可。当然实践中"用尽"一词存在一定的解释空间,可以主管机关作出最终决定且不存在上诉机会,或者是拒绝司法两种情形为判断标准。④

---

　　① See Konstanze Von Papp, Biting the Bullet or Redefining Consent in Investor - State Arbitration: Pre - Arbitration Requirements after BG Group v Argentina, *The Journal of World Investment & Trade*, vol. 16, no. 1, 2015, pp. 696 - 697.

　　② 参见倪小璐:《投资者-东道国争端解决机制中用尽当地救济规则的"衰亡"与"复活"——兼评印度 2015 年 BIT 范本》,《国际经贸探索》,2018 年第 1 期。

　　③ 参见王海浪:《ICSID 体制内用尽当地救济原则的三大挑战及对策》,《国际经济法学刊》,2006 年第 3 期。

　　④ 参见李沣桦:《东道国当地救济规则在 ICSID 仲裁领域的运用研究——兼论中国双边投资条约的应对策略》,《法律科学》(西北政法大学学报),2015 年第 3 期。

本章小结

国际投资条约仲裁条款是国际投资条约仲裁的基础,国际投资条约仲裁条款的效力对于当事人、仲裁庭、司法审判机关和司法审查机关均十分重要。国际投资条约仲裁条款的司法审查需要经过多个步骤,以考察国际投资条约仲裁条款对于具体案件的效力。

第一,审查国际投资条约仲裁条款是否存在。国际投资条约仲裁条款由于是国际投资条约中的仲裁条款的缘故,其存在具有不同的形式要求,同时可能受到最惠国待遇条款的影响。

第二,审查国际投资条约仲裁条款是否有效。即使国际投资条约仲裁条款存在,其本身效力与国际投资条约的效力保持一致,这与国际商事仲裁条款独立性不同。而国际投资条约的效力需要法院根据国际法标准进行认定,且认定结果仅及于投资争端,并非对条约整体的真实效力评价。东道国意思表示同样是国际投资条约仲裁条款效力的重要审查内容,特别是意思表示的前置条件认定。

第三,审查国际投资条约仲裁条款是否失效。国际投资条约仲裁条款存在于国际投资条约中,其失效除了因符合国际法上的失效条件外,还可能存在违反其他国际法而失效的特殊情形。

第四,审查投资争端、东道国、投资者是否符合国际投资条约仲裁条款的生效范围。在具体争端下,结合国际投资条约仲裁条款的效力范围,判断投资争端、东道国、投资者是否适格。通过这些步骤,方能确认国际投资条约仲裁条款对于具体投资争端的效力。

各国国内司法审查制度具有很大的相似性,但均以国际商事仲裁协议为潜在对象,多数制度适用于国际投资条约仲裁条款时存在不完备、待完善之处。仲裁庭自裁管辖权是强调仲裁庭有权裁判自身是否具备管辖权,裁定国际投资条约仲裁条款是否有效。自裁管辖权涉及仲裁庭与法院对于国际投资条约仲裁条款解释和执行的管辖权权力分配,赋予仲裁庭更多权力。自裁管辖权与司法审查在国际投资条约仲裁条款方面,存在相互制约和优先性问题,也暗含条约解释的博弈。

最后落脚到国际投资条约仲裁条款司法审查制度的完善。通过梳理仲裁协议、效力要件、司法审查主体、司法审查程序、仲裁条款独立性等问题,针对性地建议提高司法审查的法院级别,将国际投资条约仲裁条款视为仲裁协议,完善司法审查内容。主要涵盖最惠国待遇条款的合理适用、条约临时适用的取舍、岔路口条款的公正对待、用尽当地救济条款的正确审视、条约适用问题的预防、保护伞条款的排除、适格投资的确立、调整提起仲裁投资者的范围,最后把握司法审查标准,加强国际投资条约的正确解释。旨在应对仲裁庭的合法性危机与投资者与东道国利益失衡,实现对国际投资条约仲裁条款进行公正合理的司法审查。

第三章　国际投资条约仲裁裁决撤销的司法审查制度

　　国际投资条约仲裁裁决撤销的司法审查是裁决司法审查的研究重点。国际投资条约仲裁裁决作出后,大陆法系认同终局裁决的确定力,英美法系支持裁决一经作出便具有终局效力。[①] 但仲裁裁决通常无法摆脱司法的监督,各国国内法普遍允许法院对裁决进行司法审查,学者将其视为仲裁裁决终局性与规制仲裁程序问题的平衡。[②] 仲裁地法院对于仲裁裁决的司法审查不限于裁决的撤销,还可能包括裁决修改、裁决废除、裁决无效等司法审查。例如:《瑞典仲裁法》第 34 条列举的裁决异议事由指向裁决撤销,但第 33 条的违反公共利益或第三人利益的裁决无效事由,以及第 36 条的裁决修改情形亦属裁决的司法审查。《英国仲裁法》第 67 条规定法院除了可命令撤销全部或部分裁决外,还存在修改裁决的司法审查。[③]《荷兰民事诉讼法典》第 1068 条规定当事人欺诈、伪造证据、获得新证据等情形下,裁决废除

---

　　① 参见杨桦:《国际商事仲裁裁决效力论》,西南政法大学博士论文,2012 年,第 40 页。
　　② 参见[瑞典]拉斯·休曼:《瑞典仲裁法实践和程序》,顾华宁译,法律出版社,2012 年,第 438 页。
　　③ 参见罗楚湘:《英国仲裁法研究》,武汉大学出版社,2012 年,第 206 页。

的司法审查。虽然如此,但从更广范围的司法审查制度来看,仲裁裁决的撤销依然是裁决司法审查的主要内容和制度聚焦点,《示范法》第 34 条"申请撤销,作为不服仲裁裁决的唯一追诉"便是有力支持。故从制度现状出发,本书在本章专门研究国际投资条约仲裁裁决的撤销制度。

ICSID 仲裁裁决通过《ICSID 公约》排除了裁决撤销的司法审查,国际投资条约仲裁裁决撤销的司法审查仅涵盖非 ICSID 仲裁裁决的撤销。《ICSID 公约》第 53 条明文规定:"裁决对双方有约束力。不得进行任何上诉或采取任何其他除本公约规定外的补救办法",以各国法院为审查主体的司法审查显然属于公约外的补救方法。既然《ICSID 公约》禁止司法审查,同时考虑到《维也纳条约法公约》第 41 条的 3 个要求,[①]通过部分缔约国彼此间修改公约也不具备现实可能性。此外,裁决司法审查不包括国际商事仲裁机构内部的撤销,诸如法国巴黎仲裁院的内部复裁制,[②]借鉴民事诉讼的复审制,形成二级仲裁制,第二级裁决可使第一级裁决无效。[③] 故本章所言国际投资条约仲裁裁决撤销的司法审查,指国内法院对于非 ICSID 仲裁裁决(包括《IC-SID 附加便利规则》仲裁裁决)的撤销。

在国际投资条约仲裁裁决撤销的司法审查制度研究中,有必要将 ICSID 仲裁裁决撤销理由纳入对比,助力司法审查制度完善。主要有三方面原因:

---

① 《维也纳条约法公约》第 41 条"仅在若干当事国间修改多边条约之协定"。一、多边条约两个以上当事国得于下列情形下缔结协定仅在彼此间修改条约:(甲)条约内规定有作此种修改之可能者;或(乙)有关之修改非为条约所禁止,且:(一)不影响其他当事国享有条约上之权利或履行其义务者;(二)不关涉任何如予损抑即与有效实行整个条约之目的及宗旨不合之规定者。二、除属第一项(甲)款范围之情形条约另有规定者外,有关当事国应将其缔结协定之意思及协定对条约所规定之修改,通知其他当事国。

② 参见汪祖兴:《仲裁监督之逻辑生成与逻辑体系——仲裁与诉讼关系之优化为基点的渐进展开》,《当代法学》,2015 年第 6 期。

③ 参见沈四宝、薛源:《巴黎仲裁院与中国国际经济贸易仲裁委员会仲裁规则比较》,《中国仲裁与司法》,2004 年第 1 期。参见《法国巴黎仲裁院仲裁规则》第 15—21 条,北京仲裁委员会,http://www.bjac.org.cn/news/view.asp? id = 1093。

一是《ICSID 公约》中撤销制度与国内法司法审查制度中的撤销制度颇具渊源。各国将原本归属本国的司法审查权让渡给 ICSID，ICSID 在内部通过专门委员会对裁决进行撤销审查，既维护了 ICSID 的自治性和独立性，又实现与司法审查类似的效果。ICSID 裁决撤销与非 ICSID 裁决撤销均是对于国际投资条约仲裁的支持与监督，均不影响裁决的一裁终局性，撤销理由存在一定相似性，均侧重程序审查。二是 ICSID 裁决撤销的理论和实践丰富，能够为非 ICSID 裁决司法审查制度完善提供启示。事实上，国际投资条约仲裁案例中近三分之二为 ICSID 仲裁，且 ICSID 仲裁发展较早，案例和理论基础相对深厚。鉴于撤销理由的相似性，ICSID 撤销暴露的问题可以使裁决司法审查制度引以为戒，ICSID 撤销的完善方案能够为裁决司法审查制度完善提供借鉴。三是部分学者将国际投资仲裁裁决撤销的司法审查分为《ICSID 公约》下 ICSID 撤销委员会审查和仲裁地法院审查，[①]该分类方法值得商榷，但侧面反映出 ICSID 裁决撤销在裁决司法审查制度研究中的重要性。此外，ICSID 仲裁裁决撤销并非研究侧重，而是服务于国际投资条约仲裁裁决撤销的司法审查制度，即非 ICSID 裁决撤销的制度研究与完善。

第一节　国际投资条约仲裁裁决撤销制度概述

一、国际投资条约仲裁裁决撤销制度的价值

仲裁裁决撤销制度的形成与当事人对公正性的追求息息相关。仲裁在

---

① 参见黄世席：《国际投资仲裁裁决的司法审查及投资条约解释的公正性基于"Sanum 案"和"Yukos 案"判决的考察》，《法学》，2017 年第 3 期。

历史发展过程中,总是受到某种形式的司法审查,无论罗马法、中世纪抑或拿破仑法典化运动下,只是起初多集中在裁决执行阶段,法院通过司法审查决定是否执行便完成了审查过程。后来,一方面因为对于裁决结果不满意的当事人,通常在裁决执行阶段之前,便主动向法院申请裁决应该被撤销或无效,当事人对于撤销程序有较大的时间需求。另一方面,随着国际仲裁的发展,裁决执行地更加多元,不同执行地法院对于同一仲裁裁决的审查结果不见得相同。对于败诉当事人而言,越多的审查结果意味着越多的风险,所以当事人希望在执行审查前有一个撤销程序,这样可能在裁决地法院作出撤销裁决的司法审查结果,该程序为规避后续风险提供了可能,符合当事人的利益需求。① 仲裁裁决撤销制度至少存在三方面的价值:

其一,国家主权的维护和体现。国家为了以本国为仲裁地的裁决能够维持公正合法性,依法行使司法审查权,对仲裁给予支持和监督,符合国内法律制度规定的撤销理由时,依法撤销裁决,避免裁决对法律秩序或公共利益的损害。

其二,当事人合法权益的维护。仲裁裁决撤销理由的设置以程序审查为主,保障当事人的基本权益,倘若触犯撤销理由,则很可能意味着损害当事人的合法权益,法院通过裁决撤销制度予以纠正,保护当事人合法权益。

其三,仲裁庭的水平提升。虽然仲裁裁决作出后,仲裁庭的任务即完成,但仲裁裁决撤销制度对仲裁庭依然能够产生反向作用,法院的否定性评价和裁决效力的撤销,无疑不是对仲裁庭公正仲裁的警示,并且裁决撤销会直接影响当事人对仲裁庭或仲裁员的信任,对仲裁庭的未来业务发展不利,故仲裁裁决撤销制度的公正合理运行,完全可以促进仲裁庭的水平提升。

---

① 参见 Albert Jan van den Berg:《仲裁裁决撤销制度应被废除吗?》,傅攀峰译,《北京仲裁》,2018 年第 1 期。

仲裁裁决撤销制度曾遭到质疑。对于仲裁裁决撤销制度的质疑主要来自两方面:一是仲裁地的选择颇具偶然性。仲裁地与争端和当事人联系不密切,相对执行地法院来讲,仲裁地法院跟争端的利益关联不大,法院没有进行司法审查的必要,撤销制度反而有便利败诉当事人拖延执行时间之嫌。二是出现被撤销的仲裁裁决依然可以被承认与执行。在国际商事仲裁领域,法国出现过法院承认与执行被撤销的国际商事裁决,容易造成仲裁裁决撤销制度无足轻重的错误认识,似乎撤销结果不影响裁决的最终的执行。

但事实上,仲裁裁决撤销制度首先具备明显的必要性。仲裁裁决具有一裁终局性,作出后除了当事人需自觉履行,还可能需要借助法院强制执行力,以及存在当事人不满意裁决的情形。这些情形均指向法院的司法审查,该司法审查既包括裁决司法审查,又包括裁决承认与执行司法审查。承认与执行更偏向裁决胜诉方的救济,败诉方只有在胜诉方申请承认与执行后方可抗辩,不予承认与执行是被动救济。而撤销则为败诉方提供了主动救济方式,在权利义务设置上更平衡,也为防止胜诉方不断在各个国家申请执行使败诉方完全陷入被动境地提供了机会。同时,仲裁地法院撤销并非意义不大,该仲裁地是法律意义上的仲裁地,并非任意的结果。撤销制度对于仲裁的公正性矫正同样意义重大,仲裁裁决永远存在不公正的可能,即便执行地法院不予承认与执行,但裁决的效力依然存在,不公正的裁决依然存在,当事人有权请求法院矫正不公正裁决,这便需要撤销制度。其次,被撤销的裁决仍被承认与执行不具有普遍性。法国是执行被撤销裁决的先行者,但该行为被德国学者范登伯格等所不赞同,更重要的是该行为影响力有限,多数国家基本排除执行已被撤销的仲裁裁决的可能性,美国更是明确拒绝执行。所以不能狭隘地根据特殊情况否定整个撤销制度的重要意义。[①]

---

① 参见谢新胜:《国际商事仲裁裁决撤销制度"废弃论"之批判》,《法商研究》,2010 年第 5 期。

总之,仲裁裁决撤销制度为当事人提供了合法合理的救济手段,对于裁决能够产生实际作用,有助于增强当事人对于仲裁的信心,促进仲裁事业的健康发展。

二、国际投资条约仲裁裁决撤销的主体

(一)裁决国籍对撤销主体的影响

仲裁裁决的国籍决定了裁决撤销的法院。一般而言,内国法院只撤销具有本国国籍的仲裁裁决,而在本国主权范围内的仲裁,国家很难接受其与本国法律毫无关联。故对于非 ICSID 仲裁裁决的撤销而言,需先判断裁决的国籍,进而按照该国国内法的撤销程序和理由进行。[①]

首先,仲裁裁决是否要确定为特定国家的国籍是存在争议的。支持的观点认为只有仲裁裁决与特定国家联系,赋予了该国国籍,才能适用该国的撤销法律制度。反对的观点则认为仲裁具有自治性,不需要特定国家赋予国籍,其效力不受个别国家是否撤销的影响,[②]如需落实则要根据各个国家的承认与执行情况,不涉及撤销只涉及承认与执行,换言之,即使一个国家撤销了仲裁裁决,也不影响裁决在其他国家的效力,依然可以提请其他国家承认与执行。法国便是如此,但是需注意法国持此观点仅针对法国之外的裁决,对于本国作出的裁决依然支持特定国家国籍理论,依然可以撤销。[③]国际投资条约仲裁受到国际法和国内法的双重调整,仲裁庭依据国际投资条约获得裁判权的行使,以及依据国际投资条约、国际规则和东道国法律作

---

① 参见杨桦:《论〈纽约公约〉中仲裁裁决的国籍问题》,《河北法学》,2012 年第 2 期。

② 参见祁壮:《论国际商事仲裁裁决的国籍属性》,《江西社会科学》,2018 年第 9 期。

③ 参见赵秀文:《论国际商事仲裁的国籍及其撤销的理论与实践》,《法制与社会发展》,2002 年第 1 期。

出裁判结果,但后续的裁决的撤销是国家司法审查机关审查权的行使,需要裁决国籍的确定和国内法的适用。故就裁决的撤销而言,需要确定裁决的国籍。

其次,仲裁裁决国籍的确定标准并不单一,仲裁地标准决定了裁决撤销法院。其一是仲裁地标准。通过浏览各国仲裁裁决撤销制度中裁决撤销的管辖法院,可知仲裁地标准被各个国家所接受,《纽约公约》和《示范法》也是以仲裁地标准为主。所谓仲裁地,乃法律意义上的概念,并非地理意义上的概念,是当事人选择或者仲裁庭依据仲裁规则结合案情确定。[①] 该标准对于国际投资条约仲裁裁决同样适用。其二是适用法律标准,这是源于《纽约公约》第 5 条第 1 款(戊)项“或业经裁决地所在国或裁决所依据法律之国家之主管机关撤销”的表述,理论上讲即仲裁程序依据某国的法律,则裁决具备该国的国籍。这一规定与非内国仲裁裁决理论一致,契合《纽约公约》同时适用于外国裁决和非内国裁决。但是就国际投资条约仲裁的非 ICSID 仲裁实践而言,该情形不存在实践可能,甚至对于国际商事仲裁而言,这一标准也因与实践脱节而被各国抛弃。[②] 总之,以仲裁地标准判断国际投资条约仲裁裁决的国籍,结合相关国内法撤销制度中管辖法院的规定,确定国际投资条约仲裁裁决撤销的主体。

(二)撤销主体的确定

国际投资条约仲裁裁决撤销主体指向仲裁地法院,各国司法审查国内法律制度予以支持。《纽约公约》第 5 条虽是关于何种情形不予承认与执行的规定,但第 1 款(戊)项“或业经裁决地所在国或裁决所依据法律之国家之

---

① 参见刘彤、杜菁:《外国仲裁机构在中国仲裁的相关问题探讨》,《北京仲裁》,2017 年第 2 期。
② 参见杨桦:《论〈纽约公约〉中仲裁裁决的国籍问题》,《河北法学》,2012 年第 2 期。

主管机关撤销"的表述,透露出公约"可以"支持裁决地法院和裁决依据法律地法院的撤销权。《示范法》第 34 条第 2 款写明仲裁裁决可以被第 6 条规定的法院撤销,而第 6 条则充分尊重各国国内法指明的履行撤销职责的一个或多个法院以及其他有管辖权的机构。于是,裁决撤销的管辖法院还需要把握各国国内法如何具体规定。

《美国联邦仲裁法》第 10 条"仲裁裁决地所属区内的美国法院根据任何当事人的请求,可以用命令将仲裁裁决撤销"的规定,赋予裁决地法院撤销管辖权。《英国仲裁法》第 3 条是确定"仲裁地"的方式,第 67、68 条赋予法院全部或部分撤销裁决的权利。《法国民事诉讼法典》第 1505 条"撤销之诉应提交到在裁决作出地有管辖权的上诉法院",赋予裁决地法院撤销管辖权。《荷兰民事诉讼法典》第 1064 条第 2 款"撤销申请应向依照第 1058 条第 1 款将裁决正本交存其登记官的地方法院提出",而 1058 条所指的地方法院是"将终局裁决或部分终局裁决交存于仲裁地点位于其地区内的地方法院",赋予裁决地法院撤销管辖权。《瑞士民事诉讼法典》第 389、390 条允许当事人向两类法院提起撤销请求,"撤销裁决的请求得向联邦最高法院提出。或者当事人得约定由仲裁庭所在地的州法院代替联邦最高法院",均可视为赋予裁决地法院撤销管辖权。

放眼望去,各国国内法皆授予仲裁地法院撤销管辖权,充分体现了该类撤销权归属的普遍支持和实施,但裁决依据法律地法院的撤销权也并非毫无支持,德国 1961 年《关于 1958 年承认与执行外国仲裁裁决公约的法令》第 2 条"如果仲裁裁决属于在另一个缔约国内依照德国程序法作出的公约裁决,可以在德国就该裁决提起撤销之诉"便依法授权。[①] 针对这一情况,学

---

① 参见韩健:《现代国际商事仲裁法的理论与实践》,法律出版社,2000 年,第 346 页。

者赵秀文认为可能造成撤销冲突，[①]英国学者雷德芬认为裁决依据法律地法院的撤销权支持似无必要，[②]有学者则主张在当事人选择仲裁地或裁决作出地时，由裁决作出地法院撤销管辖，倘若当事人未选择时，则由裁决依据法律地法院撤销管辖，既避免冲突又形成了"仲裁地标准"[③]，仲裁地不仅体现位置属性，还体现法律体系属性。[④] 但仲裁规则规定在当事人未约定裁决地时，由仲裁庭根据案情确定仲裁地，此时若支持裁决依据法律地法院撤销管辖，依然会发生冲突。更重要的是不可忽略上述制度和学者观点均是从国际商事仲裁裁决的撤销出发，国际投资条约仲裁中的非 ICSID 仲裁具备自身不同的侧重，通常国际投资条约中的准据法是投资条约、国际规则和适当考虑东道国法律，这与国际商事仲裁的合同仲裁的侧重和实践不同。故国际投资条约仲裁裁决撤销主体，遵从各国国内法规定的仲裁地法院。

三、国际投资条约仲裁裁决撤销的程序

通过各国国内法律制度的比较，可知国际投资条约仲裁裁决撤销的程序大同小异。撤销的程序主要关于申请人、申请时限、申请对象及理由，由于撤销理由是撤销制度的重点内容，将在下一节详细论述，故本部分只讨论其他几方面的程序内容。《示范法》第 34 条规定：当事人在收到裁决书之日起三个月内向法院提出申请，根据不同情形确定是否需要提供证据；《美国联邦仲裁法》第 10 条、第 12 条表明"当事人撤销仲裁裁决的请求向法院提

---

① 参见赵秀文：《论国际商事仲裁的国籍及其撤销的理论与实践》，《法制与社会发展》，2002年第 1 期。

② 参见[英]艾伦·雷德芬、马丁·亨特：《国际商事仲裁法律与实践》，林一飞、宋连斌译，北京大学出版社，2005 年，第 458 页。

③ "仲裁地标准"涵盖"裁决地标准"和"法律适用标准"，是对《纽约公约》支持的两种撤销管辖权的统一。

④ 参见周江：《论仲裁裁决撤销的几个问题》，《北京仲裁》，2009 年第 3 期。

起,且必须在仲裁裁决提交或者送达后三个月内通知对方当事人或者他的代理人";《英国仲裁法》第 67、68 条规定:一方当事人经通知其他当事人和仲裁庭可向法院申请,自仲裁裁决作出之日起 28 天内提出;《法国民事诉讼法典》第 1505 条规定"通知裁决及其执行许可后的一个月内向法院提起";《荷兰民事诉讼法典》第 1064 条规定:撤销申请应在裁决交存地方法院登记官三个月内向法院提出;《瑞典仲裁法》第 34 条规定:一方当事人在收到仲裁裁决之日起三个月内向法院提出申请。通过制度对比,一方面可知《示范法》的重要和广泛影响力,三个月撤销时限较为常见,另一方面各国关于程序的条文设置大同小异,均是当事人向法院申请。

违反国际投资条约仲裁裁决撤销程序,可能会失去申请撤销的权利。以"Allawi 诉巴基斯坦"案为例,Allawi 拥有英国国籍,在巴基斯坦投资液态石油气领域公司,后因巴基斯坦政府调控政策对价格的影响导致破产,Allawi 根据英国与巴基斯坦双边投资保护协定,依据 UNCITRAL 仲裁规则提起仲裁,主张巴基斯坦违反公平公正待遇和国民待遇,仲裁地为伦敦。2016 年 8 月仲裁庭作出裁决,认定 Allawi 未证明 BIT 与损害间的因果关系,驳回其主张。在得到英国法院同意裁决异议期限延期至 2016 年 12 月 20 日之后,Allawi 于 2017 年 9 月向法院申请延长裁决异议期限,英国法院认为通常的裁决异议期限是裁决作出后的 28 天内,而 Allawi 提出的时间是政策期限届满后一年,远超一般期限,延期过长,再加上不具有合理理由,驳回其延期申请。

四、《ICSID 附加便利规则》仲裁裁决的撤销制度

《ICSID 附加便利规则》与《ICSID 公约》的适用主体不同。ICSID 附加便利规则是 1978 年建立,为《ICSID 公约》范围之外的争端提供仲裁、调解、事

实调查服务,仲裁和调解可以服务于一方不是 ICSID 成员国或成员国国民的投资争端;也可以服务于一方是 ICSID 成员国或成员国国民的非因投资直接产生的争端,同时要求交易基础不是普通的商事交易。2018 年 8 月 ICSID 秘书处发布了 ICSID 规则修订草案,其中《附加便利规则》扩大了援引其程序的范围。一方面"区域经济一体化组织"可以成为附加便利规则仲裁程序的当事人,同时意味着"他国国民"的定义将扩展至区域经济一体化组织成员国国民和组织本身,另一方面申请人与被申请人均不是公约缔约国或缔约国国民、区域经济一体化组织或组织成员国国民,同样可以适用 ICSID 附加便利规则。

《ICSID 附加便利规则》仲裁不属于 ICSID 仲裁,故其裁决可避开《ICSID 公约》而接受撤销的司法审查。2006 年版《ICSID 附加便利规则》第 3 条为"不适用《ICSID 公约》",表明《ICSID 附加便利规则》仲裁在《ICSID 公约》之外,"仲裁程序在 ICSID 管辖权之外,《ICSID 公约》的条款完全不适用于仲裁及其裁决等"的规定,直接决定了《ICSID 附加便利规则》仲裁裁决并非 ICSID 裁决,而是适用其《ICSID 附加便利规则》的临时仲裁裁决。2018 年修订草案中依然强调附加便利仲裁与公约没有关联,[1]投资的定义完全依照国际投资条约。《ICSID 附加便利规则》不需受到《ICSID 公约》的规制,其裁决撤销无需受到《ICSID 公约》对于司法审查排除的影响,与 ICSID 仲裁裁决撤销完全不同,反而是与其他非 ICSID 仲裁裁决的撤销相同。与此同时,《ICSID 附加便利规则》没有直接规定仲裁裁决的撤销制度,也就不存在类似《ICSID 公约》内部的撤销制度约束。

《ICSID 附加便利规则》仲裁裁决的撤销与其他非 ICSID 仲裁裁决的撤

---

① 参见国际投资争端解决中心规则的修订草案——主要变更概要,ICSID 秘书处,2018 年 8 月 2 日,第 17 页。

销相同,通过国内法律制度由具备管辖权的仲裁地法院进行。一般而言,裁决作出地法院拥有管辖权,而为了更好地适用《纽约公约》,《ICSID 附加便利规则》下的仲裁规则第 19 条对于仲裁地进行约束,要求仅在《纽约公约》缔约国内进行仲裁程序,相应地《纽约公约》缔约国即为仲裁地。不可否认,本身享有国际商事仲裁裁决撤销权的主体主要是裁决地法院,[①]对于国际投资条约仲裁而言,裁决法律依据——主要为条约和国际规则,理论上可以考虑东道国法律,很难因此指向某国法院,法律依据国法院的撤销权只能停留在理论意义上。总之,相对于 ICSID 仲裁裁决的撤销,《ICSID 附加便利规则》仲裁裁决的撤销不需受《ICSID 公约》的限制,故其撤销制度与其他非 ICSID 仲裁裁决一致。

第二节　国际投资条约仲裁裁决撤销的理由

各国立法规定的撤销国际投资条约仲裁裁决的理由大同小异,其中 5 个理由最为普遍。《纽约公约》虽然未对撤销理由进行规定,但是其拒绝承认与执行的理由影响了《示范法》的撤销理由设定,而《示范法》的理由又为多数国家的国内法撤销理由所借鉴,这也是非 ICSID 仲裁裁决撤销理由大同小异的形成原因。

《示范法》第 34 条的 6 个撤销理由:①仲裁协议无效;②未向当事人发出指定仲裁员或仲裁程序的通知或当事人未能陈述案情;③仲裁庭越权;④仲裁庭组成或仲裁程序不当;⑤争议事项不具有可仲裁性;⑥违反国家公共

---

① 参见于喜富:《国际商事仲裁的司法监督与协助——兼论中国的立法与司法实践》,知识产权出版社,2006 年,第 373 页。宋连斌:《国际商事仲裁管辖权研究》,法律出版社,2000 年,第 218 页。

政策。《美国联邦仲裁法》第 10 条的 4 个撤销理由：①裁决因贿赂、欺诈等不当方法取得；②仲裁员有偏袒或贪污情形；③仲裁员拒绝合理审问、拒绝审问适当实质证据或损害当事人权利的错误行为；④仲裁庭越权。《英国仲裁法》第 68 条的 9 个撤销理由：①仲裁庭违反一般义务；②仲裁庭超越权限；③仲裁庭程序不当；④仲裁庭未处理所有仲裁事项；⑤仲裁机构或个人越权；⑥裁决的效力不确定；⑦裁决获取欺诈或违背公共秩序；⑧裁决形式不符合要求；⑨仲裁程序或裁决存在不规范行为。《法国民事诉讼法典》第 1504 条的 5 个撤销理由：①无仲裁协议或仲裁协议无效；②仲裁庭组成不当；③仲裁员越权；④仲裁程序不当；⑤违反公共政策。《荷兰民事诉讼法典》第 1065 条的 5 个撤销理由：①缺乏有效仲裁协议；②仲裁庭组成不当；③仲裁庭越权；④裁决未附具理由；⑤裁决违反公正秩序或善良风俗。《瑞士民事诉讼法典》第 393 条的 6 个撤销理由：①仲裁庭组成不当；②仲裁庭错误或拒绝行使管辖权；③仲裁庭超越权限或漏裁；④当事人未能享受平等或陈述权利；⑤裁决结果明显违背案卷事实或与法律或公正相悖而导致武断；⑥花费或赔偿金明显过度。《瑞典仲裁法》第 34 条的 7 个撤销理由：①裁决不在仲裁协议范围内；②仲裁员在当事人约定期限届满后作出裁决；③仲裁员超越授权范围，可能影响仲裁结果；④仲裁不该在瑞典进行；⑤仲裁员任命方式违反当事人约定或仲裁法；⑥仲裁员无权审理；⑦非因当事人过错而发生程序错误，可能影响结果。

　　综上所述，首先，各国对于国内法院撤销仲裁裁决的权限较为重视，均明文规定、列明理由。其次，《示范法》的 6 个理由中，前 4 个需当事人提供证据证明，后 2 个法院可依职权主动审查。再次，不同国家的撤销理由间存在一定差异，有的将理由具体拆分，还存在一些欺诈、贿赂、武断等特殊规定。但从整体上看是大同小异的,主要限于程序性事项审查。[①] 最后,为分析方便,从示范法及各国的撤销理由中,选取较为普遍和具有代表性的 5 个:1. 仲裁协议无效;2. 违反正当程序;3. 仲裁庭组成或仲裁程序不当;4. 仲裁庭越权;5. 违反公共政策。

一、当事人举证的理由

(一)国际投资条约仲裁条款无效

国际投资条约仲裁条款是仲裁的基础和依据,其效力应为裁决司法审查的首要事项和撤销的重要理由。在司法审查制度中,可将国际投资条约仲裁条款视为仲裁协议,故与当前制度中的"仲裁协议无效"的表述不冲突,但在撤销理由的具体分析中,为了更清晰地论证,仍使用术语"国际投资条约仲裁条款"。国际投资条约仲裁条款无效应作广义理解,即"缺乏有效的国际投资条约仲裁条款",既包含国际投资条约仲裁条款不存在、狭义无效、失效的情形,又包括缔约方、投资者不在国际投资条约仲裁条款效力范围内的问题。国际投资条约仲裁条款的效力和效力范围决定仲裁的合法性,是仲裁程序进行的基础,故国际投资条约仲裁条款无效是十分重要的撤销理由。此理由在国际投资条约仲裁与国际商事仲裁间存在较大差异,此差异并非是撤销理由的表面差异,而是具体认定中涉及内容和意思表示载体的差异,普通国际商事仲裁裁决的撤销侧重于考察订立仲裁协议当事人的行为能力、仲裁协议的形式要件是否符合要求、仲裁协议的内容是否合法,但这些具体内容并非国际投资条约仲裁裁决的撤销的侧重。而国际投资条约

---

① 参见李广辉:《仲裁裁决撤销制度之比较研究——兼谈我国仲裁裁决撤销制度之完善》,《河南大学学报》(社会科学版),2012 年第 4 期。

仲裁裁决的撤销需审查国际投资条约仲裁条款是否存在,条约存在的标准依照国际法标准,尤其是最惠国待遇条款对于条款存在的影响;司法审查机关还需审查国际投资条约仲裁条款是否有效,仍然按照国际法标准,并注意岔路口条款、用尽当地救济条款、磋商条款对意思表示的限制;司法审查机关需进一步审查国际投资条约仲裁条款是否失效,国际法规则中有条约失效的具体要件,此外与国际强行法或上位法的冲突导致失效也在审查范围内;司法审查机关最后还要审查当事人是否在国际投资条约仲裁条款效力范围内,尤其是条约对部分特殊地区的适用问题和利益拒绝条款的影响。

国际投资条约仲裁条款无效是国际投资条约仲裁裁决撤销实践中的主要原因。在"Sanum 诉老挝"案中,新加坡最高法院高等法庭通过审查,认定《中国-老挝双边投资保护协定》不适用于澳门地区,进而裁定 Sanum 公司不在国际投资条约仲裁条款的效力范围内,故国际投资条约仲裁条款无效,撤销仲裁裁决。虽然最终被上诉庭推翻,认定国际投资条约仲裁条款有效,但审查标准不影响该撤销理由的价值体现和运用。在"Achmea 诉斯洛伐克"案中,欧盟法院经审查认定《荷兰-斯洛伐克双边投资保护协定》的仲裁条款违反《欧洲联盟运行条约》,故国际投资条约仲裁条款无效,应撤销仲裁裁决。该裁判也直接影响了后续多数欧盟成员废止相互间 BIT。在"Yukos 诉俄罗斯"案中,海牙地区法院通过司法审查,认定《能源宪章条约》(ECT)的临时适用违反俄罗斯国内法,故 ECT 未对俄罗斯生效,进而导致其中的国际投资条约仲裁条款对该案无效,撤销仲裁裁决。而通过"BG Group 诉阿根廷"案的梳理,可知整个争端从仲裁到司法审查,均没有离开国际投资条约仲裁条款是否无效这一问题,因为这直接关系仲裁庭的管辖权和裁决能否被撤销。该案件体现的国际投资条约仲裁条款效力审查侧重点的巨大差异以及法院的较大分歧,证明了仲裁司法审查制度通过国际投资条约仲裁视角重新审查的必要性,不论是对于司法审查制度的内涵把握——国际投资条约仲裁条款无效的认定,抑或是对于仲裁司法审查新实践的把握——国际投资条约仲裁司法审查实践的最新发展,皆大有裨益。[①]

国际投资条约仲裁条款无效这一撤销理由之所以能影响多个实践案例,乃因为该理由极其重要,此重要性缘于国际投资条约仲裁条款的特殊性和司法审查内容的丰富性。各国国内法院的撤销制度相对独立,虽有《纽约公约》和《示范法》的规则指引,但各国的撤销理由在大同的背景下永远存有小异,可能通过不同司法审查标准来体现,这是各国国情和不同价值追求所决定的,不同国家之间甚至一国之内如何统一审查尺度都是较为棘手之问题。所以最终要落脚到仲裁司法审查制度的完善上,以期更加公正合理地服务国际投资条约仲裁裁决的撤销。

(二)违反正当程序

正当程序体现出程序正义的价值追求,是近代以来司法正义的基石之一,也是撤销理由的重点之一。国际投资条约仲裁必须遵循最低标准的程序要求,以此来确保仲裁裁决的公正性与合法性。自然正义是仲裁当事人最基本的要求,只有满足自然正义的基本条件,才有可能接受仲裁裁决,故各国国内法普遍要求对正当程序的司法审查。在国际投资条约仲裁中,正当程序在于保障当事人被公平对待,保证当事人知情与申辩的权利,公正地享有仲裁过程中听审和陈述案情的适当机会。保障正当程序是国际投资条约仲裁公正性的基本要求。即便是司法审查之外,ICSID 仲裁裁决的撤销理由中也包括对正当程序的要求。正当程序是程序正义原则和价值的体现,也并不局限于仲裁之中,正当程序可以保障最低限度的正义,也是当事人愿

---

① See Luis Miguel Velarde Saffer and Jonathan Lim, Judicial Review of Investor Arbitration Awards: Proposals to Navigate the Twilight Zone between Jurisdiction and Admissibility, *Dispute Resolution international Judicial Review of investor arbitration awards*, vol. 8, no. 1, May 2014, pp. 90 – 93.

意将争端提交仲裁解决的基本假定。落脚到国际投资条约仲裁中,正当程序直接影响仲裁裁决,而裁决关乎东道国的管理行为和巨额赔偿判定,无论是投资者和东道国显然都不愿相关权利落空,因此一旦出现瑕疵,必然触犯国内法院司法审查的撤销理由。

违反正当程序主要包括两种常见情形。其一为未给予适当通知。所谓"适当"是指相对充分,而通知主要涵盖向当事人提供仲裁员任命和仲裁程序的通知,即为当事人提供指定仲裁员和进行仲裁程序的机会,从而使当事人明晰自身权利,进而正确行使权利。当然,撤销理由仅为笼统规定,具体的标准需要司法审查机关自由裁量,尤其是否满足"适当"的要求。但需注意的是,当事人拒不接受通知或其他恶意抵制通知的行为不能被归为仲裁庭或仲裁机构未能适当通知。其二为未能提出申辩。保障当事人被公正对待,有充分和恰当的机会陈述案情,自由发表意见,有利于仲裁庭公正高效地作出裁决。撤销理由侧重对当事人基本程序权利的保障,一方面要求仲裁庭为当事人提供申辩的机会,另一方面则要求当事人积极把握机会。所以,倘若当事人刻意消极对待仲裁程序或拒绝出庭,不会影响仲裁裁决的作出,不能成为违反正当程序这一撤销理由的认定。此外,违反正当程序需要申请人提供证据证明。[①] 国际投资条约仲裁裁决司法审查中,司法审查机关需公正合理解释,避免主动压缩撤销理由的解释空间。总之,违反正当程序是程序正义这一普遍原则在国际投资条约仲裁裁决司法审查中的落实,给予当事人合理限度内的公正,为裁决公正提供监督,但也不会成为当事人恶意抵制仲裁的工具。

---

① 参见赵秀文:《论国际商事仲裁的国籍及其撤销的理论与实践》,《法制与社会发展》,2002年第1期。

（三）仲裁庭组成或仲裁程序不当

仲裁庭组成或仲裁程序不当作为撤销理由之一，对于仲裁庭和仲裁裁决的合法性具有重要意义。[①] 仲裁庭组成或仲裁程序不当通常指与仲裁协议不符或与仲裁地法律不符，但就国际投资条约仲裁而言，主要指仲裁庭组成或仲裁程序与国际投资条约仲裁条款不符。与违反正当程序的理由不同，本条理由的程序问题主要是仲裁各个环节的步骤、方法、对象、期限等不符合国际投资条约仲裁条款的规定，并非当事人的公平对待问题。该理由可能涉及仲裁员资质、仲裁员指定、裁决是否附具理由、裁决作出期限及其他程序问题。该理由反映出国际投资条约仲裁司法审查与普通国际商事仲裁司法审查的不同，普通国际商事仲裁下的撤销理由主要体现尊重当事人意思自治原则，当事人在仲裁庭组成和程序问题上的意思自治占支配地位，而国际投资条约仲裁下的撤销理由并非当事人意思自治，因为国际投资条约仲裁条款是缔约国间投资条约的仲裁条款，并非普通商事合同，两者缔约主体不同，国际投资条约仲裁作为"无默契仲裁"，在提起仲裁前未有投资者与东道国关于仲裁机构、适用法律等问题达成的协议，也无从谈起当事人约定的仲裁庭组成和仲裁程序。国际投资条约仲裁条款规定的仲裁程序之所以需要被遵守，一方面是因为其国际法属性，另一方面是因为东道国与投资者因"要约"与"承诺"达成了合意，进而被视为达成仲裁协议，在国际投资条约仲裁条款被视为仲裁协议的情形下，便产生了尊重仲裁协议下程序的效果。

---

① 参见孙一鸣：《中国内地法院适用〈纽约公约〉问题实证研究》，华东政法大学博士论文，2016年，第132页。

（四）仲裁庭越权

国际投资条约仲裁裁决撤销理由中的仲裁庭越权具有特殊性。仲裁庭越权是指仲裁庭超越了当事人通过国际投资条约仲裁条款赋予它的管辖权，包括裁决所涉争议并非提交仲裁意图裁定之事项、不在提交仲裁范围之内或裁决书含有提请仲裁范围之外的事项的决定等具体情形。在普通国际商事仲裁下，因商事仲裁的自治性和契约性，仲裁庭管辖权来自私主体间的合同，国际商事仲裁协议是仲裁庭的权力依据，而国际商事仲裁协议由具体、确定的双方签订，在当事人明确的情况下，内容和可仲裁事项相对具体。相较而言，在国际投资条约仲裁下，仲裁庭的权力来源于国际投资条约仲裁条款，该条款是国际法属性，且并非东道国与投资者协商设置，故虽均为仲裁庭越权，但因为国际投资条约仲裁条款是东道国事前单方同意，需供不定数的投资者使用，其对仲裁事项的规定相对宽泛和笼统，范围相对广泛。在此基础上，一方面仍然要审查仲裁庭是否超越管辖权，是否超出国际投资条约仲裁条款的事项范围；另一方面，司法审查时需把握国际投资条约仲裁条款效力范围的特殊内容，尤其是国际投资条约下不同条款对于其事项范围的影响。厘清国际投资条约仲裁管辖权来源的特殊性和事项内容，既有助于司法审查实践，又有利于制度完善。

"BG Group 诉阿根廷"案是美国联邦最高法院第一次就国际投资条约仲裁案作出裁判，法院审理的是仲裁裁决撤销案，东道国和部分法院围绕"仲裁庭越权"问题进行抗辩和裁判。[①] BG Group 是一家英国公司，在 20 世纪 90 年代早期，取得了 MetroGAS 公司的大部分股份，MetroGAS 是阿根廷允许

---

① See Ndifreke Uwem, BG Group v. Argentina: A Reiteration of Undesired Complexity for a Simple Principle: Kompetenz-Kompetenz under the FAA and the UNCITRAL Model Law, *U. Miami Int1 & Comp. L. Rev.*, vol. 25, no1, 2018, pp. 410 –413.

国有的天然气公用事业私人化时建立的天然气分配公司。在为 MetroGAS 招投标时,阿根廷法律要求管理者用美元计算天然气税费,确保 MetroGAS 等天然气公司能够赚取合理的回报,但是 2001 年至 2002 年阿根廷遭遇经济危机,于是改为用比索计算税费,BG Group 声称这种改变导致了公司损失,减少了 BG Group 投资的实际价值。于是 BG Group 依据英国与阿根廷间的双边投资条约向阿根廷提起仲裁,值得注意的是,《英国-阿根廷双边投资保护协定》第 8 条要求"投资者在提交仲裁之前,须先将争议提交东道国当地法院达 18 个月"。仲裁适用联合国贸易法委员会仲裁规则,BG Group 提出阿根廷的行为是对公司投资的征收并同时违反了条约第二条"公平公正待遇"义务。具体的仲裁过程略过不表,最后仲裁庭认定先行寻求阿根廷法院解决持续 18 个月的要求是荒谬不合理的,BG Group 可以不需满足该条件便提起仲裁,阿根廷违反了公平公正待遇义务,裁决阿根廷赔偿 1.85 亿美元。[1]

阿根廷紧接着针对仲裁裁决提起撤销申请。阿根廷向美国哥伦比亚地区法院提起撤销申请,声称仲裁员越权。阿根廷认为仲裁庭认定不需要 BG Group 首先寻求阿根廷法院解决构成了仲裁庭越权。哥伦比亚地区法院认为仲裁庭有权决定 BG Group 是否需要满足当地诉讼要求,故支持确认了仲裁庭裁决。但哥伦比亚巡回上诉法院推翻了这一结论,上诉法院认为应由法院决定 BG Group 不满足阿根廷当地诉讼要求是否能展开仲裁,最终认定 BG Group 不满足当地诉讼要求导致阿根廷与 BG Group 间不存在国际投资条约仲裁条款,故裁定撤销仲裁裁决。最后,美国联邦最高法院首先认定国

---

① See John V. H. Pierce, BG Group PLC v. Republic of Argentina, *The Journal of World Investment & Trade*, vol. 15, no. 1, pp. 1053 – 1054.

际投资条约是私人合同,①然后认定由仲裁庭决定特定程序性前置条件对于仲裁的适用,而当地诉讼要求便是程序性前置条件,同时反对将当地诉讼条款视为东道国达成国际投资条约仲裁条款的同意条件,主张将该问题留有开放性让仲裁庭决定,就该案件的裁决而言,均在仲裁庭权限范围内,故推翻上诉法院撤销仲裁裁决的裁定,确认了仲裁裁决的效力。②

　　笔者并不认同联邦最高法院的裁判,其默认"仲裁协议"有效而仅关注仲裁庭是否越权,但案件焦点实际是国际投资条约仲裁条款无效的问题。首先就案例而言,3个司法审查机关皆为美国国内法院且为递进三级,这是因为当事人选择美国华盛顿特区为仲裁地,法院管辖适用"仲裁地标准"。上诉法院在审查过程中对于国际投资条约仲裁条款效力的认定与地区法院和最高法院不同,尤其是最高法院裁判过程中各个法官间的争论,即便最终多数意见支持国际投资条约仲裁条款具有效力,维持仲裁裁决,但观点至终并未统一,体现出国际投资条约仲裁下,国际投资条约仲裁条款无效这一理由在理论和实践中的分歧和解释空间,这也是司法审查制度完善的机会和空间。其次就裁判结果而言,联邦最高法院将国际投资条约认定为合同属性,认为国际投资条约仲裁条款与国际商事仲裁协议无异,于是提交当地法院18个月的要求被视为仲裁程序性事项,无关国际投资条约仲裁条款的效力认定。进而认定法院应将管辖权判断权力交由仲裁庭,而非去干涉仲裁庭,导致拒绝撤销仲裁裁决。但通过国际投资条约仲裁条款司法审查章节的分析,可知附期限的当地救济要求是东道国同意提交仲裁意思表示的限制,不满足时将导致东道国意思表示的缺失,进而导致国际投资条约仲裁条

---

　　①　参见肖芳:《国际投资仲裁裁决司法审查的"商事化"及反思——以美国联邦最高法院"BG公司诉阿根廷"案裁决为例》,《法学杂志》,2018年第3期。

　　②　See John V. H. Pierce, BG Group PLC v. Republic of Argentina, *The Journal of World Investment & Trade*, vol. 15, no. 1, p. 1058.

款无效。

二、法院主动审查的理由

(一)违反公共政策

违反公共政策通常是各国国内法规定仲裁裁决撤销的必备理由,其内容多为概括性表达。多数情况下学者将公共政策等同于公共利益,而公共利益从古希腊柏拉图提出的"为了全体公民的最大幸福"[①],最早可追溯到古希腊的城邦制度,是全体社会成员的共同目标。[②] 之后到亚里士多德指出"照顾到公共利益的公众政体就都是正当的",[③]再到卢梭认为人们基于公意缔结了社会契约,目的是为了实现公共利益等表述,凸显了公共政策的不断变化,也同时体现其重要性。公共利益涉及不特定的多数人、涉及正义、涉及私权与公权,是一个事实与价值交错的问题。公共利益与个人利益、国家利益、社会利益均有重合,[④]却不完全相同,公共利益是一种共同性、层次性、发展性的重大利益,其主体是不确定的多数人。有学者认为公共政策有利益享有主体不特定且多数、非竞争性和非排他性、正义性、主客观统一性等特点。[⑤] 公共政策可分为国内公共政策和国际公共政策,在国际投资条约仲裁裁决撤销理由中主要指国际公共政策。[⑥] 夏尔·布洛歇最早提出国际公

---

① [古希腊]柏拉图:《理想国》,郭斌和译,商务印书馆,2002 年,第 267 页。
② 参见张光:《国际投资法制中的公共利益保护问题研究》,法律出版社,2016 年,第 11 页。
③ 参见[古希腊]亚里士多德:《政治学》,吴寿彭译,商务印书馆,1965 年,第 132 页。
④ 利益主体可分为:个人、家庭、集体、集团、国家、社会六个层次。王伟光:《利益论》,人民出版社,2001 年,第 90 ~ 92 页。
⑤ 参见吴岚:《国际投资法视域下的东道国公共利益规则》,中国法制出版社,2014 年,第 14 ~ 16 页。
⑥ 参见马德才:《〈纽约公约〉中的公共政策性质之辨》,《法学杂志》,2010 年第 4 期。

共政策的区分,《法国民事诉讼法典》率先在 1502 条中明确违反国际公共政策可提起撤销之诉。一般而言,国际公共政策是为了最大限度地保护国际社会共同价值、基本原则和普遍政策,而非一国国内法。国际公共政策包括根本原则、公共秩序规则、国际性义务。总体而言,公共政策是由不特定多数人共享的、符合公平正义理念的公共产品和公共服务及价值观念,当出现仲裁裁决与本国的政治、经济和法律制度发生重大抵触,违反法律基本原则、侵犯国家主权、危害国家及社会公共安全、违反善良风俗等情况,乃违反公共政策。

公共政策内涵的模糊性和不确定性明显。违反公共政策与国际私法中通过冲突规范指向外国法的适用,而该外国法的适用若损害社会公共利益则被排除适用的情形类似,当然国际私法上的公共政策不应当被理解为国际公共政策。① 公共政策本身的准确含义较难厘清,一方面是因为公共政策本就与各国的政治、经济、文化等因素紧密结合,各具特色;另一方面因为涉及面太广、牵扯利益重大,与不同时代也有关系,厘清难度大;此外由于公共政策的把握直接影响司法审查权的行使,各国对于公共政策的内涵与范围的清楚界定缺乏积极性。故具体哪些事项应纳入公共政策范围,司法审查机关对哪些事项进行审查并有权撤销,各国及国际社会并未形成统一。而部分国际投资条约在序言的目标条款和投资章节专门的规制权条款中,将公共健康、公共安全、公共道德、环境、社会保障、文化多样性问题纳入东道国公共利益范围内的做法,值得推广。

违反公共政策的理由并未被滥用,为审查范围扩展打下基础。公共政策的模糊性为仲裁裁决司法审查提供了空间,更容易被各国广泛接受,因此有学者担忧公共政策的巨大弹性和不确定性,使国家会借此不公正合理地

---

① 参见高晓力:《国际私法上公共政策的运用》,中国民主法制出版社,2008 年,第 38～39 页。

撤销裁决,或对仲裁裁决承认与执行造成阻碍。但事实上,在支持仲裁的原则下,各国在违反公共政策的撤销理由运用上十分克制。仲裁实践中并未出现滥用公共政策理由的情形,甚至对该理由的运用呈现愈加严格的特征。这种现象在普通国际商事仲裁司法审查中愈加明显,但对于国际投资条约仲裁司法审查,仍然需要结合其特殊性辩证看待,国际投资条约仲裁裁决的影响力对于国家主权、国家及社会公共安全、法律基本价值的冲击更甚,司法审查标准和撤销理由的运用是否等同于普通国际商事仲裁裁决,值得深思。

(二)ICSID 裁决撤销对"违反公共政策"理由的启示

《ICSID 公约》第 52 条也规定了 5 条撤销理由。第 1 条撤销理由是"仲裁庭组成不当";第 2 条撤销理由是"仲裁庭明显越权";①第 3 条撤销理由是"仲裁庭成员有受贿行为";第 4 条撤销理由是"严重违背基本程序规则";第 5 条撤销理由是"裁决未陈述其依据的理由"。

1. ICSID 裁决撤销的实践经验

阿根廷国际投资条约仲裁危机产生了大量裁决撤销案件。2001 年至 2002 年,阿根廷遭遇了本国历史上最严重的社会经济危机。为了应对危机,2002 年,阿根廷国会通过《公共紧急状态法》,取消了政府给予投资者的优惠待遇和保护措施,外国投资者因蒙受损失而向 ICSID 提起数量众多的仲裁申请,进而引发了阿根廷国际投资条约仲裁危机。截至 2018 年,ICSID 仲裁中以阿根廷为被申请人的案件数为 54 件,其中多数在 2001 年至 2005 年间产生。

---

① 参见魏艳茹:《ICSID 仲裁撤销制度研究》,厦门大学出版社,2007 年,第 90~104 页。

表 3-1　2001—2005 年阿根廷被申请 ICSID 仲裁的案件

年份	申请方	投资者母国	案件结果	赔偿金额（百万美元）
2001	Enron	美国	有利于投资者	106.2
2001	CMS	美国	有利于投资者	133.2
2001	Azurix	美国	有利于投资者	165.2
2002	Siemens	德国	有利于投资者	237.8
2002	Sempra	美国	有利于投资者	128
2002	LG&E	美国	有利于投资者	57.4
2002	AES	美国	未决	无数据
2003	Unisys	美国	未决	无数据
2003	Telefónica	西班牙	已决（达成协议）	无数据
2003	Suez and Vivendi	法国、西班牙	有利于投资者	383.6
2003	Suez and Interagua	法国	数据不可考	无数据
2003	Pioneer	美国	已决（达成协议）	无数据
2003	Pan American	美国	已决（达成协议）	无数据
2003	National Grid	英国	有利于投资者	53.5
2003	Metalpar	智利	有利于东道国	无数据
2003	Gas Natural	西班牙	已决（当事人请求中止）	无数据
2003	Electricidad Argentina and EDF International	法国	不再继续（当事人请求中止）	无数据
2003	EL Paso	美国	有利于投资者	43
2003	EDF and others	法国	有利于投资者	136
2003	Continental Casualty	美国	有利于投资者	2.8
2003	Chilectra and others	智利	不再继续（当事人请求中止）	无数据
2003	Camuzzi	卢森堡大公国	已决（达成协议）	无数据
2003	Camuzzi	卢森堡大公国	未决	无数据
2003	BG	英国	有利于投资者	185.2

年份	申请方	投资者母国	案件结果	赔偿金额（百万美元）
2003	Azurix	美国	不再继续（未付费）	无数据
2003	AWG	英国	有利于投资者	21
2003	Aguas Cordobesas	西班牙	已决	无数据
2004	Wintershall	德国	有利于东道国	无数据
2004	Total	法国	有利于投资者	269.9
2004	SAUR	法国	有利于投资者	39.9
2004	RGA	美国	已决（达成协议）	无数据
2004	Mobil	美国	数据不可考	无数据
2004	France Telecom	法国	已决（当事人请求中止）	无数据
2004	CIT Group	美国	已决（当事人请求中止）	无数据
2004	BP	美国	已决（达成协议）	无数据
2005	TSA Spectrum	荷兰	有利于东道国	无数据
2005	Scotiabank	加拿大	已决	无数据
2005	Daimler	德国	有利于东道国	无数据
2005	CGE	智利	已决	无数据
2005	Asset Recovery	美国	不再继续（未付费）	无数据

资料来源：根据 UNCTAD 官方网站和 ICSID 官方网站资料整理

由表 3 - 1 可知,2001 年至 2005 年间阿根廷被投资者提起 ICSID 仲裁 40 件,案件结果多有利于投资者,阿根廷的金钱赔偿负担沉重。阿根廷不得不求助于 ICSID 撤销制度。专门委员会的一系列实践,引发了对于“违反公共政策”理由的审查范围的重新思考。阿根廷如何就管辖权提出异议和实体内容抗辩略过不表,主要着眼于不利于阿根廷的仲裁裁决作出后,阿根廷提起仲裁撤销程序及专门委员会的决定。在“CMS Gas Transmission Company 诉阿根廷”案中,2005 年阿根廷以仲裁庭“明显越权”“没有陈述所依据的理由"为由提起撤销申请,专门委员会认定仲裁庭适用了美国-阿根廷双边投资条约,将"仲裁庭以《国家责任条款草案》第 25 条代替美国-阿根廷双边投资条约第 11 条作为裁决依据"视为适用法律错误,重申专门委员会的权力有限,无权审查法律适用错误问题,即驳回阿根廷的撤销申请。在"Sempra Energy International 诉阿根廷"案中,阿根廷的提起理由同样是仲裁庭"明显越权""没有陈述所依据的理由",专门委员会认为《国家责任条款草案》的优先适用属于法律适用错误,但是没有适用美国-阿根廷双边投资条约的行为属于"仲裁庭明显越权",在专门委员会权力范围内,故予以撤销。在"Enron Creditors Recovery Corporation 诉阿根廷"案中,不同于前两个案件对于美国-阿根廷双边投资条约的适用问题的关注,本案侧重于分析《国家责任条款草案》的适用,最终专门委员会认定法律条文的适用没有说明理由,于是决定将裁决撤销。①

三个实践案例为"违反公共利益"的撤销理由提供启示:其一,专门委员会对自身的权力有限性十分重视,在撤销程序中常常声明权力有限,牢牢将自己约束在程序审查上。这是因为撤销理由不包含"违反公共政策",导致专门委员会只能在极其有限的范围内进行程序审查。只有通过"违反公共政策"理由扩大审查范围,才能切实发挥撤销制度的作用。其二,专门委员会对于相似事项的认定也可能不一致,这是因为专门委员会同样是一案一设,不一致的认定导致不同的撤销结果,这更凸显审查标准统一的重要性。其三,在面对仲裁庭适用法律错误等实体性事项时,专门委员会无法撤销仲裁裁决,仅能批评仲裁庭的仲裁行为,但效果较差,这也体现了撤销制度对于实体审查的需求。

---

① 参见刘京莲:《阿根廷国际投资仲裁危机的法理与实践研究——兼论对中国的启示》,厦门大学出版社,2011 年,第 159 ~ 173 页。

2. "违反公共政策"的实体审查

将"违反公共政策"撤销理由的审查范围扩展至实体性事项,同时把握审查标准统一,这是对于非 ICSID 仲裁裁决撤销司法审查的重要启示。当前《ICSID 公约》撤销制度的 5 个撤销理由因为不包括"违反公共政策",只能被局限于程序审查,无法满足实践需要,而国际投资条约仲裁裁决的公正性和合法性需要通过"违法公共政策"的实体审查予以强化。实体审查的必要性基于当事人对于国际投资条约仲裁公正性的首要追求,国际投资条约仲裁涉及金额巨大,直接影响国家主权管理行为和公共利益。[①] 在某种程度上,国际投资条约仲裁机制设立的初衷便是为了公正性,在投资者母国外交保护和东道国当地救济无法保证公正性的情况下,投资者通过母国与东道国达成一致,逐步同意仲裁的适用,进而形成国际投资条约仲裁机制的繁荣,故应切实发挥撤销制度的监督作用,保证裁决公正性,促进国际投资条约仲裁的健康持续发展。[②] ICSID 裁决撤销实践已经证明单纯的程序审查很难满足实际需要,但撤销理由的实体审查需具备可行性和正当性。"违反公共政策"的撤销理由本身存在实体审查空间,故在国际投资条约仲裁司法审查下,扩展"违反公共政策"理由的审查范围进行实体审查,同时由较高级别的司法审查机关统一审查标准,更符合国际投资条约仲裁司法审查实践的需要。

---

① 参见魏艳茹:《ICSID 仲裁撤销制度价值定位研究》,《国际经济法学刊》,2005 年第 1 期。

② See Tai – Heng Cheng, Te Role of Justice in Annulling Investor – State Arbitration Awards, *Berkeley Journal of International Law*, vol. 31, no. 1, 2013, p. 237.

第三节　国际投资条约仲裁裁决撤销的后果与救济

一、国际投资条约仲裁裁决撤销的后果

(一)撤销对仲裁裁决的影响

撤销对于国际投资条约仲裁裁决的域内效力影响的认识较为统一,但各国对于裁决撤销的域外效力影响存在不同认识。裁决撤销的域内效力影响指被撤销后的裁决在仲裁地国的效力情况。由于仲裁地法院是仲裁裁决撤销之诉的专属管辖法院,[①]法院根据国内法撤销仲裁裁决之后,至少在仲裁地国导致裁决不存在法律效力,这是法治国家制度协调统一的基本要求。具体而言,一旦仲裁地法院认定国际投资条约仲裁符合裁决撤销的5个理由之一,仲裁裁决即被司法审查机关撤销,裁决失去法律效力,失去约束力、既判力、执行力,甚至被认为"不存在"。

但是裁决撤销的域外效力影响存在两种不同的观点。传统观点认为,裁决撤销的效力影响延伸至域外,即裁决被撤销后,在仲裁地国以外的国家同样不具有法律效力。学者范登伯格是该观点的拥趸,他认为裁决被撤销后即不复存在,一个不存在的裁决无论如何不该在域外国家存在法律效力,这是不证自明的基本法律观念。[②] 该观点支持者认为《纽约公约》第5条第

---

① 法律适用地法院仅存在理论可能性,不在国际投资条约仲裁裁决撤销考虑之列。赵宁:《国际商事仲裁裁决撤销制度研究》,复旦大学博士论文,2008 年,第84 页。

② See Albert Jan van den Berg, Annulment of awards in International Arbitration, in Richard B. Lillich & Charles N. Brower ed., *International Arbitration in the 21st century: Towards "Judicialization" and Uniformi-ty*: Transnational Publishers Inc. 1994, p. 133.

1 款(戊)项"裁决经裁决地所在国的主管机关撤销可被拒绝承认与执行"便是明证。然而新观点认为仲裁地法院的撤销对域外国家不产生影响,撤销并不影响裁决的法律效力,裁决的执行力需由域外国家重新审查确定。该观点支持者认为所谓《纽约公约》第 5 条第 1 款(戊)项并不能证明被撤销裁决的效力,因为第 5 条的用语为法院"可以",并非强制。两种观点的差异背后是对裁决效力来源的不同认识,传统观点认为仲裁裁决效力根植于仲裁地国法律,一旦仲裁地国依国内法将其撤销,则裁决效力随之消失,但新观点认为仲裁裁决效力根植于自身,而非一国的法律,故裁决即便被仲裁地国法院撤销,其法律效力仍然处于事实存在的状态,不影响在其他国家的执行。裁决效力来源亦是对仲裁裁决的国籍的不同认识,在传统观点下,仲裁裁决的效力由国籍国确定,但在新观点下,仲裁裁决"非内国化",没有国家能够否定裁决的全部法律效力。值得注意的是,新观点仅是时间概念,传统观点也不意味着陈旧,主流观点依然给予传统观点更多支持。就撤销对国际投资条约仲裁裁决的影响而言,本书依主流观点支持裁决在域外不再具有法律效力。

(二)撤销对国际投资条约仲裁条款的影响

裁决撤销对于国际投资条约仲裁条款的影响,与撤销对国际商事仲裁协议的影响不同。普通国际商事仲裁裁决被撤销后,国际商事仲裁协议的效力取决于各国国内法的规定,可能出现原仲裁协议失去效力、不影响原仲裁协议效力、由法院决定原仲裁协议效力等不同情形。而国际投资条约仲裁裁决被撤销后,国际投资条约仲裁条款的效力由国际法决定,不会受到裁决撤销的影响。换言之,一个国际投资条约仲裁条款可适用于无数次仲裁实践,自然不会受到仲裁裁决撤销的影响。这是从国际投资条约仲裁条款本身的效力而言。若是分析国际投资条约仲裁条款对于原投资争端或当事人的效力,可从不同的裁决撤销理由出发,如果裁决是因违反正当程序、仲裁庭组成或仲裁程序不当、违反公共政策等原因而被撤销,自然不影响国际投资条约仲裁条款对于原投资争端或当事人的效力,即当事人可再次根据国际投资条约仲裁条款提起仲裁。如果裁决因国际投资条约仲裁条款无效而被撤销,或是因投资争端或当事人超越仲裁庭管辖范围而无效,或是因争议事项的可仲裁性问题而无效,那么国际投资条约仲裁条款对于原投资争端或当事人效力如何?在国际投资条约仲裁中,国际投资条约仲裁条款本身包含多种仲裁庭选择,这就意味着同一投资争端或同样的当事人可能由不同的仲裁庭进行司法审查,而国际投资条约仲裁条款的司法审查本身就存在较大解释空间,再加上各国的撤销制度不完全一致,于是原本被认定为裁决无效的理由可能在新仲裁庭、新解释、新国内法下不成立。故笔者认为在国际投资条约仲裁裁决被撤销的情况下,国际投资条约仲裁条款对于原投资争端和当事人依然有效。由此也可看出仲裁裁决撤销对于国际投资条约仲裁条款的影响与国际商事仲裁协议不同,存在特殊性。

二、国际投资条约仲裁裁决撤销中的救济

重新仲裁是国际投资条约仲裁裁决撤销过程中的救济方式。重新仲裁有广义和狭义之分,狭义的重新仲裁是指法院受理裁决撤销申请后,认为裁决虽存在程序瑕疵等情形但尚可挽救,中止撤销程序,由原仲裁庭对瑕疵予以纠正以避免被撤销的制度。[①] 狭义的重新仲裁发生在裁决撤销程序中。而广义的重新仲裁不但包含狭义的重新仲裁,还包括仲裁裁决撤销后,当事人依仲裁协议提交仲裁庭进行仲裁的情形,以及将重新仲裁作为单独的与

---

① 参见颜杰雄:《仲裁裁决撤销制度的比较研究》,武汉大学博士论文,2013 年,第 86 页。

撤销并列的救济措施,如《英国仲裁法》第68条。[①] 两者中一个是重新仲裁发生在裁决撤销后,本质是新的仲裁;另一个是重新仲裁乃裁决效力的单独救济手段,并非裁决撤销的救济方式。故本部分所言重新仲裁仅指狭义的重新仲裁,即发生在裁决撤销过程中的救济。

重新仲裁接受度较广,能够有效发挥支持仲裁的作用。重新仲裁最早出现在1985年《联合国国际贸易法委员会国际商事仲裁示范法》中,但起源可追溯到1950年英国仲裁法,只是当时英国法院利用重新仲裁制度理念防范仲裁,而非真正意义的支持。[②] 在《示范法》出台后,越来越多的国家将重新仲裁纳入司法审查制度中。多数国家的重新仲裁制度具备以下特征:其一,重新仲裁附属于仲裁裁决撤销程序,即在法院审理裁决撤销申请时;其二,重新仲裁需要以当事人的申请为前提;其三,重新仲裁不具有优先性,法院无义务优先考虑适用重新仲裁;其四,重新仲裁发回原仲裁庭。就重新仲裁的性质而言,重新仲裁在救济中蕴含着监督,但也体现出对仲裁的最大支持。国际投资条约仲裁存在瑕疵的情况,影响到当事人权利和裁决公正性,法院发回重新仲裁是司法审查权的行使,重新仲裁提供有效的监督手段。而重新仲裁过程中,依然是仲裁庭对争端进行裁判,对瑕疵裁决进行自我修正,最终生效裁决依然由仲裁庭作出。既维护了裁决的公正性,又尽可能地减少司法干预,维护仲裁裁决终局性,有效地给予仲裁支持。

重新仲裁通常需要满足三项条件:其一,重新仲裁必须发生在裁决撤销程序中,若是裁决撤销程序结束或未开始、不存在撤销,则不会发生重新仲裁。其二,重新仲裁需依据法定理由,虽然《德国民诉法》《瑞典仲裁法》等多

---

① 《英国仲裁法》第68条第3款:(3)如存在影响仲裁庭、仲裁程序或裁决的严重不规范行为,法院可以:(a)将裁决全部或部分发回重审,(b)全部或部分撤销裁决,或(c)宣布裁决全部或部分无效。除非法院认为将争议事项发回仲裁庭重审是不合适的,法院不得行使全部或部分撤销裁决或宣布裁决无效的权力。

② 参见王哲:《重新仲裁的性质及其制度价值》,《仲裁研究》,2014年第2期。

数国内法规定重新仲裁须经当事人申请,但是不影响法院的决定权,况且也有中国等国家并未要求当事人的申请,而重新仲裁的标准相对模糊,赋予法院较大的自由裁量权。[①] 但与此同时,该自由裁量并非不受限制,从重新仲裁的产生和各国法律制度可知,重新仲裁的事由和情形与撤销的法定事由紧密相连,换言之,重新仲裁的理由或情形通常不能突破撤销的法定理由。其三,重新仲裁要求瑕疵需具备可修正性,且修正主体需为仲裁庭。即便国际投资条约仲裁出现程序瑕疵,重新仲裁也并不必然发生,法院需根据瑕疵的具体内容和缘由,判断仲裁庭是否有修改可能,诸如国际投资条约仲裁条款无效、争议事项不具备可仲裁性、争端或当事人在仲裁庭管辖权之外、仲裁违反公共秩序等问题,必然不是仲裁庭重新仲裁可解决的,故法院不会在该类瑕疵下发回仲裁庭重新仲裁,而会径直撤销裁决。重新仲裁作为裁决撤销中的重要救济手段,本身具备较大的优势,有必要推广该制度,促进国际投资条约仲裁撤销制度的发展。

三、国际投资条约仲裁裁决撤销后的救济

另行仲裁是仲裁裁决撤销后的一种可能性救济。就普通国际商事仲裁而言,另行仲裁的情形一方面可能是仲裁裁决的撤销不影响原仲裁协议的效力,当事人根据仲裁协议重新提起仲裁申请,该种仲裁属于广义的重新仲裁,但为避免与上部分的重新仲裁混淆,且该类仲裁实则与原仲裁无必然关联,只是用原仲裁协议提起申请,本质是一个新的仲裁,故纳入另行仲裁的范畴。另一方面可能是仲裁裁决的撤销导致仲裁协议无效,当事人重新达成仲裁协议进行仲裁。但就国际投资条约仲裁而言,因国际投资条约仲裁

---

① 参见周清华、王利民:《论我国的重新仲裁制度》,《社会科学辑刊》,2008 年第 3 期。

条款效力不受仲裁裁决撤销的影响,且国际投资条约仲裁条款本身可被无数次使用,而东道国已经事先同意,故投资者完全可以依据国际投资条约仲裁条款另行仲裁。值得一提的是,另行提起的国际投资条约仲裁虽然依据同样的国际投资条约仲裁条款,但不意味着向同一个仲裁庭提起,因为国际投资条约仲裁条款往往给予投资者多个仲裁选择,常见的如《ICSID 公约》《ICSID 附加便利规则》《UNCITRAL 仲裁规则》,或者是当事人按照条款规定临时组建仲裁庭。故同一投资争端和当事人根据不同的选择能够提交给不同的仲裁庭,进而可能产生不同法院的司法审查。反过来,因为投资者和东道国的身份确定,而国际投资条约仲裁条款并非投资者与东道国达成,在不考虑挑选条约的情况下,不存在类似国际商事仲裁中另行达成新仲裁协议的可能。因此就国际投资条约仲裁而言,仅存在依据同一国际投资条约仲裁条款另行仲裁的救济手段。

另行起诉是国际投资条约仲裁裁决撤销后的另一救济手段,可能受到国际投资条约的限制。仲裁庭的管辖权可以产生排除法院管辖的效果。当仲裁裁决被撤销,对于普通国际商事仲裁而言,法院重新获得对争端的管辖权,诸如《荷兰民事诉讼法典》第 1067 条"除非当事人另有协议,一旦撤销裁决的决定成为终局,法院的管辖权即应恢复"。该规定仅能适用于普通国际商事仲裁,明显不适用于国际投资条约仲裁裁决撤销后的救济,是仲裁司法审查制度中的不适用、不协调之处。对国际投资条约仲裁而言,仲裁裁决的撤销导致当事人重回争端亟待解决、多种争端解决方式可选的状态,多种方式中自然包括交由法院管辖。但值得注意的是,国际投资条约中可能存在"岔路口条款",即当事人已经选择国际仲裁的方式,则失去寻求法院管辖的权利。国际投资条约仲裁裁决被撤销导致争端未解决,但是当事人面临多种争端解决方式时,已经作出过选择,所以法院管辖并非必然,可能受到条约限制。

第四节　国际投资条约仲裁裁决撤销
制度的问题与完善

一、撤销理由的问题与完善

(一)撤销理由的问题

可仲裁性条款以及透明度要求缺失,不利于实现司法审查制度的公正性追求。效率是国际投资条约仲裁的价值追求之一,但公正性更为重要。仲裁相对于诉讼更赢得国际投资者的青睐,与仲裁的效率息息相关,但是国际投资条约仲裁的基础和持续发展需要撤销制度监督裁决公正性。撤销制度是否应像仲裁一般讲究效率为先? 撤销理由的设置是否仅围绕效率价值? 当前,裁决撤销制度的效率追求较为明显,各项撤销理由主要是针对程序公正的审查,即便如此,撤销理由也未普遍将可仲裁性条款纳入,撤销制度尽可能缩小审查范围和降低撤销可能性,以利于仲裁裁决的效力发挥。[①]这种沿袭普通国际商事仲裁司法审查的价值追求,不完全适合国际投资条约仲裁裁决司法审查,不能充分满足当事人将投资争端提交投资仲裁的目的,事实上撤销制度至少要实现效率与公正两种价值,避免盲目追求效率优先,使得撤销制度丧失自身的主要作用和存在意义。故有必要将可仲裁性条款普遍纳入撤销理由中。此外,国际投资条约仲裁对透明度的特殊要求,亦不能效仿普通司法审查的秘密性,而应积极将透明度要求归为仲裁程序,

---

① 参见祁欢、管宇钿:《ICSID 仲裁撤销制度之完善》,《国际经济法学刊》,2016 年第 2 期。

以便仲裁地法院根据撤销理由进行监督。

(二)撤销理由的完善

1. 可仲裁性问题纳入撤销理由

可仲裁性要求在《纽约公约》和《示范法》理由中均有体现,但是各国直接在撤销理由中的纳入程度不高。虽然各国可通过仲裁法其他条款或撤销理由中的其他理由将可仲裁性问题勉强覆盖,但是将可仲裁性问题明确列为撤销理由,更利于司法审查机关的撤销审查,也避免解释差异导致的可仲裁性认定偏差。本书所指可仲裁性乃指狭义的内涵,即争议事项能不能通过仲裁解决,与美国将可仲裁性作广义理解不同。从国际商事仲裁的发展趋势看,可仲裁性的范围是越来越广的。就国际投资条约仲裁而言,可仲裁性的发展趋势并不是坏事,关键是司法审查机关要重视可仲裁性的重要性。(一般而言,不能够仲裁解决的事项常涉及国家主权或人民重大利益,这是国际商事仲裁较少涉及的。)既然如此重要,法院可以依职权调查,一方面自然要从撤销制度的撤销理由上予以明确,最好是单列出来,否则混入其他理由可能导致司法审查机关失去或被限制可仲裁性调查的权限;另一方面可仲裁性与公共政策有较强关联,是否作区分的争论一直存在,笔者赞同学者"公共政策不等同于可仲裁性问题,但可仲裁性关乎公共政策"的观点。[①] 一是因对象不同,可仲裁性是针对争端事项,公共政策是针对裁决实施效果;二是因权力让渡不同,可仲裁性是国家不同意对部分事项的权力让渡,不同意仲裁,公共政策则是国家可以接受权力让渡,但是权力让渡后,仲裁庭所作的裁决不必然被国家接受。笔者认为两者的联系可能是都涉及公共利益,但这不足以让两者合一。故可仲裁性需作为单独理由列入国际投资条

---

① 参见欧明生:《民商事纠纷可仲裁性问题研究》,浙江大学出版社,2013年,第3~4页。

约仲裁非 ICSID 裁决撤销理由中。

2. 将透明度要求归为仲裁程序

透明度与保密性要求是国际投资条约仲裁与国际商事仲裁的重大不同。对国际商事仲裁而言,仲裁保密性有利于当事人的利益,尤其是败诉一方,不至于受到裁决之外的利益损失。但国际投资条约仲裁却对透明度的要求较高,一方面是因为国际投资仲裁的特殊性,东道国的管理行为通常不是针对单一的投资者,而是不特定的投资者均可能受影响,甚至包括潜在投资者,其他投资者有掌握针对东道国该行为仲裁案件结果的需求,也有助于类似争端的解决。另一方面国际投资仲裁的结果并非单纯地涉及经济利益,也常常对东道国国民的公共利益产生重大影响,东道国除了参与仲裁的政府官员和代理人,其他民众有必要通过合法途径获悉仲裁的进展和结果,但当前投资仲裁实践尚不能保证。目前,仲裁规则方面对于国际投资仲裁透明度的重视已有不小进展,联合国国际贸易法委员会 2013 年仲裁规则已经将透明度规则纳入,专门适用投资者-东道国仲裁。但是国际投资条约仲裁司法审查制度由于沿用普通国际商事仲裁司法审查制度,未将透明度要求纳入。笔者认为在不作大修改、大变动的前提下,可将透明度要求归为仲裁程序,在国际投资条约中或国内法律制度中纳入透明度条款,但关键是实践中司法审查机关的重视和运用,在透明度被违背时,借助撤销理由给予否定性评价。

二、撤销标准的问题与完善

(一)撤销标准的问题

意思表示前置条件的效力不明晰,实体性事项通常未纳入裁决司法审查,不利于撤销制度对裁决公正性的监督与维护。意思表示的前置条件满足与否关涉当事人的"同意"是否实现,其效果和判定标准应明确,而非由仲裁庭进行效力认定。裁决的公正性是国际投资条约仲裁对于公正价值的必然追求,是投资者与东道国对于仲裁的基本要求,对于具备一裁终局和涉及金额巨大的投资仲裁而言,裁决公正性尤为重要。裁决的公正合理性仅依靠仲裁庭的自我监督是不够的,还要依靠裁决后的司法审查予以保证,撤销制度保证裁决的公正性意义重大。但当前的撤销标准很难完全肩负起保证裁决公正性的重任,违反公共政策的撤销理由尚未充分发挥监督潜力。

当前针对国际投资条约仲裁的撤销并非上诉机制,已经是各方共识,不能损害仲裁裁决的约束力和终局性,撤销理由和作用需严格限制,形成了以程序审查为主的现实。除了英国和瑞典等少部分国家仲裁法授权,通常司法审查机关既不能修改裁决,也不能重新裁判,只能裁定撤销或支持原裁决,对于裁决的正确性保证限于仲裁程序的合法性,而非法律适用和事实认定的正确性。但该种现实主要是基于普通国际商事仲裁实践而形成,对于国际投资条约仲裁是否合理,尚存疑问。况且程序问题与实体问题的界限并非十分清晰,程序正当不能当然保证实体正义,而投资者与东道国却是追求包含实体正义的裁决公正合理性。通过撤销制度仅维持最低限度的正义不利于解决国际投资条约仲裁的正当性危机,不能充分发挥司法监督的作用。当然,司法审查标准的扩展也并非不受限制,并非每条理由都能够成为实体审查的依据,较为特殊的违反公共政策的理由本身并不明确排斥实体审查,从该条着手并确保标准统一,可以实现相对合理的实体审查。因此撤销制度要保证裁决的公正性,需要优化司法审查标准以便能对实体性事项的合理审查。

（二）撤销标准的完善

1. 前置条件对意思表示的影响

不满足同意仲裁的前置条件将导致国际投资条约仲裁裁决被撤销，考虑到撤销实践案例引发的争议，有必要明确司法审查标准和认定。国际投资条约仲裁实践案例多因国际投资条约仲裁条款效力导致裁决撤销，此处的国际投资条约仲裁条款效力探讨是仲裁裁决作出后的撤销理由审视，其结果是撤销或维持裁决，而前章国际投资条约仲裁条款的司法审查中探讨的是裁决作出前的审视，结果是裁定国际投资条约仲裁条款有效或无效。在"BG Group 诉阿根廷"案中，美国联邦最高法院最终拒绝将仲裁前程序性要求——寻求阿根廷当地诉讼救济满 18 个月视为仲裁同意的前提，而是视为仲裁的程序性条件，意味着只是仲裁何时发生的问题而非能否发生的问题，根据国际商事仲裁判例由仲裁庭决定是否认可。美国联邦最高法院首席大法官 John G. Roberts 在该案中鲜明指出，仲裁前程序性要求是对"同意"附加的条件，该条款是单边的、附条件的仲裁要约，只有投资者遵守该要求，才能使国际投资条约仲裁条款成立。[1] 笔者赞同该观点，因为对于仲裁前置条件的认定与东道国提交仲裁意思表示息息相关，从东道国的角度看，在仲裁条款中设立前置条件是对于同意国际仲裁的一定限制，虽然是为了投资吸引力但依然要求投资者先满足前置条件，否则东道国不接受仲裁方式，该种理解符合公正合理的要求。为了避免司法审查机关对该前置条件的理解和解释不统一，可从国际条约法律制度中进行统一，明确不满足前置条件则不存在同意仲裁的意思表示，进而导致国际投资条约仲裁条款无效，裁决将

---

[1]　See Roberts, C. J., dissenting, BG Group PLC v Republic of Argentina, 572 US(2014), p. 1.

被撤销。[①]

2."违反公共政策"审查范围的扩展

在国际投资条约仲裁裁决撤销中,有必要将"违反公共政策"理由适用于实体性事项,并在审查标准方面给予一定程度的扩张,避免对公共政策限缩解释。学界对于公共政策的审查是否适用于实体性事项存在些许争议,即便在允许实体审查的情况下,"违反公共政策"因内涵的模糊性和不确定性常被限缩解释、限制适用。[②] 学者陈安指出"公共政策是授权东道国主管机关除了可进行程序内容的审查和监督,也可进行实体内容上的审查"[③]。有学者认为"民事诉讼法的公共利益条款显然是指向裁决的实体内容的"[④]。当然也有学者不支持公共政策对于实体性事项审查,认为公共政策审查应着眼于仲裁裁决的适用效果,而非仲裁庭如何认定事实及如何适用法律,故审查标准只能在程序性事项范围内。[⑤] 笔者认为该学者分析可能仅适用于普通国际商事仲裁,不适用于国际投资条约仲裁裁决违反公共政策的特殊性。笔者尝试在其基础上继续从国际投资条约仲裁视角分析:所谓仲裁裁决的适用效果,自然不局限于仲裁庭裁判东道国承担金钱赔偿等直接后果,更是关乎东道国主权行为的合法性以及公共政策保护的必要性,这些内容与事实认定和法律适用息息相关,倘若因事实或法律适用错误导致裁决产生违反公共政策的效果,法院应有权依撤销理由裁定撤销,以保障基本的国际原则、公共秩序规则等。学者观点的不统一至少说明在国际商事仲裁司

---

① 参见肖芳:《国际投资仲裁裁决司法审查的"商事化"及反思——以美国联邦最高法院"BG公司诉阿根廷"案裁决为例》,《法学杂志》,2018 年第 3 期。

② 参见徐春龙、李立菲:《〈纽约公约〉中"公共政策"的理解与适用——以最高人民法院批复的 8 起案件为样本》,《中国海商法研究》,2014 年第 4 期。

③ 陈安:《中国涉外仲裁监督机制评析》,《中国社会科学》,1995 年第 4 期。

④ 代越:《论法院对国际商事仲裁的司法审查——公共政策的贯彻》,《法制与社会发展》,1997年第 2 期。

⑤ 参见周江:《论仲裁裁决撤销中的几个问题》,《北京仲裁》,2009 年第 3 期。

法审查领域,该撤销理由存在不同理解和解释空间,存在适用于实体性事项审查的可能性。

在国际投资条约仲裁司法审查下,笔者赞同法院依据"违反公共政策"的理由对实体性事项进行审查,并将审查范围适度扩张。原因如下:其一,因为从公共政策在普通国际商事仲裁的适用上,"只有在承认和执行外国商事仲裁裁决将导致违反我国法律基本原则、侵犯我国国家主权、危害国家及社会公共安全、违反善良风俗等危及我国根本社会公共利益情形的,才能援引公共政策的理由"[1]。公共政策内涵模糊,国内仲裁法也未列举具体可适用事项,司法审查机关从支持仲裁的原则出发,通常进行限缩解释,限制该理由适用。这虽然符合普通国际商事仲裁司法审查的需求,却不符合国际投资条约仲裁司法审查的需要,所涉事项的影响重大,需要法院在宽泛解释下进行实体性事项。其二,为了投资者与东道国利益保护平衡理念的贯彻,由于仲裁裁决司法审查制度已经十分注重限制法院的职权,大多数理由只给予法院程序性事项审查的空间,面对公共政策条款的适用空间,倘若一味进行限缩解释,是否符合东道国利益保护? 或者说是否有利于实现利益保护平衡? 很明显仅依据模糊而狭窄范围的实体审查显然不足以实现平衡。其三,"违反公共政策"审查范围的扩展也不该是任意的。司法审查作为权力的一种,同样要受到约束。因国际投资条约仲裁的特殊性,笔者主张撤销理由实体审查的扩展,但同时要把握两条限制。一是借鉴 ICSID 仲裁裁决撤销理由,对于违反公共政策的程度和标准予以重视,诸如"严重""明显"等标准要求。因公共政策的内涵丰富但模糊,故有必要在国内法中明确"违反公共政策"的适用事项,避免在具体内涵不确定下的过度限制。二是司法审查标准的统一,司法审查标准单纯依靠各个司法审查机关自我约束尚不牢靠,

---

[1]　何其生:《国际商事仲裁司法审查中的公共政策》,《中国社会科学》,2014 年第 7 期。

需要更高级别的法院进行统一或者直接由最高级别法院进行审查,通过制度约束确保"违反公共政策"适用于实体性事项,但又不违反公正合理的要求。根据已有的国际商事仲裁违反公共政策被撤销的实践情况,需对司法审查机关尺度把握上有信心,不会放任"违反公共政策"。充分合理地利用该撤销理由,通过相对宽泛的实体审查实现投资者与东道国的利益平衡。

三、救济制度的问题与完善

(一)救济制度的问题

重新仲裁制度的重视度和优先性不足,单纯依靠撤销制度容易造成当事人诉累。重新仲裁作为裁决撤销程序中有效的救济手段,目前并未被普遍纳入国内立法,即便在存在重新仲裁制度的国家里,也未充分发挥其优先性,导致国际投资条约仲裁裁决撤销制度可能被恶意利用带来不必要的诉累。

其一,撤销的申请通常并无太多限制,提起撤销申请的简便易行原本是司法审查制度的优点,但同时也为诉累提供了可能性。关于提起撤销的条件,主要就是时间限制和书面形式要求,撤销理由并不构成提起限制,故当事人在裁决作出后可轻易提起撤销申请。

其二,撤销程序的启动符合部分仲裁参与者的需求,仲裁裁决作出后,败诉一方通常会选择进入撤销程序尝试使裁决失效,尤其是东道国面临国内监管压力却又败诉时,代理人为了当事人的诉求和自己的经济利益,有动力提起撤销程序。如此一来,撤销程序似乎成为裁决后的必备步骤,自然会增加当事人诉累。

其三,撤销程序的后果可能陷入循环,仲裁地法院如果认定裁决应被维持,则仅形成一轮诉累,倘若认定裁决应被撤销,则就该争端可能展开新一轮仲裁,而后又可能是一轮撤销程序,甚至可能出现循环反复导致多轮诉累。

其四,撤销程序增加当事人的成本和代价,撤销程序一旦启动,律师的代理费需要当事人承担,倘若陷入循环,仲裁费和其他撤销费用更是会轮轮增加,投资仲裁的各种费用不菲,增添当事人负担。[①]

其五,撤销程序可能大大拖延投资争端解决期限,国际投资条约仲裁的审理时间平均比普通国际商事仲裁长,撤销程序又可能持续数年。一般而言,等到撤销裁定作出距离仲裁案件登记时长至少 3 年,以"Yukos 诉俄罗斯"案为例,自 2005 年提起仲裁申请,至 2014 年作出仲裁裁决,2016 年又被仲裁地法院撤销,后又进行上诉,已经持续十数年。过长的仲裁或撤销时间耗费对于当事人的利益损失不可计量。总之,撤销制度面对公正与效率的要求,需要善用重新仲裁制度有效应对现有挑战。

(二)救济制度的完善

强化重新仲裁的普及和优先适用性。重新仲裁作为仲裁裁决撤销中的救济手段,具备一系列优点,法院可倾向优先适用,有必要通过司法审查制度普及。在法院进行撤销过程中,认为可由仲裁庭重新仲裁的,交由仲裁庭重新仲裁,在此过程中中止撤销程序。首先,重新仲裁可维护国际投资条约仲裁权威,促进投资仲裁健康发展。一方面法院发现国际投资条约仲裁存在问题,通知仲裁庭重新仲裁是为了维护仲裁公正性,所以重新仲裁并不与公正性相冲突。另一方面法院未作出否定性评价,而是由仲裁庭自我修正,客观上维护了仲裁庭权威,符合支持仲裁的理念。其次,重新仲裁可节约争

[①]　参见韩秀丽:《论 ICSID 仲裁裁决撤销程序的局限性》,《国际法研究》,2014 年第 2 期。

端解决资源,保证争端解决效率。一方面法院若是可选择重新仲裁却径直撤销仲裁裁决,其结果导致当事人间的投资争端并未解决,需要重新提起仲裁或选择其他争端解决方式,而新仲裁裁决可能又要面对新一轮的撤销,对于仲裁机制和司法机制均很有可能造成资源浪费,但法院选择重新仲裁则能够顺利避免该问题。另一方面重新仲裁通常存在期限限制,仲裁庭会及时进行,相比裁决撤销及后续争端解决节省大量时间,充分维护了争端解决效率,从经济学角度,节约时间即利于双方当事人利益。故国际投资条约仲裁裁决撤销制度有必要普遍纳入重新仲裁制度,尤其是国际投资条约仲裁关涉国家利益和国家的投资吸引力,不可误认为国家常常作为被申请人便倾向于撤销仲裁裁决,使之无效。即便是纳入重新仲裁制度,也需要提升重新仲裁的优先性和适用范围,避免制度有名无实。

本章小结

国际投资条约仲裁裁决撤销的司法审查制度研究裁决的撤销制度,仲裁裁决撤销制度具备维护国家主权、维护当事人合法权益、提升仲裁庭水平三方面的价值。国际投资条约仲裁裁决撤销的司法审查仅涵盖非 ICSID 仲裁裁决的撤销,因为 ICSID 仲裁裁决通过《ICSID 公约》排除了裁决撤销的司法审查,虽然公约内部存在撤销制度,但不属于司法审查,然而 ICSID 仲裁裁决撤销实践和经验,可以为仲裁裁决司法审查制度提供启示和借鉴。值得注意的是,《ICSID 附加便利规则》仲裁不适用于《ICSID 公约》,其裁决的撤销与其他非 ICSID 仲裁裁决的撤销相同,通过国内法律制度进行。根据国籍判断标准,通常认为仲裁地法院是仲裁裁决司法审查的主体。

通过《示范法》和各国国内法的分析,国际投资条约仲裁裁决撤销理由主要有:1.国际投资条约仲裁条款无效;2.违反正当程序;3.仲裁庭组成或仲裁程序不当;4.仲裁庭越权;5.违反公共政策。部分理由的适用与普通国际商事仲裁中的适用无异,但由于国际投资条约仲裁的特殊性,部分理由的适用存在自身特点,尤其是国际投资条约仲裁条款与国际商事仲裁协议的区别,以及公共政策条款的模糊性和适用空间,值得重视。而《ICSID 公约》第52条规定了5条撤销理由,撤销理由与非 ICSID 仲裁裁决撤销理由存在相似性,且均为程序审查,撤销的程度要求和谨慎态度值得借鉴。阿根廷国际投资条约仲裁危机中的 ICSID 仲裁裁决撤销理由的实践,引发对于撤销理由适用范围的重新思考。为应对撤销理由适用实践中存在的问题,有必要允许撤销理由对实体性事项的适用,同时把握审查标准统一和必要限制,这是对于非 ICSID 仲裁裁决司法审查的重要启示。就裁决撤销的后果与救济而言,仲裁裁决被司法审查机关撤销,则裁决失去法律效力,失去约束力、既判力、执行力,甚至被认为"不存在"。但国际投资条约仲裁条款的效力由国际法决定,不会受到裁决撤销的影响。救济方式主要包括国际投资条约仲裁裁决撤销过程中的救济——重新仲裁,国际投资条约仲裁裁决撤销后的救济——另行仲裁和法院管辖。

国际投资条约仲裁裁决撤销制度存在些许问题。在司法审查理由内容方面,存在可仲裁性条款以及透明度要求缺失的问题;在司法审查标准方面,存在实体性事项通常未纳入裁决司法审查的问题;在司法审查救济制度方面,存在重新仲裁制度的重视度和优先性不足,单纯依靠撤销制度造成当事人诉累的问题。面对这些问题,将可仲裁性问题纳入撤销理由,将透明度要求归为仲裁程序,科学地调整用语和表述,解决撤销制度中不适用、不协调之处。同时明确不满足仲裁前置条件则符合国际投资条约仲裁条款无效的撤销理由;"违反公共政策"理由扩展适用于实体性事项,并加以程序约束和标准统一要求;强化重新仲裁的普及和优先适用性。

第四章　国际投资条约仲裁裁决承认与执行的司法审查制度

　　当事人选择国际投资条约仲裁的方式解决争端,最终要落脚到裁决的执行。虽然实践中当事人自觉履行裁决的情形居多,但是国际投资条约仲裁裁决依靠法院的承认与执行仍是不可或缺的,甚至可认为正是存在执行地法院的强制力后盾,部分当事人才会因此忌惮而自觉履行。法院承认与执行国际投资条约仲裁裁决的过程中,除《ICSID 公约》对缔约国的限制,其他国家通常会根据国内法或国际条约进行司法审查。司法审查既是法院执行仲裁庭裁决的必然要求,也是仲裁权力受到制约的法治精神。孟德斯鸠在《论法的精神》中指出一切有权力的人都容易滥用权力。[①] 而仲裁庭权力的滥用将对仲裁和当事人利益造成重大负面影响,国际投资条约仲裁因涉及国家管理权和公共利益,危害尤甚。故国际投资条约仲裁裁决承认与执行的司法审查制度无论在理论或实践中均具有重要意义。

　　《ICSID 附加便利规则》仲裁裁决的承认与执行司法审查制度,与其他非

---

　　① 参见[法]孟德斯鸠:《论法的精神》,张雁深译,商务印书馆,1961 年,第 154 页。

ICSID 仲裁裁决承认与执行司法审查制度相同。ICSID 仲裁裁决仅包含《IC-SID 公约》仲裁裁决,而《ICSID 附加便利规则》仲裁并非 ICSID 管辖之下,故《ICSID 附加便利规则》仲裁裁决的承认与执行无须受《ICSID 公约》对司法审查的限制。2006 年版的《ICSID 附加便利规则》第 3 条标题为"不适用《ICSID 公约》",其"仲裁程序在 ICSID 管辖权之外,《ICSID 公约》的条款完全不适用于仲裁及其裁决等"的表述,直接表明《ICSID 公约》第 53、54 条对裁决承认与执行的强力保障,并不适用《ICSID 附加便利规则》仲裁裁决,与之相伴,也无法排除执行地法院对于《ICSID 附加便利规则》仲裁裁决承认与执行的司法审查。[①] 总之,《ICSID 附加便利规则》仲裁裁决属于非 ICSID 仲裁裁决,被申请承认与执行时需接受执行地法院的司法审查。

本章所言国际投资条约仲裁裁决承认与执行的司法审查,包括非 ICSID 仲裁裁决承认与执行的司法审查,以及 ICSID 仲裁裁决在非《ICSID 公约》缔约国的承认与执行的司法审查。

第一节　国际投资条约仲裁裁决承认与执行的司法审查概述

一、承认与执行的区别

国际投资条约仲裁裁决的承认与国际投资条约仲裁裁决的执行存在区别。国际投资条约仲裁裁决的承认是指法院对于仲裁裁决法律约束力的认

---

①　参见陈辉萍:《ICSID 仲裁裁决承认与执行机制的实践检视及其对中国的启示》,《国际经济法学刊》,2011 年第 2 期。

可,并赋予其强制执行力的司法行为。国际投资条约仲裁裁决的执行则指法院或主管机关通过国家强制力使仲裁裁决得以履行的司法行为。裁决的承认与裁决的执行虽然常常同时出现,但事实上存在区别:

其一,裁决的承认不需要以裁决的执行为前提,但裁决的执行必须以裁决的承认为前提。国际投资条约仲裁裁决并非都含有给付义务,对于只包含确认义务的裁决,当事人只能申请裁决的承认,因为执行力无从谈起。抑或是裁决虽含有给付义务,但当事人并不需要在此时或此地执行,仅需要法院承认裁决的法律效力,完全可以仅提起裁决的承认申请。反过来却非如此,裁决含有给付义务且当事人并未自觉履行,则当事人可以向法院申请裁决的执行,该执行的过程必然包含裁决的承认。承认裁决但无法执行的实践着实会发生。① 虽然实践中裁决义务基本是以金钱义务为体现,但仲裁裁决可能出现恢复原状、宣布一方未履行条约义务等作为、不作为的非金钱义务。在这种情况下,承认与执行无法同时适用,无论是金钱义务或是非金钱义务均可获得承认,但执行只能及于给付义务。②

其二,裁决的承认侧重于"防御",主要关乎裁决效力的认可和赋予;裁决的执行侧重于"进攻",主要关乎裁决效力的实际履行。承认强调确认裁决的拘束力,执行侧重裁决执行力的落实。

其三,裁决的承认因本国仲裁裁决或外国仲裁裁决而不同,裁决的执行则不分内外均需申请。本国仲裁裁决一经作出因裁决的既判力,不需要向本国法院申请进行裁决的承认,但外国仲裁裁决则需要申请法院的承认。与之不同,裁决的执行不论本国或外国仲裁裁决,均需到法院申请。由此可

---

① "S. A. R. L. 诉刚果"案,发生过初审法院承认裁决但未获授权无法执行。参见陈安:《国际投资争端案例精选》,复旦大学出版社,2005 年,第 16~64 页。
② 参见陈辉萍:《ICSID 仲裁裁决承认与执行机制的实践检视及其对中国的启示》,《国际经济法学刊》,2011 年第 2 期。

知,裁决的承认具备自身的独立性,承认与执行间也存在多方面差异。

但不可否认,国际投资条约仲裁裁决的承认与国际投资条约仲裁裁决的执行也存在紧密联系。一方面上文提及裁决的执行离不开裁决的承认,该前提性为两者的紧密联系打下基础。另一方面裁决的承认与裁决的执行均是针对裁决法律效力的支持,只是侧重点不尽相同。本书在研究国际投资条约仲裁裁决承认与执行司法审查时,因同时涉及本国仲裁裁决和外国仲裁裁决,为方便标题设立和共用,不再分别强调执行本国仲裁裁决司法审查和承认与执行外国仲裁裁决司法审查,而是统称为承认与执行的司法审查。

二、承认与执行司法审查的特点

仲裁裁决承认与执行的司法审查在不断发展之中呈现出自身特点。

首先,不同国家对裁决承认与执行存在不同的方式。仲裁裁决的执行分为诉讼执行、判决执行、作为本国裁决执行和外国裁决的执行。诉讼执行是指当事人合意提起仲裁,已经默示地承诺履行有效的仲裁裁决,若裁决作出后,败诉方未履行,则胜诉方可以对方违反承诺为由向法院提起诉讼,实现裁决执行。[1] 判决执行是指裁决经法院批准可强制执行,与法院判决或命令有同等效力,成为执行依据,例如《英国仲裁法》第 66 条,印度《仲裁与调解法》第 46 条"法院认为某一外国仲裁裁决可执行的,则该仲裁裁决即为法院的判决"的规定。作为本国裁决执行是指将外国仲裁裁决视为本国仲裁裁决,遵循本国仲裁裁决的程序,如《法国民事诉讼法典》中的只要不违背国际公共秩序,通常本国裁决执行规则可扩展适用于外国仲裁裁决。外国裁

---

[1] Mustill and Boyd, *The Law and Practice of Commercial Arbitration in England*, 1982, p. 368.

决的执行是指单独将外国仲裁裁决的执行列出,适用与本国仲裁裁决不同的执行规则,如《美国联邦仲裁法》第九篇,《瑞典仲裁法》第 52 条至 60 条。

其次,各国的裁决承认与执行的司法审查制度相对统一,不可否认各国的裁决承认与执行司法审查制度必然存在差异,但是在《纽约公约》和《示范法》的影响下,部分国家司法审查制度从无到有,相对而言,承认与执行司法审查制度日趋一致。裁决承认与执行的国际化趋势明显,尤其是国际投资条约仲裁的发展及其本国仲裁必然涉外的特征,更强化了裁决承认与执行对国际条约的需求,也为国际条约中的司法审查制度完善创造了机遇和条件。

最后,裁决承认与执行的司法审查愈加体现出支持仲裁的功能。无论是司法审查制度从严格监督到适度监督的进步,从单纯监督到监督与支持并举的发展,抑或是承认与执行司法审查实践对于裁决执行力的落实和保障,都有切实发挥出支持仲裁的作用。这些特点对于国际投资条约仲裁裁决承认与执行的司法审查制度研究也颇具意义,但同时需把握国际投资条约仲裁的特殊性,构思司法审查制度完善的方向和内容。

三、ICSID 仲裁裁决在非缔约国承认与执行的司法审查

非《ICSID 公约》缔约国可对 ICSID 仲裁裁决进行承认与执行的司法审查。谈及 ICSID 仲裁裁决的承认与执行,常常被认为各国法院均不能进行司法审查,只能按照公约第 54 条规定,[①]将金钱义务视为本国终审判决予以承

---

① See Sophie Davin, Enforcement of ICSID Awards in the United States: Should the ICSID Convention Be Read as Allowing A "Second Bite at the Apple", *International Law and Politics*, vol. 48, no. 1, 2016, pp. 1288 – 1289.《ICSID 公约》第 54 条第 1 款:"每一缔约国应承认依照本公约作出的裁决具有约束力,并在其领土内履行该裁决所加的财政义务,如同该裁决是该国法院的最后判决一样。"

认与执行。[①] 这种片面认识一方面是因为 ICSID 仲裁裁决依托《ICSID 公约》作出，而《ICSID 公约》对于司法审查的排除和违反后果存在严格规定，[②]极具特色且影响力较大，故面对 ICSID 仲裁裁决，人们首先想到《ICSID 公约》对司法审查的排除，很容易将其等同于 ICSID 仲裁裁决不能被司法审查。另一方面因为《ICSID 公约》的缔约国数量众多，154 个缔约国受《ICSID 公约》所限确实不能对 ICSID 仲裁裁决进行司法审查，该范围覆盖了世界大多数国家和几乎全部的投资大国，故实践案例也均是关于缔约国即便遭遇 ICSID 仲裁危机，也无法进行司法审查的现实。

以阿根廷为例，1998 年开始的经济衰退至 2001 年恶化为经济乏力、社会混乱、政治动荡的全面危机，阿根廷国会于 2002 年出台的第 25·561 号法令《公共紧急状态法》虽出于挽救政治、经济、社会之目的，但损害了外国投资者的利益。故投资者纷纷对阿根廷提起 ICSID 仲裁或其他临时仲裁，造成了 ICSID 历史上令人瞠目的国际投资条约仲裁危机。除了当事人达成协议或请求中止的案件，其余绝大部分仲裁案件以阿根廷败诉为结果。且不论每次仲裁不菲的仲裁费用和代理费、仲裁机构管理费等花费，仅赔偿金额便是一项沉重负担，赔偿总额接近 20 亿美元，最高一次赔偿金额可达 3.8 亿美元。对于深陷经济危机的阿根廷来说，沉重的裁决承认与执行负担以及因此产生的国家管理限制影响无疑是雪上加霜。但即便如此，ICSID 仲裁裁决因《ICSID 公约》而不能被司法审查，倘若阿根廷国内法院对 ICSID 仲裁裁决发起司法审查，进而拒绝承认与执行，则可能引发投资者母国恢复外交保护、国际法院诉讼、经济制裁、国家声望受损等不利后果，最为关键的是仍旧

---

① See Charles E. Aduaka, The Enforcement Mechanism under the International Centre for Settlement of Investment Dispute (ICSID) Arbitration Award: Issues and Challenges, *Journal of Law*, Policy and Globalization, vol. 20, no. 1, 2013, pp. 136 – 137.

② See Christoph H. Schreuer, *The ICSID Convention: A Commentary*, Cambridge: Cambridge Press, 2001, p. 1260.

无法阻止裁决的落实。

然而 ICSID 仲裁裁决不能接受司法审查的唯一原因便是《ICSID 公约》的适用和限制。对于非缔约国而言,其无须承担《ICSID 公约》的义务,即无须受到公约对司法审查的限制,对其而言,ICSID 仲裁裁决与非 ICSID 仲裁裁决的承认与执行无异,完全可以按照国内法或国际条约进行承认与执行的司法审查。在不存在《ICSID 公约》束缚的情况下,非缔约国对于 ICSID 仲裁裁决的承认与执行司法审查所适用的制度,与非 ICSID 仲裁裁决承认与执行的司法审查制度无异。基于非《ICSID 公约》缔约国能够对 ICSID 仲裁裁决进行承认与执行的司法审查,本章的国际投资条约仲裁裁决承认与执行的司法审查除了包括非 ICSID 仲裁裁决司法审查外,还包括非缔约国对于 ICSID 仲裁裁决的承认与执行司法审查。

第二节　国际投资条约仲裁裁决承认与执行司法审查的主体与程序

一、司法审查的主体

(一)执行地法院

国际投资条约仲裁裁决承认与执行司法审查的主体是执行地法院,《纽约公约》和各国国内法律制度予以支持。《纽约公约》第 5 条明确规定"承认及执行地的主管机关";《美国联邦仲裁法》第 9 条和第 13 条"仲裁裁决地所属区内的任何美国法院""如同法院的诉讼判决一样执行"的表述,笼统指向法院,而第 203 条强调"美国地区法院应有原始管辖权",且第 205 条要求正在州法院进行的公约管辖范围内的仲裁协议或裁决,可转移到美国地区法院。《英国仲裁法》第 66 条、101 条指出审查主体为"法院",第 105 条则进一步指明为"高等法院或郡法院"。《法国民事诉讼法典》第 1477 条指向"裁决作出地有管辖权的大审法庭",第 1502 条仅体现出"法院"管辖。《荷兰民事诉讼法典》第 1063 条、第 1075 条均指向"地方法院",由院长作出决定。《瑞典仲裁法》第 56 条要求"向斯维亚上诉法院申请"。从各国制度比较可知,无论是涉外仲裁裁决或是外国仲裁裁决均由执行地法院进行司法审查,只是具体审查法院的层级不尽相同。相对而言,美国对于外国仲裁裁决的承认与执行司法审查要求级别更高的法院进行,瑞典也要求将外国仲裁裁决的司法审查交由斯维亚上诉法院,其他国家则对司法审查法院级别未作出较高要求。

(二)东道国法院的司法审查主体资格

东道国法院能否进行国际投资条约仲裁裁决承认与执行的司法审查,是国际投资条约仲裁司法审查面临的特殊问题。国际投资条约仲裁裁决承认与执行的司法审查主体不仅受到国内法律制度规制,还受到国际条约约束,东道国法院的司法审查主体资格便是如此。有学者明确主张:东道国法院不具备国际投资条约仲裁裁决承认与执行司法审查的主体资格,即东道国作为国际投资条约仲裁的当事人之一,在裁决作出后,经外国投资者申请,东道国法院不享有司法审查权,而应直接承认与执行仲裁裁决。该学者同时主张三点理由:其一,国际投资条约或适用的仲裁规则明确规定不得审查。其列举 UNCITRAL 仲裁规则中"仲裁裁决具有终局性,对各方当事人均具有拘束力。各方当事人应毫不延迟地履行所有仲裁裁决"的表述,并列举了《中国-荷兰双边投资协定》中"仲裁裁决是终局的,对争议当事双方有拘束力"等规定,用以支持论点。其二,《纽约公约》未予支持。其指出《纽约公约》虽然广泛适用于外国仲裁裁决承认与执行及其司法审查,但《纽约公约》缔结年代较早,无法充分预判国际投资条约仲裁裁决承认与执行的复杂情形,故对于东道国作为缔约国之一,能否进行承认与执行司法审查未予明确规定,不能默认东道国法院具备承认与执行司法审查的主体资格。其三,习惯国际法的要求。其指出《维也纳条约法公约》第 27 条明确要求"一当事国不得援引其国内法规定为理由而不履行条约",既然国际投资条约中明文规定当事人不得审查,东道国作为当事人则被禁止违反条约义务而进行司法审查,国内法律制度规定不能成为突破条约的正当理由。①

笔者认为东道国法院的司法审查主体资格需要根据国际投资条约的具体条文而定,并不能轻易否定。首先,关于学者提出 BIT 等国际投资条约的规定剥夺了东道国法院司法审查主体资格,笔者不赞成轻下结论,而要先厘清国际投资条约的哪些规定能影响东道国法院的裁决承认与执行司法审查资格。条约中"仲裁裁决为终局裁决""仲裁裁决对当事人有拘束力"的表述只是强调裁决的效力,并不当然得出禁止东道国进行司法审查的结论。《纽约公约》可对此作出证明,《纽约公约》第 3 条同样强调"各缔约国应承认裁决具有拘束力",但丝毫不影响各国法院依据第 5 条进行承认与执行的司法审查。即便类比禁止司法审查的《ICSID 公约》,《ICSID 公约》第 53 条中真正起到禁止司法审查作用的是"不得进行任何上诉或采取任何其他除本公约规定外的补救办法"的内容,而非"裁决对双方有约束力"的表述。故学者所列《中国-荷兰 BIT》的例子不存在证明力。至于学者对于《纽约公约》的分析,只能证明《纽约公约》并未排除东道国的司法审查,若是涉及国际投资条约仲裁能否适用的问题,《纽约公约》对国际投资条约仲裁的适用已在前

---

① 参见王海浪:《论国际投资仲裁裁决的承认与执行——以执行法院的审查权为中心》,《国际经济法学刊》,2018 年第 4 期。

面章节论证过。

其次,国际投资条约中"各方当事人应毫不延迟地履行裁决"的表述,存在讨论空间,不能当然视为禁止东道国法院进行裁决承认与执行的司法审查。那些仅规定"各方当事人应毫不延迟地履行裁决"的条约,通常距今有一段时间,可能是在自由主义影响下对司法审查问题的忽视,仅为强调裁决的效力;相对而言,新近的条约在"毫不延迟地履行裁决"前常设限定,尊重执行地国的法律和裁决的司法审查。例如《中国-坦桑尼亚双边投资协定》第13条"缔约各方应依据其有关的法律法规确保裁决的承认及执行"的类似表达,"确保裁决的承认及执行"的前缀"依据其有关的法律法规"为东道国司法审查提供了空间。类似《纽约公约》第3条"依援引裁决地之程序规则及下列各条所载条件执行之",从"执行之"的前缀"依程序规则或下列各条",使得承认与执行的司法审查畅行无阻。这种情形与中国许多国际投资条约的规定相似,如《中国-澳大利亚自由贸易协定》第22条第六款规定"在符合本条第七款的情况下,争端一方应遵守并履行裁决,不得延误",鉴于第七款是裁决的修改或撤销等情况,故该自贸协定既支持了裁决撤销司法审查,又将其作为裁决不得延误执行的限定条件;《中国-韩国自由贸易协定》第12.12条第十款规定"仲裁庭作出的裁决应当是终局的,而且对于投资争端的当事双方具有约束力。该裁决的执行应依据寻求裁决被执行国家领土内关于裁决执行的有效的、适用的法律法规进行",为东道国作为裁决执行地时进行司法审查提供了依据。

再次,学者以UNCITRAL仲裁规则的规定为依据并不十分恰当,一方面考虑到UNCITRAL仲裁规则的功能和作用,"各方当事人应毫不延迟地履行所有仲裁裁决"的表述,是否是对东道国法院的裁决承认与执行司法审查资格的排除并无定论。另一方面并非所有的国际投资条约都将UNCITRAL仲裁规则纳入投资者-东道国争端解决条款,对于未纳入的情形,即便仲裁规则的表述理解为明文禁止东道国法院进行承认与执行的司法审查,但由于仲裁规则并非国际法范畴,对司法审查无能为力。故学者列举 UNCITRAL 仲裁规则的例子不甚恰当。

最后,习惯国际法的运用仅是对国际投资条约及条款效力的支持,但在国际投资条约的条款含义存在讨论空间时,不存在援引国内法不履行国际法的问题,无法借此否定仲裁司法审查国内制度。此外,多数国家作为东道国进行裁决承认与执行的司法审查时,直接依据《纽约公约》进行,并非依据国内法,《纽约公约》与国际投资条约均为国际法,也无习惯国际法的用武之地。因此除非仅规定"各方当事人应毫不延迟地履行裁决"的表述被明确视为排除东道国司法审查,通常东道国法院的司法审查资格依国际投资条约而获得。总而言之,东道国法院的承认与执行司法审查主体资格不能被简单否定,需要根据国际投资条约的具体规定来判断,且许多条约实则予以支持。除此之外,需注意国际投资条约的类似条款仅约束缔约方或当事人,即东道国法院的司法审查主体资格问题,并不影响其他国家作为国际投资条约仲裁裁决承认与执行司法审查的主体。

二、司法审查的程序

(一)程序分类

各国的承认与执行司法审查程序针对涉外仲裁裁决和外国仲裁裁决存在不同类型。其一,为《纽约公约》缔约国的仲裁裁决的承认与执行单独设立司法审查程序制度。《美国联邦仲裁法》第 201 条至 208 条专门规定了《纽约公约》仲裁裁决承认与执行司法审查的程序等事宜,仲裁当事人的任何一方在裁决作出后的 3 年之内可向法院申请,而管辖权属于美国地区法院,地点仅要求在美国,若是州法院进行的诉讼涉及《纽约公约》裁决,被告有权在审理前将诉讼转移至美国地区法院。除《纽约公约》仲裁裁决外,其他仲裁裁决的承认与执行司法审查程序则是:任何当事人在裁决作出一年后向仲裁裁决地所属区内的任何美国法院申请,包括州法院,申请应通知对方当事人。《英国仲裁法》第 100 条至 104 条规定了《纽约公约》仲裁裁决承认与执行司法审查的相关问题,当事人可向高等法院或郡法院申请,请求时应提交证明。第 99 条明确除《纽约公约》仲裁裁决之外的外国仲裁裁决的承认与执行,第 66 条包含的涉外仲裁裁决的承认与执行,按照《1950 年仲裁法》第二编适用,即当事人以起诉的方式申请执行。《荷兰民事诉讼法典》第 1075 条是关于《纽约公约》仲裁裁决的承认与执行司法审查的规定,依据《纽约公约》进行,同时添加地方法院院长代替地方法院等额外要求。第 1076 条规定其他外国仲裁裁决承认与执行司法审查需由当事人提交正本或无误副本进行申请,第 1062 条规定涉外仲裁裁决由当事人向地方法院院长申请。其二,为外国仲裁裁决的承认与执行单独设立司法审查程序制度。《瑞典仲裁法》第 52 条至 60 条为外国仲裁裁决的承认与执行,并不区分是否为《纽约公约》成员国境内的仲裁裁决。当事人向斯维亚上诉法院申请,并随附裁决正本或经认证的副本。其三,为涉外仲裁裁决和外国仲裁裁决设置共同的承认与执行司法审查程序制度。《法国民事诉讼法典》第 1498 条至 1500 条,当事人向裁决作出地有管辖权的大审法庭或有管辖权的法院申请,同时要求提交文本证明。

(二)形式要件

各国在仲裁裁决承认与执行司法审查程序制度中,重点规定了当事人申请司法审查的文本证明形式要件。各国关于涉外仲裁裁决承认与执行司法审查程序的规定较为简略,但对于外国仲裁裁决承认与执行的司法审查的形式要件内容丰富。《纽约公约》第 4 条、《美国联邦仲裁法》第 13 条、《英国仲裁法》第 102 条、《法国民事诉讼法典》第 1499 条、《荷兰民事诉讼法典》第 1076 条、《瑞士民事诉讼法典》第 386 条、《瑞典仲裁法》第 56 条均有此要求。其中《美国联邦仲裁法》《荷兰民事诉讼法典》《瑞士民事诉讼法典》的要求相对宽松,仅需要将裁决书和仲裁协议的相关文本提交即可,但其他制度则更为严格。

总体而言,裁决承认与执行的司法审查程序对申请文本存在要求。首先,当事人需提交原裁决的正本或其正式副本。其次,当事人需提交仲裁协议的原本或其正式副本。再次,文件译本要求,裁决或仲裁协议所用文字非为援引裁决地所在国的正式文字,当事人应提交文件的文字译本。最后,"认证"和"证明"要求,认证是权力机关对于文件正本签署的真实性予以肯定,证明是权力机关对于文件副本的真实性予以肯定。一般来说,文件译本应由公设或宣誓之翻译员或外交或领事人员认证,《法国民事诉讼法典》还要求对文件副本予以证明。此外,《纽约公约》对于形式要求的法律适用和机关主体等问题并未有太多限制。

(三) 当事人异议权默示放弃

当事人异议权默示放弃是仲裁裁决承认与执行司法审查程序中的重要问题,同时该制度具有较强的合理性和理论基础。当事人异议权默示放弃制度指当事人明知国际投资条约仲裁条款无效或未被遵守,在法定期限内未提出管辖权异议、仲裁程序不当、不符合仲裁条款等异议,继续参加仲裁程序,法律将视为当事人放弃异议权,将来不得以该异议作为抗辩仲裁程序和仲裁裁决的理由。当事人异议权默示放弃制度一方面体现出当事人存在异议权,另一方面反映了当事人享有放弃异议权的权利。

首先,该制度体现出尊重当事人权利的态度,法律从公正和利益保障角度赋予了当事人异议权,但是该权利的放弃并不影响他人,故倘若当事人主动放弃,法律给予尊重。虽然该制度指向默示放弃,并非像明示那般明显,但依然能够体现当事人的放弃意愿。不过异议权默示放弃后,当事人再试图重新取得则法律无法保障,此时权利的重新取得将影响他人权利,即当事人并无重新取得的权利,这与尊重当事人权利无关。其次,该制度体现出禁止反言的要求,正如前文所述,当事人一旦默示放弃异议权将再难取得,法律不允许当事人出尔反尔,这是诚实信用的一种体现,也是对于对方当事人权利和整体仲裁制度、司法审查制度的保障。最后,该制度体现出公正与效率兼顾的追求,一方面赋予当事人异议权满足司法审查对于公正性的要求,给予申请撤销和不予承认与执行当事人公正,另一方面当事人默示放弃后,不允许其以该异议为裁决效力和承认与执行的抗辩是给予另一方当事人的公正。在公正之外,该制度也有利于司法审查的效率,倘若考虑到该制度对于仲裁阶段的作用和影响,更是避免当事人在规定期限内惰于行使权利,期限过后又试图打断仲裁程序行进。在如此的合理性和理论基础背后,是较为严厉的默示放弃后果,从概念中可知,当事人异议权默示放弃制度不仅会影响裁决的承认与执行,甚至对司法审查制度各方面内容的抗辩产生影响。

当事人异议权默示放弃制度存在于多个国家司法审查国内制度中,具有重要意义。联合国国际贸易法委员会《示范法》第 4 条:"一方当事人知道本法中当事人可以背离的任何规定或仲裁协议规定的任何要求未得到遵守,但仍继续进行仲裁而没有不过分迟延地或在为此订有时限的情况下没有在此时限内对此种不遵守情事提出异议的,应视为已放弃其提出异议权利。"《英国仲裁法》第 73 条:"异议权之丧失""如仲裁程序的一方当事人参与或继续参与仲裁程序,而没有立即或在仲裁协议约定或仲裁庭允许或本编规定的时间内提出下列异议,则其后不得向仲裁庭或法院提出异议,除非证据表明在其参与或继续参与仲裁程序时并不知晓且以合理谨慎无法发现得以提出异议的理由。"《荷兰民事诉讼法典》第 1052 条:"参加仲裁程序的一方当事人应在提交答辩前以没有有效的仲裁协议为由抗辩仲裁庭没有管辖权,提交答辩后当事人不得在仲裁程序或法院程序中提出此类抗辩。"此外,《日本仲裁法》第 27 条、《瑞典仲裁法》第 34 条、《德国民事诉讼法典》第 1027 条、《美国联邦仲裁法》第 23 条、《瑞士国际仲裁法》第 30 条、《奥地利民事诉讼法典》第 579 条等均存在类似规定,反映出该制度的普及广泛度。

值得注意的是,在前几节裁决承认与执行制度中立为标杆的《纽约公约》并未有当事人异议权默示放弃制度的规定,也许是因为《纽约公约》订立时间过早,当时的专家学者并未重视该问题。一方面从实际效果来讲,当事人异议权默示放弃制度有利于仲裁裁决的承认与执行,这与《纽约公约》的目的与宗旨相一致;另一方面国家实践也提供了适用的明证,西班牙最高法院、德国柏林高等法院均有此种支持适用的实践。[①] 通过比较,可知当事人异议权主要集中在仲裁协议未得到遵守和违反正当仲裁程序,而当事人的默示放弃主要集中在当事人未在规定期限内提出异议且继续参加仲裁程序,于是产生不得在仲裁程序或法院程序中提出抗辩的结果。该制度之所以受欢迎,一是督促当事人及时行使权利,防止因惰于行使而影响仲裁和司法审查进程;二是填补制度漏洞,防范当事人恶意利用异议拖延司法审查程序,消除不诚信企图。总之,当事人异议权默示放弃制度对于普通国际商事仲裁司法审查产生了十分积极的效果,尤其是效率为先的目标得到很好的保障。对于国际投资条约仲裁司法审查而言,如何合理利用该制度避免公正与效率失衡,国际投资条约仲裁的默示放弃事项范围是否需要缩小,均是下一步仲裁裁决承认与执行司法审查制度完善的应有议题。

---

① 参见朱科:《中国国际商事仲裁司法审查制度完善研究》,法律出版社,2018 年,第 253 ~ 254 页。

（四）不予执行的抗辩限制

不予执行仲裁裁决的抗辩理由不得与被驳回的撤销申请理由相同，将对仲裁裁决承认与执行的司法审查产生限制。所谓不予执行抗辩理由不得与撤销申请理由相同，是指当事人申请撤销仲裁裁决被驳回后，以相同理由提出不予执行抗辩的，法院不予支持。首先，需明确该制度针对的是涉外仲裁裁决，而非外国仲裁裁决，因为外国仲裁裁决的撤销主体是仲裁地法院（外国法院），不存在执行国法院（本国法院）撤销的问题，也就无从谈起在一国内申请理由相同。该制度涉及裁决司法审查和裁决执行的司法审查两种方式，将两种方式的裁定结果产生关联，要求两种方式发生在一国境内，倘若在一国被撤销，在另一国以相同理由申请承认与执行则不适用该制度。其次，该制度的存在价值源于撤销和承认与执行的重复因素。部分学者认为裁决撤销的司法审查同裁决执行的司法审查制度重复，并无共存意义。[①]由于同受《纽约公约》的影响，撤销和执行的司法审查理由设置雷同，在涉外仲裁之下，有两种方式的审查类似一种方式重复两次审查的嫌疑，可能为当事人恶意拖延裁决执行的到来提供制度漏洞，可能造成撤销法院和执行法院基于同一理由却作出相反裁定的情况，不利于仲裁发展和司法审查制度的权威。[②] 但从各国的仲裁法律制度立法情况来看，仲裁裁决的撤销和执行制度共存是常态，撤销制度和不予执行的司法审查制度的重要意义也提供了共存支持，本书也强调制度设计需通盘考量，不仅是适用于涉外仲裁，更要将外国仲裁涵盖在内，故撤销和承认与执行制度共存不成问题。在此基础上，确实需要面对司法审查理由设置相似可能带来的司法审查资源浪费，

---

① 参见周庆：《仲裁法学》，郑州大学出版社，2010 年，第 252～273 页。
② 参见胡荻：《论我国仲裁裁决不予执行与撤销制度重叠的困境及其重构》，《法治研究》，2013年第 10 期。

故不予执行抗辩不得与撤销仲裁裁决理由相同,该制度安排便是较好的解决方法之一。当事人基于一理由申请撤销被法院驳回,则另一法院不予支持同一理由提起的不予执行抗辩,这一方面协调了撤销司法审查和执行司法审查的关系,另一方面避免拖延和司法资源浪费。总而言之,不予执行的抗辩理由不得与被驳回撤销的申请理由相同制度颇具实践意义和存在价值。

第三节　不予承认与执行国际投资条约仲裁裁决的理由与救济

一、不予承认与执行理由的特点

国际投资条约仲裁裁决承认与执行的司法审查以执行地国为视角,主要分为涉外仲裁裁决、外国仲裁裁决的承认与执行的司法审查。鉴于不同执行地国的国内法律制度和对《纽约公约》的保留不同,通过对各国不予执行涉外仲裁裁决和不予承认与执行外国仲裁裁决的理由进行归纳比较,总结不予承认与执行理由的特点。①

各国的涉外仲裁裁决执行的司法审查制度较为简略,不予执行理由基本均在《纽约公约》第 5 条拒绝承认及执行外国裁决的理由范围内。联合国国际贸易法委员会《国际商事仲裁示范法》第 36 条"拒绝承认或执行的理由",同时适用于涉外仲裁裁决和外国仲裁裁决,包括:明确仲裁协议无效、

---

① See Kamal Huseynli, Enforcement of Investment Arbitration Awards: Problems and Solutions, *Baku State University Law Review*, vol. 3, no. 1, February 2017, pp. 53 – 62.

违反正当程序、仲裁庭组成或仲裁程序不当、仲裁庭越权、裁决被撤销或无拘束力 5 项理由需要当事人提供证据证明，争议事项不具备可仲裁性、违反公共政策 2 项理由可由法院自行援引。《示范法》完全参照《纽约公约》的对应条款进行设置。《英国仲裁法》第 66 条列举了一个理由"如被寻求强制执行的当事人证明仲裁庭无作出裁决的实体管辖权，强制执行准许不应发出"。《荷兰民事诉讼法典》第 1063 条规定了公正秩序或善良风俗、不顾上诉（如果仲裁协议规定裁决可向第二个仲裁庭上诉）、不执行罚款 3 个理由使法院可拒绝执行仲裁裁决。《法国民事诉讼法典》第 1498 条"如果援引仲裁裁决的当事人证明它存在并且承认裁决不明显违反国际公共政策，仲裁裁决应予承认。基于同样的条件，该裁决应以执行判决宣布在法国境内可以执行"，规定的是初审法院的司法审查；而第 1502 条则为上诉法院规定了仲裁协议无效、违反正当程序、仲裁庭组成或仲裁程序不当、仲裁庭越权、违反公共政策 5 项审查理由。

各国的不予承认与执行外国仲裁裁决的理由基本围绕《纽约公约》展开。即便是依照民商事司法协助条约，裁决承认与执行的内容也主要依据《纽约公约》的规定进行。[①] 首先，《纽约公约》的内容涵盖公约适用范围及允许缔约国保留声明、承认与执行的必要条件和拒绝理由、缔约国相互承认与执行的义务、当事人申请承认与执行的形式要件，为实践提供了重要制度支撑。[②] 公约的 159 个缔约国几乎覆盖了世界上主要的贸易投资国，经过时间检验，奠定了《纽约公约》对于《示范法》和各国仲裁法在外国仲裁裁决承认与执行制度设立方面的影响力和模板作用。其次，部分《纽约公约》缔约

[①] "民商事司法协助概况"，中国政府法制信息网，http://www.moj.gov.cn/organization/content/2014 – 12/17/jlzxxwdt_7237.html，2014 年 12 月 17 日，最后访问日期：2020 年 2 月 15 日。

[②] 参见申黎：《国际商事仲裁的司法介入制度研究》，华东政法大学博士论文，2012 年，第 139 ~ 140 页。

国会在本国仲裁法等司法审查制度中提及公约的适用,并不再单独设立或重复审查条件。例如《荷兰民事诉讼法典》第 1075 条:"在适用的关于承认和执行条约的缔约国境内作出仲裁裁决可在荷兰境内承认和执行。"当然第 1076 条也规定了"没有条约情况下外国裁决的承认和执行",即便是非缔约国境内的裁决,其不予承认与执行的理由也与《纽约公约》的规定无甚差别。再次,部分《纽约公约》缔约国在公约的承认与执行理由范围内,明文规定了司法审查条件,例如:《英国仲裁法》第 103 条列明了当事人无行为能力、仲裁协议无效、违反正当程序、仲裁庭组成或仲裁程序不当、仲裁庭越权、裁决无效力、争端事项不可仲裁、违反公共政策 8 个拒绝承认与执行的理由;《法国民事诉讼法典》第 1498 条规定只要外国仲裁裁决不违反国际公共秩序,可以做出执行的决定,第 1502 条列明了仲裁协议无效、违反正当程序、仲裁庭组成不当、仲裁庭越权、违反公共政策 5 个司法审查理由。虽然国内法重新规定了司法审查理由,但并未超出《纽约公约》的 7 个拒绝承认与执行理由的范围。最后,也有部分国家在加入《纽约公约》时作出了"商事保留",导致国际投资条约仲裁下外国仲裁裁决的承认与执行无法适用《纽约公约》,只能根据其他条约或互惠原则进行。值得注意的是,美国虽然在加入《纽约公约》时作了商事保留,[①]《美国联邦仲裁法》第 1 条"商事"的定义是"各州之间的或者和外国的贸易",并未涵盖投资。但是美国通过在双边投资条约中明文规定将"投资"纳入符合《纽约公约》第 1 条"商事关系"范畴的方式,并未排除《纽约公约》的适用。[②]

　　各国的不予承认与执行仲裁裁决的理由大同小异,体现出不予承认与执行理由的特点。其一,对于《纽约公约》的借鉴明显。《纽约公约》的巨大

[①]　Contracting States – List of Contracting States, NEW YORK ARBITRATION CONVENTION, http://www. newyorkconvention. org/list + of + contracting + states,最后访问日期:2020 年 3 月 17 日。

[②]　参见银红武:《ICSID 公约理论与实践问题研究》,中国政法大学出版社,2016 年,第 173 页。

影响力和重要作用是各国不予承认与执行理由相似的主要原因,说明以《纽约公约》第 5 条的 7 个不予承认与执行理由为样本进行具体分析具备可行性。其二,以程序审查为主。无论是理论或实践,不予承认与执行理由以程序审查为主,这在普通国际商事仲裁司法审查中尤为明显。即便本书主张通过"违反公共政策"的理由扩展至实体审查,也仅是该理由的有限扩展,7 个理由整体而言依然是以程序审查为主。其三,理由列举的穷尽性。无论是《纽约公约》《示范法》或是各国国内法对于不予承认与执行的理由列举是穷尽的,一方面体现了仲裁裁决承认与执行司法审查制度对于仲裁的尊重,另一方面是对司法审查的约束。其四,理由的性质分类。7 个理由中前 5 个需要当事人提起和提供证据证明,后 2 个则可由法院自行援引和主动审查。需要注意的是,前者需要举证的当事人是申请不予承认与执行的一方。其五,与裁决撤销理由的相似性。不予承认与执行理由同撤销理由几乎一致,与《纽约公约》和《示范法》的影响力密不可分,但就涉外仲裁裁决而言,如何协调两套司法审查制度的实践避免司法审查资源浪费,为不予承认与执行同撤销的协调制度埋下伏笔。

二、不予承认与执行的理由

不予承认与执行理由是裁决承认与执行司法审查的重点内容,本章重点研究撤销制度中未普遍纳入的 2 个理由——裁决被撤销或无拘束力和争议事项不具备可仲裁性。国际投资条约仲裁裁决承认与执行的司法审查,因《纽约公约》的影响导致同裁决的撤销理由相近。[1] 故本部分对于不予承

---

[1]　See S. R. Subramanian, BITs and Pieces in International Investment Law: Enforcement of Investment Treaty Arbitration Awards in the Non – ICSID States: The Case of India, *The Journal of World Investment & Trade*, vol. 14, no. 1, 2013, p. 201.

认与执行裁决理由的剖析,以《纽约公约》列出的理由为样本,着重分析不予承认与执行仲裁裁决的特有理由,对于撤销制度阐述过的 5 个相同理由不再赘述。《纽约公约》第 5 条列举了 7 个不予承认与执行的理由:仲裁协议无效、违反正当程序、仲裁庭组成或仲裁程序不当、仲裁庭越权、裁决无拘束力或被撤销、争议事项不具备可仲裁性、违反公共政策。其中"裁决被撤销或无拘束力"和"争议事项不具备可仲裁性"未被撤销制度普遍纳入,故本部分着重探讨该两条理由。

(一)裁决被撤销或无拘束力

裁决被撤销或无拘束力是不予承认与执行的理由之一,而被撤销裁决的承认与执行问题存在一定的理论和制度适用争议。裁决被撤销或无拘束力的不予承认与执行理由需分开讨论,对于无拘束力的裁决,不予承认与执行是不存在争议的;但是被撤销裁决的承认与执行问题则存在争议。通常认为,裁决被撤销导致裁决效力不存在,执行地法院无需受裁决约束,自然不予承认与执行。本条理由从裁决的效力这一根本方面对裁决的可执行性予以探讨,逻辑似乎较为明显。值得注意的是,被撤销裁决在仲裁地国拒绝承认与执行没有疑问,但是在域外国家获得承认与执行却存在争议。近 30 年来,不乏承认与执行被撤销的普通国际商事仲裁裁决的实践,法国尤甚,诸如 Norsolor 案、Hilmarton 案、Chromalloy 案、Karaha Bo das 案、Putrabali 案、Yukos 案、Castillo Bozo 案、Commisa 案。[①] 各方学者对于被撤销裁决的承认与执行观点不一,却均能从《纽约公约》找到依据。学者赵秀文认为《纽约公约》的缔约国应该依据第 5 条第 1 款的标准,被撤销的裁决不应得到执行地

---

① 参见付攀峰:《未竟的争鸣:被撤销的国际商事仲裁裁决的承认与执行》,《现代法学》,2017年第 1 期。

国的承认与执行;有学者则认为《纽约公约》第 5 条第 1 款与第 7 条第 1 款相辅相成,具有同一性,均是自由裁量权条款,符合裁决承认与执行的条约宗旨,即执行地国法院有权执行被撤销裁决;①学者万鄂湘也指出《纽约公约》第 5 条的规定是"可以"拒绝承认及执行而非"必须"拒绝承认及执行;②学者付攀峰则采取"积极的现实主义态度",主张支持与反对的理论和实践共存,由时间检验和淘汰。上述各个专家的分析皆以普通国际商事仲裁裁决为默认对象,一方认为仲裁地法失去了控制仲裁的权威性,仲裁员的权力并非来自仲裁地国,裁决一经作出任何国家法院无权撤销,即使被仲裁地国撤销,执行地国依然可以承认与执行;另一方认为仲裁裁决的撤销具有普遍效力,裁决的撤销制度能够提供法律的确定性。③ 对于《纽约公约》第 5 条的分歧主要源于第 1 款"可以"一词,一方认为这是赋予司法审查机关的自由裁量权,另一方认为英文版本的"may"(可以)其实是"shall"(应该)的意思,法文版本的"seront refusees"即为明证。④ 当然,多数国家依然赞同被仲裁地撤销的裁决无法获得承认与执行。该问题的可探讨性有利于国际投资条约仲裁的未来理论和实践发展。

被撤销裁决的承认与执行问题的不同观点为制度发展提供不同方向,但国际投资条约仲裁司法审查下需要不予承认与执行被撤销的裁决。《纽约公约》第 7 条被誉为"更优惠权利条款",即《纽约公约》并不限制执行地通过国内法或条约给予当事人更优惠的权利,更利于裁决的承认与执行。故《法国民事诉讼法典》下法院裁定裁决的承认与执行时,不会考虑是否被撤

---

① 参见张红美:《已撤销国际商事仲裁裁决执行的美国实践及借鉴》,《河南财经政法大学学报》,2013 年第 5 期。

② 参见万鄂湘、夏晓红:《中国法院不予承认以及执行某些外国仲裁裁决的原因——〈纽约公约〉相关案例分析》,《武大国际法评论》,2010 年第 2 期。

③ See A. J. van den berg. "Enforcement of Arbitral Awards Annulled in Russia," *Journal of International Arbitration*, vol. 27, no. 2, 2010, p. 182.

④ 参见赵秀文:《从克罗马罗依案看国际仲裁裁决的撤销与执行》,《法商研究》,2002 年第 5 期。

销。但就国际投资条约仲裁裁决的承认与执行而言,本书首先从仲裁裁决司法审查的意义入手,被撤销裁决在其他国家的承认与执行实质是对裁决地法院撤销的否定或不认可,乃是对裁决司法审查即撤销制度的不认可,导致仅剩执行地法院的最后一道裁决承认与执行的司法审查,不利于司法审查对于国际投资条约仲裁的公正性保障。其次,倘若支持被撤销裁决的承认与执行必然会引发投资者"疯狂"在支持国提起承认与执行申请,当事人也会不断在态度模糊国家进行申请尝试,导致私人利益不当地消耗各国的法院资源,同时给东道国造成诉累。最后,被撤销裁决的承认与执行会带来裁决撤销效力的混乱,更会为东道国带来混乱,尤其是国际投资条约仲裁涉及东道国的主权管理行为更正与否,同时造成执行地国和东道国的关系混乱,完全不利于投资管理和投资发展。故就国际投资条约仲裁来讲,在《纽约公约》授权范围内,坚守传统的被撤销裁决不能被承认与执行的制度方向更合适。

(二)争议事项不具备可仲裁性

争议事项不具备可仲裁性是法院主动审查的理由之一。争议事项的可仲裁性是指争议事项是否可依法通过仲裁方式予以解决。国家出于公共政策的考量,通常为可提交仲裁的争议事项划定范围,在该范围之外的争议事项无权被提交仲裁解决。争议事项不具备可仲裁性本该同样作为裁决撤销的理由,但是几个代表性国家并未将其纳入撤销理由。(这并不意味着这些国家的国内法未限定仲裁范围)《美国联邦仲裁法》第 1 条便是"海事及商事定义"以限制可仲裁性争议的范围,该法在跨国和跨州的贸易方面可排除各州对可仲裁性法律的适用。《英国仲裁法》第 1 条第 2 款规定争议事项需要"受制于充分保障公共利益之必须"。部分国家在其他部门法中对可仲裁性进行限制,如法国在民法典中规定可仲裁的争议事项范围。因为各个国家可在国内法中规定可仲裁事项范围,故争议事项的可仲裁性在不同国家的标准不尽相同。《纽约公约》第 1 条第 3 款"依提出声明国家之国内法认为系属商事关系者,始适用本公约",也体现一定的争议事项可仲裁性的限制。该理由不需要当事人举证,法院可自动援引和主动审查,但对于可仲裁性的范围很难统一和明确,既有从当事人自有处分角度进行认定,又有从争议事项是否涉及经济利益进行认定,还有反向从争议事项是否涉及公共利益进行排除的。① 通常来说,争议事项的可仲裁性需要判断其商事性质、可和解性、财产权益性,对国际投资条约仲裁亦然,国际投资可纳入广义的商事关系,投资者与东道国的争端具备可和解性并直接关涉财产权益,而且裁决往往是败诉方承担财政给付义务。而不可仲裁的事项包括涉及强制性规范的争议、涉及国际刑事责任的非法事项等,许多普通国际商事仲裁中不具可仲裁性的争议事项,在国际投资条约的授权下,具备可仲裁性。

争议事项不具备可仲裁性的不予承认与执行理由十分重要。争议事项的可仲裁性问题即争议事项能否为法律所允许提起仲裁,无需当事人举证,法院可依职权主动审查,因为该问题的重大影响。在国际投资条约仲裁领域,可仲裁的争议事项范围已经比普通国际商事仲裁允许的范围更广,在此情形下仍不具备可仲裁性,通常是对公共利益有严重影响的争议事项,司法审查机关必须主动审查,以避免承认与执行问题裁决带来重大不良后果。值得一提的是,虽同为不予承认与执行的理由,但争议事项不具备可仲裁性与投资争端不属于仲裁条款范围不同。首先前者是法院主动审查的理由,后者是当事人举证的理由;其次前者的争议在执行地国完全不具备可仲裁性,后者的争端具备可仲裁性,但是不在国际投资条约仲裁条款的效力范围内。总之,法院进行司法审查时需根据相关国内法和国际法对于争议事项

---

① 参见于喜富:《论争议可仲裁性司法审查之启动程序》,《法学评论》,2016 年第 3 期。

的可仲裁性范围谨慎把握,并非所有与投资相关的事项均可提交仲裁。

三、不予承认与执行裁定的上诉制度

不予承认与执行裁定的上诉制度有助于强化司法审查的公正性。所谓裁定的上诉制度是指当事人不服法院作出的未生效的裁定,在法定期间内请求上诉法院进行再审理的制度。国际投资条约仲裁裁决的承认与执行由执行地法院裁定,一旦仲裁裁决符合国内法或《纽约公约》的不予承认与执行的理由,将被裁定不予承认与执行,此时若是存在针对该裁定的上诉制度,则为当事人提供了有效的救济方式。虽然司法审查制度本身能对国际投资条约仲裁进行监督和纠偏,但司法审查机关的裁定同样可能出现错误或偏差,不公正裁定不仅损害司法公正,也会对仲裁产生负面影响,故上诉制度旨在为当事人提供维权机制,保障裁定的公正性与正确性。上诉制度也能够促进司法解释和司法审查标准的统一。

部分国家在国内法中纳入了裁定的上诉制度。在没有统一国际条约规定的情况下,当事人针对法院裁定能否上诉取决于执行地国内法的具体规定。诸如《法国民事诉讼法典》第1501条明文规定了"拒绝承认或执行裁决的决定可以上诉",第1502条列出的理由是针对准予承认与执行的上诉,故不属于不予承认与执行的救济,但第1503条对于不予承认与执行的救济指向的上诉法院和上诉时间进行了规定。法国民事诉讼法证明了上诉作为不予承认与执行裁定的救济措施是现实存在的,并且法国并非孤例。《瑞典仲裁法》第59条"如上诉法院准予执行申请,除非最高法院在上诉法院判决被提起上诉后另行决定"也规定了上诉制度,只不过该上诉制度针对准予执行的裁定,而非不予承认与执行的裁定,此外葡萄牙也有上诉制度的规定。[①]

就国际投资条约仲裁司法审查而言,上诉制度更具存在必要。一方面,当事人对国际投资条约仲裁的公正性要求更高。司法审查制度是通过有效监督保障仲裁裁决的公正性,但倘若司法审查机关的裁定出现公正性问题,不但无助于国际投资条约仲裁的公正性,甚至会对仲裁原有的公正性产生破坏,其后果不仅影响司法公正更影响了仲裁公正。由于国际投资条约仲裁的特殊性,效率并非当事人的第一追求,故不能以上诉制度的建立影响裁决执行效率为由予以反对。另一方面,上诉制度为当事人提供了救济途径,有助于投资者与东道国利益平衡保护。即便司法审查机关不予承认与执行的裁定是正当的、公正的,上诉制度为当事人提供救济方式能够加强其对司法审查机制的信任,也更有利于未来再次选择本国作为国际投资条约仲裁裁决执行地。从利益平衡角度讲,司法审查可能对仲裁裁决予以否定,而上诉制度对司法审查裁定的可能性否定,有助于当事双方利益平衡保护的制度化。最后,上诉制度能够促进司法解释和司法审查标准的统一。在司法审查制度中,通常司法审查机关不会为一国的最高法院,可能仅为地区法院,而上诉制度的主体是上诉法院,审查对象是初级法院的裁定,该过程本身就是对裁定的审查,包括司法审查标准和相关司法解释的认定。上一章ICSID 裁决撤销制度给予司法审查制度的启示之一便是审查标准的统一,故上诉制度的建立在该方面同样能发挥作用。

---

① 参见张虎:《外国仲裁裁决在我国的承认与执行研究》,大连海事大学博士论文,2014 年,第 166 ~ 167 页。

第四节　国际投资条约仲裁裁决承认与执行 司法审查制度的问题与完善

一、司法审查主体和程序的问题与完善

（一）司法审查主体和程序的问题

首先，在司法审查主体方面，东道国法院的司法审查主体资格不该被轻易剥夺。国际投资条约可能因"缔约国或当事方确保裁决的执行"条款的模糊性，为排除东道国法院对裁决承认与执行司法审查的主体资格提供空间。就司法审查的公正合理性和投资者与东道国利益平衡保护而言，有必要允许东道国法院的司法审查。一方面，东道国法院对裁决承认与执行的司法审查是国家主权的内容之一，虽然国家可以通过缔结条约予以让渡，但当前国际投资条约的相关条款不必然被解释为否定东道国法院的司法审查，换言之，剥夺东道国法院的司法审查主体资格不能代表缔约国的真正意思表示。另一方面，东道国法院的司法审查不能被认定为损害投资者利益，东道国法院的司法审查同样需要依法进行，常常伴有《纽约公约》适用或指导，即便东道国法院恶意不予承认与执行，当事人尚可去他国申请，但反过来剥夺东道国法院司法审查的主体资格，不得审查直接承认与执行，则明显对东道国的利益保护不利。

其次，在司法审查程序方面，当事人异议权默示放弃制度存在价值和意义，但缺乏必要限制，有损司法审查制度的公正合理性。具体而言，当事人异议权默示放弃的适用范围如何划定及例外情形是否设置，均直接影响裁

决承认与执行的司法审查,若是将当事人异议权默示放弃制度适用不予承认与执行的各个理由,或是任何情况下均视为默示放弃,显然存在制度漏洞。另外,裁决执行同裁决撤销的协调制度普遍缺失,既容易造成司法资源浪费,又给予当事人恶意拖延执行的可乘之机。

(二)司法审查主体和程序的完善

第一,维护东道国法院的司法审查主体资格,需从国际条约制度入手。可能剥夺东道国法院对于国际投资条约仲裁裁决承认与执行司法审查主体资格,主要源于国际投资条约裁决效力条款中"各方当事人应毫不延迟地履行裁决""缔约国或当事方应确保裁决的执行"的内容,该内容本身强调裁决的法律效力,要求当事人自觉积极履行,但同时产生排除东道国法院司法审查的可能性。考虑到东道国法院的承认与执行司法审查更有利于投资者与东道国的利益平衡保护,也是对国家主权和意思表示的尊重,仲裁裁决经过东道国法院司法审查,若是不存在不予承认与执行的情形,更有利于裁决的履行和落实。而东道国法院司法审查的不公正性又可以被其他国家承认与执行而弥补,对投资者而言,并不因允许东道国法院司法审查而遭受损失。毕竟,在条约解释存在不确定性的情况下,不允许东道国法院司法审查而直接承认与执行的可操作性并不强。故从制度完善角度,对国际投资条约进行修改和完善,删除歧义内容保留裁决效力条款,或者在执行要求前加上司法审查的允许,诸如"除对裁决适用的司法审查和其他必要审查程序外,争端方应遵守并执行裁定,不得延误"。抑或是国家及时与缔约国达成条约解释合意,允许东道国法院依法进行司法审查更为可行。

第二,当事人异议权默示放弃制度颇具存在价值,但适度限制该制度,符合效率与公正的平衡追求。当事人异议权默示放弃制度的优点在前文已有论述,对于仲裁程序和司法审查行进大有裨益,不少国家在国内现有司法审查制度中已有相关规定,值得进一步推广和普及,督促当事人及时行使异议权,防范恶意拖延司法审查程序的行径。但是在推广的同时,更要防止制度滥用损害司法审查公正性和东道国的合法权益。一方面在制度中尽量明确"默示放弃"的情形和期限要求,另一方面可在制度中列明例外情形,尤其是针对"明知"的问题。在制度限制方面,英国国内法设定的较为出色,《英国仲裁法》第73条第1款第4项后添加了"除非证据表明在其参与或继续参与仲裁程序时并不知晓且以合理谨慎无法发现得以提出异议的理由"的例外条款,可供其他国家制度完善参考。

第三,不予执行的抗辩理由不得同被驳回撤销的申请理由相同,有助于减少司法资源浪费,但是制度存在完善空间。一方面,仲裁裁决撤销司法审查同裁决执行司法审查共存的意义无须再作强调。在两者申请理由相似的情况下,针对涉外仲裁裁决,不予执行的抗辩理由不得同被驳回撤销的申请理由相同,并未对当事人的权利和利益造成实际减损,但可规避恶意浪费司法资源或拖延执行的行径,值得未有此规定的国内法将其纳入司法审查制度中。另一方面,不仅要关注撤销在前,不予承认与执行申请在后的实践,也需要为先行提出不予执行抗辩,而后提起仲裁撤销申请的当事人实践提供制度指引。因为在基于同一理由的情况下,两者之先后并无本质差别,均有必要实现制度协调。总之,在对该制度予以肯定的同时,需要关注到裁决撤销的申请理由不得与被驳回的执行异议的理由相同的问题。

二、司法审查理由和救济制度的问题与完善

(一)司法审查理由和救济制度的问题

一方面,承认与执行被撤销裁决的理论和实践不利于国际投资条约仲

裁司法审查制度发展。承认与执行被撤销裁决不但导致撤销制度的存在意义削弱,而且容易引发投资者在该国的"滥诉",对东道国利益保护十分不利。在不予承认与执行理由方面,裁决被撤销或无拘束力的理由应被重视和遵守,被撤销裁决的承认与执行分歧应考虑到国际投资条约仲裁的特殊性和司法审查的重要性,进而在制度层面尽可能统一,确保被撤销裁定的不予承认与执行。另一方面,在司法审查机关作出不予承认与执行的结果时如何提供救济的层面,多数国家尚未设立上诉制度。缺乏上诉机制即缺少对司法审查权力的约束和监督,不公正的裁定将会对国际投资条约仲裁产生严重负面影响,既不利于司法公正又不利于国际投资条约仲裁的公正性。

(二)司法审查理由和救济制度的完善

第一,支持不予承认与执行被撤销或无拘束力裁决的理由。虽然主流观点仍然支持被撤销裁决不能被承认与执行,但是理论上和实践中关于该理由的争论和认定冲突长期存在。然而需要把握国际投资条约仲裁裁决与普通国际商事仲裁裁决的不同,司法审查的重要性以及裁决承认与执行的影响存在差异。就国际投资条约仲裁裁决承认与执行的司法审查而言,其后果直接影响国家主权和公共利益,承认与执行的对象也是数额巨大的国家财产。若是裁决被仲裁地法院撤销后,在部分国家依然可被承认与执行,很可能造成投资者纷纷向这些国家申请承认与执行,反过来造成东道国或潜在东道国对这些国家的警惕,对于国家间交往和财产流动产生不利影响。对于普通国际商事仲裁而言,裁决的承认与执行并不会产生如此一系列的负面影响,但不可忽视国际投资条约仲裁裁决的特殊性。故有必要呼吁各国借鉴《纽约公约》的不予承认与执行理由,切实完善国内法律制度实现与《纽约公约》的协调一致,强化对于被撤销裁决的否定,不予承认与执行。

第二,通过上诉制度允许对不予承认与执行的裁定提起上诉,加强司法审查的公正性和当事人利益的平衡保护。① 首先,允许对不予承认与执行的裁定提起上诉,乃是对于裁决承认与执行司法审查权力的监督,但凡权力的行使便有必要进行监督和限制,司法审查也不例外。允许上诉能够督促初审法院公正合理地行使司法审查权力,这也与普通诉讼类似,更显合理。同时权力的监督过程即是公正性的维护和实现过程,即便初审法院的裁定违背了公正性,上诉法院依然有机会予以矫正。其次,允许对不予承认与执行的裁定提起上诉,可以实现投资者和东道国利益保护平衡,裁决承认与执行的司法审查为东道国提供了不予承认与执行的机会,允许上诉则为投资者提供机会重获承认与执行的裁定。该制度与国际投资条约仲裁司法审查制度完善实现利益平衡是相符的,且当前不少国家已经在司法审查制度中赋予当事人上诉权,并非仅仅是理论上的探究。值得注意的是,对于上诉权并非不加限制,毕竟该上诉与诉讼中的上诉不同,是针对国际投资条约仲裁和仲裁司法审查的,效率依然是司法审查制度的追求之一。故在赋予当事人上诉权的基础上,上诉法院的司法审查尺度不宜扩大。

本章小结

国际投资条约仲裁裁决承认与执行的司法审查,包括非 ICSID 仲裁裁决承认与执行的司法审查,以及 ICSID 仲裁裁决在非《ICSID 公约》缔约国的承认与执行的司法审查。《ICSID 附加便利规则》仲裁裁决的承认与执行因排除《ICSID 公约》的适用,与其他非 ICSID 仲裁裁决承认与执行的司法审查制度相同。国际投资条约仲裁裁决的承认是指法院对于仲裁裁决法律约束力

---

① 参见张虎:《外国仲裁裁决在我国承认与执行程序的重构》,《法学杂志》,2018 年第 10 期。

的认可,并赋予其强制执行力的司法行为。国际投资条约仲裁裁决的执行则指法院或主管机关通过国家强制力使仲裁裁决得以履行的司法行为。

国际投资条约仲裁裁决承认与执行司法审查的主体是执行地法院,《纽约公约》和各国国内法律制度予以支持。国际投资条约仲裁裁决承认与执行的司法审查主体不仅受到国内法律制度规制,还受到国际条约约束,东道国法院的司法审查主体资格需要根据国际投资条约的具体条文而定,并不能一概否定。各国在仲裁裁决承认与执行司法审查程序制度中,重点规定了当事人申请司法审查的文本证明形式要件。当事人异议权默示放弃制度指当事人明知国际投资条约仲裁条款无效或未被遵守,在法定期限内未提出管辖权异议、仲裁程序不当、不符合仲裁条款等异议,继续参加仲裁程序,法律将视为当事人放弃异议权,将来不得以该异议作为抗辩仲裁程序和仲裁裁决的理由。当事人异议权默示放弃对于仲裁裁决承认与执行的司法审查的程序有直接影响。不予执行仲裁裁决的申请理由不得与撤销理由相同,将对不予执行的申请产生限制。所谓不予执行抗辩不得与撤销仲裁裁决理由相同,是指撤销仲裁裁决的申请被驳回后,当事人以相同理由提出不予执行抗辩的,法律不予支持。

《纽约公约》第 5 条列举了 7 个可以不予承认与执行的理由:仲裁协议无效、违反正当程序、仲裁庭组成或仲裁程序不当、仲裁庭越权、裁决无拘束力或被撤销、争议事项不具备可仲裁性、违反公共政策。其中"裁决被撤销或无拘束力"和"争议事项不具备可仲裁性"未被撤销制度普遍纳入,故本章进行了着重探讨。裁决被撤销或无拘束力是不予承认与执行的理由之一,而被撤销裁决的承认与执行问题存在一定的理论和制度适用争议。对于无拘束力的裁决,不予承认与执行是不存在争议的,但是被撤销裁决的承认与执行问题则存在争议。通常认为,裁决被撤销导致裁决效力不存在,执行地法院无须受裁决约束,自然不予承认与执行。但值得注意的是,被撤销裁决在仲裁地国拒绝承认与执行没有疑问,但是在域外国家获得承认与执行却存在争议。国际投资条约仲裁司法审查下需要不予承认与执行被撤销的裁决,就国际投资条约仲裁来讲,在《纽约公约》授权范围内,坚守传统的被撤销裁决不能被承认与执行的制度方向更合适。争议事项不具备可仲裁性是法院主动审查的理由之一。争议事项的可仲裁性是指争议事项依法是否可通过仲裁方式予以解决。国家出于公共政策的考量,通常为可提交仲裁的争议事项划定范围,在该范围之外的争议事项无权被提交仲裁解决。争议事项不具备可仲裁性的不予承认与执行理由十分重要。此外,不予承认与执行裁定的上诉制度有助于强化司法审查的公正性。国际投资条约仲裁裁决的承认与执行由执行地法院裁定,一旦仲裁裁决符合国内法或《纽约公约》的不予承认与执行的理由,将被裁定不予承认与执行,此时若是存在针对该裁定的上诉制度,则为当事人提供了有效的救济方式。

针对司法审查主体方面、司法审查程序方面、不予承认与执行理由方面、司法审查的救济方面存在的问题,笔者提出从国际条约制度入手维护东道国法院的司法审查主体资格,适度限制当事人异议权默示放弃制度,完善不予承认与执行抗辩不得与撤销仲裁裁决理由相同的制度,支持不予承认与执行被撤销或无拘束力的裁决,允许对不予承认与执行的裁定提起上诉等完善建议。

第五章　中国国际投资条约仲裁司法审查制度的完善

在国内法律制度方面,中国国际投资条约仲裁司法审查制度无须另行构建新制度,而需着眼于广义国际商事仲裁司法审查制度的完善。与世界上已经存在的国际投资条约仲裁司法审查实践不同,中国及相关机构尚未以当事人或司法审查机关身份经历过国际投资条约仲裁司法审查,实践空白导致中国国际投资条约仲裁司法审查国内法律制度的存在状态不甚明晰。而中国最高人民法院关于执行《纽约公约》的通知将投资者与东道国的争端排除在商事关系争端之外,以及《仲裁法》的"平等主体"限制,似乎将国际投资条约仲裁司法审查排除在仲裁司法审查制度之外。但事实上,仲裁司法审查制度从未明确排除国际投资条约仲裁司法审查的适用,只是国际投资条约仲裁司法审查的产生和发展导致现行司法审查制度的不协调和不完善。

另行构建国际投资条约仲裁司法审查制度无必要也不具备可行性,将国际投资条约仲裁司法审查明确纳入仲裁司法审查制度范畴,国际投资条约仲裁司法审查与普通国际商事仲裁司法审查通用一套制度,方为最优解和完善方向。一方面,虽然国际上对于国际投资条约仲裁司法审查国内法律制度的"应然"状态尚未形成定论,但存在国际投资条约仲裁司法审查与普通国际商事仲裁司法审查,通用仲裁司法审查制度的理论和实践支持。[①]这为中国的仲裁司法审查制度发展提供了有益借鉴。另一方面,通过国际投资条约仲裁条款的司法审查、国际投资条约仲裁裁决撤销的司法审查、国际投资条约仲裁裁决承认与执行的司法审查的制度分析,可以判断现行仲裁司法审查制度在诸多方面可无障碍适用于国际投资条约仲裁司法审查,只是需把握司法审查标准的差异,虽然制度中着实存在对国际投资条约仲裁司法审查的不适用、不协调之处,但都具备完善的可能性,而且这正是司法审查制度的完善方向,部分国际投资条约仲裁司法审查的特殊性问题则可在国际条约制度中解决。因此就国内法律制度而言,中国国际投资条约仲裁司法审查制度有必要与普通国际商事仲裁司法审查制度保持通用状态。至于《纽约公约》的执行通知和《仲裁法》的约束,乃是国家的立法自由,可以随国际投资仲裁及其司法审查的发展而进行修改,理论上并不存在修改障碍,况且中国其他法律和司法解释并未将国际投资条约仲裁司法审查明确排除在司法审查制度之外。值得一提的是,制度通用与制度完善不冲突,即便仲裁司法审查制度涵盖国际投资条约仲裁司法审查,现存制度也需要结合国际投资条约仲裁司法审查的特殊性予以完善。

总之,本章为对于中国国际投资条约仲裁司法审查制度完善的研究,在国内法方面支持将国际投资条约仲裁司法审查纳入广义的仲裁司法审查制度,保证国际投资条约仲裁与普通国际商事仲裁通用司法审查制度,根据国

---

① 《示范法》将"投资"纳入"商事关系",《纽约公约》在无商事保留时可适用于国际投资条约仲裁,各国国内司法审查制度不排除国际投资条约仲裁司法审查的适用。"Sanum 诉老挝"案、"Yukos 诉俄罗斯"案、"Achmea 诉斯洛伐克"案、"Metalclad 诉墨西哥"案等案例实践全部体现司法审查制度通用,以及学者 S. R. Subramanian、肖芳、张利民、黄世席在理论中承认制度通用的"实然"状态。

际投资条约仲裁司法审查的特殊性,结合中国仲裁司法审查制度的独特问题,从国内法律制度和国际条约制度两个层面提出完善建议。

第一节　中国国际投资条约仲裁司法审查制度概况

一、中国仲裁司法审查制度建设的背景与目标

党的十九大报告指出,中国特色社会主义进入新时代,是我国日益走近世界舞台中央、不断为人类作出更大贡献的时代,中国秉持共商共建共享的全球治理观,坚定不移奉行互利共赢的开放战略,继续发挥负责任大国作用,积极参与全球治理体系改革和建设,不断贡献中国智慧和力量。[①] 这是以习近平同志为核心的党中央深刻把握全球发展趋势,深入思考人类前途命运,深度结合中华民族伟大复兴中国梦,提出的符合中国国情、体现时代精神、顺应发展潮流的治理理念和发展思想,对于中国国际投资条约仲裁司法审查制度完善具有统领意义。

新时代下中国需要在国际投资及仲裁领域发挥引领者作用,推动建设开放型世界经济,成为全球治理改革和司法审查制度完善的积极贡献者。中国致力于实现高水平的投资自由化、便利化,通过精简负面清单,减少投资限制,加快医疗、教育开放进程,强化矿业、制造业开放,持续放宽市场准入;通过自由贸易试验区改革创新、中国特色自由贸易港的探索,检验法律制度的适用性和融合度,形成改革开放新格局;通过出台投资法规、加强投

[①]　参见习近平:《决胜全面建成小康社会 夺取新时代中国特色社会主义伟大胜利——在中国共产党第十九次全国代表大会上的报告》,《人民日报》,2017 年 10 月 28 日。

资法律体系的公开性和透明度、尊重国际惯例、平等对待国内国际投资,营造更具吸引力的营商环境;通过双边和多边合作,形成国际投资共同发展的良好氛围,为世界提供开放合作的平台。[①]

中国的投资法治建设和治理方案与时俱进,不仅要做国际投资法治的参与者和维护者,更要做国际投资法治的贡献者和引领者;不仅要实现投资繁荣,更要实现投资争端的公正解决,维护好投资者与东道国的合法权益。在当今国际体系和国际秩序深度调整的世界里,中国有资格有潜力成为国际投资法治的引领者,成为投资争端解决机制的建设者,成为司法审查制度的革新者,因为胸怀天下是中华民族与生俱来的优秀品质,公平正义是中国发展经久不衰的价值追求。[②] 通过完善仲裁司法审查制度促进国际投资条约仲裁发展,保障国际投资自由化便利化,不仅是中国的发展需要,更是国际社会的需求,是中国作为负责任大国的应有担当。投资及仲裁发展是仲裁司法审查制度建设的基础与目标,中国在投资领域的引领需逐步渗透到投资仲裁和司法审查制度。投资领域作为全球治理的关键领域,国际投资条约仲裁司法审查制度的完善事关全球治理体系改革进程,是我国推进高水平对外开放和营造法治化营商环境的担当作为。

(一)《中华人民共和国仲裁法》的修订

《中华人民共和国仲裁法》自颁布以来在仲裁领域发挥着重要作用,时至今日,随着新理论的不断发展、新实践的不断涌现,《仲裁法》需要与时俱进,同时也为仲裁司法审查制度完善提供了机遇。《仲裁法》自1995年实施以来,成为仲裁领域和仲裁司法审查领域最重要的制度指引,尤其是作为中

---

① 参见习近平:《共建创新包容的开放型世界经济——在首届中国国际进口博览会开幕式上的主旨演讲》,《人民日报》,2018 年 11 月 6 日。

② 参见习近平:《致力倡建"人类命运共同体"》,《人民日报》,2018 年 10 月 7 日。

国第一部仲裁法,意义重大。但20多年过去,我国主要通过最高人民法院出台《仲裁法司法解释》、裁决撤销和承认与执行等司法解释和通知对《仲裁法》进行补充,2017年9月《仲裁法》的修订,也仅仅是对部分内容进行微调。这些补充和修改虽有裨益,但已跟不上仲裁及司法审查领域的发展需求,导致《仲裁法》的适用暴露出越来越多的问题,甚至存在部分问题无法可依的状况。终于在2018年9月7日,中华人民共和国第十三届全国人大常委会将《仲裁法》修订列入二类立法规划,此次修改预计较为全面,甚至不排除整体结构调整的可能。①

《仲裁法》的修订是仲裁司法审查制度研究的契机和动力,尤其是对于国际投资条约仲裁司法审查这一较新领域。一方面,通过对国际投资条约仲裁司法审查制度的研究,发现《仲裁法》中与国际投资条约仲裁不适用、不协调的条文,进而思考相应的完善方案或方向,以期为中国法治建设建言献策。另一方面,《仲裁法》修订为国际投资条约仲裁司法审查制度研究提供动力,进一步说明国家在仲裁及司法审查领域的重视和需求。即便本次修订未能实现国际投资条约仲裁司法审查与《仲裁法》的完全融合,但随着国际投资条约仲裁的不断发展,《仲裁法》也会逐步摆脱单纯的普通国际商事仲裁视角,兼顾国际投资仲裁和普通国际商事仲裁,更好地为国际投资条约仲裁司法审查提供制度指引,更好地推动国际投资仲裁领域的法治建设。

(二)中国的双重大国身份

中国兼具资本输出大国和资本输入大国的双重身份,对国际投资条约仲裁司法审查制度完善方向和目标有重要影响。中国对外直接投资是指中

---

① 参见中国国际贸易促进委员会:《修改仲裁法形成中国仲裁完整体系》,《中国贸易报》,2018年12月18日。

国企业通过现金或实物等方式在境外投资,掌控境外企业的经营管理权。外商直接投资是指外国投资者在我国境内通过设立企业、分支机构、合作勘探开发等方式进行投资。[①] 以 2020 年为例,在资本输出方面,1—11 月中国对外非金融类直接投资 950. 8 亿美元,同比下降 3. 1%,下降主要是受疫情影响。2020 年中国对"一带一路"沿线国家投资合作不断推进,1—11 月中国对沿线国家非金融类直接投资 159. 6 亿美元,同比增长 24. 9%,占同期总额的 16. 8%,较上年提升 3. 9 个百分点。同时对外投资结构持续优化,批发零售、电力热力、信息技术服务等领域均增势明显,中国东部和西部地区对外投资增长较快。在资本输入方面,2019 年我国新设立外商投资企业约 4. 1 万家,实际使用外资 1381. 4 亿美元,同比增长 2. 4%,2020 年 1—11 月,全国实际使用外资 1294. 7 亿美元,同比增长 4. 1%。中国在对外投资和吸引外资方面均成绩显著,除了 2020 年疫情的特殊影响外,数据不相伯仲,这与良好的营商环境和科学的法律制度密不可分。

因此中国国际投资条约仲裁司法审查制度不但要根据发展需要和制度不足进行完善,而且必须针对中国资本输出大国和资本输入大国的双重身份,在完善时兼顾投资者和东道国利益,实现均衡发展,如此方能实现国家整体利益最大化,也与公正合理的价值追求相一致。倘若怀揣侥幸心理,在投资条约中过分扩大对投资者的利益保护,试图对中国投资者过度保护;却又在国内司法审查制度中过分严苛,试图过度维护东道国利益;很可能导致作出不合理的司法审查裁定,不合理地撤销或不予承认与执行国际投资条约仲裁裁决。这一方面会导致"一带一路"沿线国家和全球范围内其他国家的信任感丧失乃至抵制报复,可能出现投资争端政治化;另一方面对于苦心

---

① 国际经济贸易指标解释,中国国家统计局网站,http://www.stats.gov.cn/tjsj/zbjs/201310/t20131029_449534.html,2013 年 10 月 29 日,最后访问日期:2020 年 8 月 22 日。

营造的营商环境和国际形象造成严重打击,无法持续获益,反而要付出仲裁赔偿和投资损失等方面的代价。①

(三)共建"一带一路"

共建"一带一路"是中国同世界共享机遇、共谋发展的阳光大道,②也是国际投资条约仲裁司法审查制度完善的背景之一。共建"一带一路"促进沿线国家和地区投资自由化便利化,为各国企业营造开放、公平、非歧视的营商环境,扩大相互投资规模,释放发展潜力,进一步提升各国参与经济全球化的广度和深度。③ 中国与各国经过9年的努力和共商共建共享的坚持,促使共建"一带一路"进入新的发展阶段。④ 为了实现高质量、高标准、高水平建设"一带一路",沿线国家和有意参与的国家需进一步推动互利共赢,公正高效地解决投资等争端,加强制度的统一性和合理性,将投资保护与司法审查顺利融合,依法公正合理地支持与监督投资仲裁,增强投资者信心和维护东道国正当权益。故国际投资条约仲裁司法审查制度完善既是共建"一带一路"时代大背景的要求使然,又是通过制度完善主动助力共建"一带一路"的目标使然。

共建"一带一路"为仲裁司法审查制度完善提供了方向。共建"一带一路"是开放的,抛弃了地缘政治等狭隘目的,未来可能会有更多的发达国家

---

① See John Tirman, *International Law and International Relations: Bridging Theory and Practice*, New York: Routledge, 2006, pp. 278 – 287.

② 参见习近平:《同舟共济创造美好未来——在亚太经合组织工商领导人峰会上的主旨演讲》,《人民日报》,2018 年 11 月 18 日。

③ 参见习近平:《"弘扬上海精神 深化团结协作 构建更加紧密的人类命运共同体——在上海合作组织成员国元首理事会第二十次会议上的讲话"》,新华网,http://www.xinhuanet.com/politics/leaders/2020 – 11/10/c_1126723118.htm,2020 年 11 月 10 日。

④ 参见习近平:《把握时代机遇 共谋亚太繁荣——在亚太经合组织第二十六次领导人非正式会议上的发言》,《人民日报》,2018 年 9 月 19 日。

加入。现阶段多数参与国是发展中国家,还有部分国家处于欠发达状态,这直接影响到国际投资条约仲裁司法审查制度的完善,因为国家的不同发展阶段和软实力决定了国家的不同需求和制度的可操作性。中国的制度完善对于沿线国家和广大发展中国家具有一定的示范效应,尤其是在国际条约制度层面。投资条约中的义务对于缔约国双方提出同等要求,所以国际投资条约仲裁司法审查制度完善,要考虑到沿线国家对于来之不易的国家经济主权的珍视,对于社会公共利益的强调,对于外国投资者一定程度的不信任,对于国门开放可能带来国内产业负面影响的恐惧,对于不断提升的投资者待遇的担忧,对于国际投资仲裁公正性的渴望。要将仲裁司法审查制度完善与投资仲裁"一带一路"实践相结合,把握"一带一路"东道国的国情和接受度,避免合法性危机和利益失衡,保障国际投资条约仲裁处理争端的公正高效性,警惕极端的卡尔沃主义行径。完善自身仲裁司法审查制度建设,带动"一带一路"沿线国家和广大发展中国家的司法审查制度建设,进而促进投资仲裁发展和"五通"目标推进。

因此形成更加公正合理的国际投资条约仲裁司法审查制度为新时代正确之举,既符合中国的投资大国和吸引外资大国身份,契合《仲裁法》的修订时机,又符合共建"一带一路"的顶层设计要求。

二、中国国际投资条约及条约仲裁的发展现状

中国国际投资条约仲裁的发展与中国参与国际投资条约的发展密切相关,①尤其是国际投资条约仲裁条款的设置直接影响国际投资条约仲裁司法

---

① See Wenhua Shan, *China and International Investment Law: Twenty Years of ICSID Membership*, Leiden: Brill Nijhoff, 2014, pp. 9 – 22.

审查。在改革开放后的 1982 年宪法中,中国才在最高法律位阶层面肯定了外国投资者的法律地位和权利,后依靠《中华人民共和国中外合资经营企业法》《中华人民共和国外资企业法》《中华人民共和国中外合作经营企业法》更细致地保障投资者的权利,2020 年《中华人民共和国外商投资法》的施行进一步促进外商投资、保护投资者合法权益。中国参与的国际投资条约的仲裁条款发展,为中国国际投资条约仲裁的发展和司法审查提供了制度基础。

第一,在双边投资协定方面,1982 年中国与瑞典签署了中国历史上第一部现代意义的双边投资协定,该协定还规定了缔约双方就条约解释或执行出现问题时的解决方式。之后中国又与德国、法国、比利时、卢森堡、芬兰、挪威等一批欧洲国家签署了双边投资协定。直到 1985 年开始与泰国、新加坡、科威特、斯里兰卡等一批亚洲国家签署双边投资协定。[1] 1982—1998 年这一时期被称为保守阶段,投资协定的签署对于中国投资者的实际保护不明显,更多的是应资本输出国的要求,本着对友好外交关系的支持而签署,因为中国资本和投资者还不具备大规模"走出去"的实力和能力。[2] 双边投资协定的内容也较为简约,中瑞、中泰等协定中缺少投资者-东道国争端解决条款,只有缔约国间的争端解决机制。中新、中丹等协定中虽赋予投资者提起仲裁的权利,但严格限制在"征收、国有化或其效果相当于征收、国有化的其他措施发生的补偿款额的争议"[3]。1998 年后中国投资者积极走向世界,投资者的保护和争端解决问题日益引起重视,中国开始主动签署双边投资协定,积极纳入有利于投资者的实体条款和程序条款。1998 年中国与巴

---

① See Joel P. Trachtman, *The Economic Structure of International Law*, Boston: Harvard University Press, 2008, pp. 119 – 149.

② 参见李玲:《中国双边投资保护协定缔约实践和面临的挑战》,《国际经济法学刊》,2010 年第 4 期。

③ 《中华人民共和国政府和新加坡共和国政府关于促进和保护投资协定》第 13 条"投资争议"。

巴多斯签署双边投资协定,其中加入了"依据 1965 年 3 月 18 日在华盛顿签署的《关于解决一国与他国国民间投资争端公约》设立的'解决投资争端国际中心'"的内容,①标志着中国首次在双边投资协定中同意 ICSID 的管辖。之后又有中芬、中乌等协定也借鉴了类似规定。由于这一时期世界范围内新自由主义盛行,许多发展中国家一改过往的保守主义,积极采取自由宽松的经济政策,中国也适时顺应潮流。故 1998—2008 年这一时期被称为自由阶段。2008 年后,全球范围内的国际投资条约仲裁案例已有一定积累,特别是阿根廷的投资仲裁遭遇,引发各国对于国际投资条约仲裁条款和保护内容的反思,对于过度保护投资者利益而损害东道国利益不满,于是中日韩投资协定、中加双边投资协定等条约谈判签订时,更加注重投资者与东道国利益的平衡,明确最惠国待遇不适用投资争端解决机制、列明可仲裁性事项、设置前置程序等。在争端解决条款中,为当事人提供更多选择,甚至允许争议双方同意的任何仲裁。为国际投资条约仲裁司法审查预留空间,以期实现投资者与东道国的利益均衡。2020 年 12 月 30 日,中欧领导人共同宣布如期完成中欧投资协定谈判。2008 年至今,国际投资条约仲裁的去商事化呼声不断,对于双边投资协定升级的要求不断被提出,主要目的就是平衡投资者与东道国利益保护,故被称为平衡阶段。②

第二,在自贸协定方面,中国已经签署 19 个自贸协定,涉及 26 个国家或地区。自贸协定的兴起始于 2000 年之后,最早是 2002 年与东盟签署框架协议,2005 年签署的贸易协议,2009 年才签署涵盖投资者-东道国争端解决条

---

① 《中华人民共和国政府和巴巴多斯政府关于鼓励和相互保护投资协定》第 9 条"投资争议的解决"。

② 参见银红武:《中国双边投资条约的演进——以国际投资法趋同化为背景》,中国政法大学出版社,2017 年,第 88~98 页。

款的《中国-东盟全面经济合作框架协议投资协议》，[①]后来还完成了中国-东盟升级版，其他如2005年中国-智利自贸协定也属于早期签署。大多数区域贸易协定的投资章节都设有投资者-东道国争端解决机制，诸如中国-澳大利亚自贸协定、中国-东盟全面经济合作框架协议投资协议、中国-秘鲁自贸协定等。少数如中国-格鲁吉亚自贸协定由于没有设立投资章节，而争端解决章节只有缔约国间的争端解决机制，所以缺少国际投资条约仲裁条款。2020年11月15日，区域全面经济伙伴关系协定（RCEP）正式签署，作为全球最大的自贸协定，包括东盟10国与中国、日本、韩国、澳大利亚、新西兰。整体来讲，中国自贸协定签署立足周边，诸如新加坡、韩国、巴基斯坦等国；[②]辐射"一带一路"沿线国家，诸如东盟、格鲁吉亚等；还囊括发达国家，诸如澳大利亚。相对于早期的双边投资协定，近年的自贸协定对于投资条款和司法审查制度的设定更加合理，更加注重投资者与东道国利益平衡，诸如前置程序条款、利益拒绝条款等。[③]

国际投资条约仲裁条款存在一定共性，但各个阶段和不同年代差别较大。以中国为例，20世纪80年代的部分条约中未纳入投资者-东道国仲裁条款，而1998年之前的条约与1998年之后的条约在投资者-东道国仲裁条款设置上发生一定变化。但总体而言，仲裁条款设置ICSID仲裁、《ICSID附加便利规则》仲裁、根据UNCITRAL仲裁规则进行临时仲裁，此三种最为常见。1998年之前的老一代条约中常出现诸如《中国和吉尔吉斯斯坦关于鼓励和相互保护投资协定》第8条中的专设仲裁庭，除了仲裁庭组成方式在条

① See Chin Lim and Bryan Mercurio, *International Economic Law After The Global Crisis*, Cambridge: Cambridge University Press, 2015, p. 263.

② See Julien Chaisse, Henry Gao and Chang – fa Lo, *Paradigm Shift in International Economic Law Rule – Making*, Singapore: Springer, 2017, pp. 293 – 306.

③ See Julien Chaisse and Tomoko Ishikawa Sufian Jusoh, *Asia's Changing International Investment Regime: Sustainability, Regionalization, and Arbitration*, Singapore: Springer, 2017, pp. 229 – 245.

约中详细规定,其他程序由专设仲裁庭自行制定。相对特殊的是《中日韩关于促进、便利及保护投资的协定》第 15 条中的经争端缔约方同意,可依据其他仲裁规则进行任何仲裁。

表 5-1   中国对外签订国际投资条约的仲裁条款比较

阶段	仲裁选择的主要内容	主要特点	代表性条约
保守阶段		不存在投资者-东道国争端解决条款	《中国-格鲁吉亚FTA》《中国-瑞士 FTA》《中国-挪威 BIT》《中国-泰国 BIT》
	"如涉及征收补偿款额的争议,在诉诸本条第一款的程序后六个月内仍未能解决,可应任何一方的要求,将争议提交专设仲裁庭。"	限于由征收、国有化发生的补偿款额争议,允许投资者提交专设仲裁庭,且对仲裁庭组成方式详细规定,并允许仲裁庭自行制定仲裁程序	《中国-丹麦 BIT》《中国-新加坡 BIT》
自由阶段	"应任何一方的请求争议可提交给:(一)依据 1965 年 3 月 18 日在华盛顿签署的《解决国家和他国国民之间投资争端公约》设立的"解决投资争端国际中心";或(二)专设仲裁庭	允许投资者提交 IC-SID 仲裁,部分条约允许依据 UNCITRAL 仲裁规则组建仲裁庭或允许其他专设仲裁庭仲裁	《中国-新西兰FTA》《中国-巴基斯坦 FTA》《中国-巴巴多斯 BIT》《中国-塞浦路斯 BIT》

阶段	仲裁选择的主要内容	主要特点	代表性条约
平衡阶段	"争端投资者可依据下述仲裁规则,将其诉请提请仲裁:(一)《ICSID 公约》,条件是缔约双方均为该公约的缔约国;(二)《ICSID 附加便利规则》,条件是有一个缔约方为《ICSID 公约》缔约国,但不是双方均是该公约缔约国;或(三)《UNCITRAL 仲裁规则》"	允许投资者依据《ICSID 公约》《IC-SID 附加便利规则》《UNCITRAL 仲裁规则》提起仲裁	《中国－加拿大BIT》
	"投资争议应根据争议投资者的申请,提交至:(二)依据《国际投资争端解决中心公约》进行的仲裁,如可适用该公约;(三)根据国际投资争端解决中心附加便利规则进行的仲裁,如可适用该规则;(四)根据联合国国际贸易法委员会仲裁规则进行的仲裁;或(五)经争议缔约方同意,依据其他仲裁规则进行的任何仲裁。""(四)经争议双方同意的任何其他仲裁机构或专设仲裁庭"	除常规选择外,最后一种选择或者允许经争议缔约方同意,依据其他仲裁规则进行的任何仲裁;或者允许经争议双方同意的任何其他仲裁机构或专设仲裁庭	《中国-智利 FTA》《中国-韩国 FTA》《中日韩关于促进、便利及保护投资的协定》《中国－乌兹别克斯坦 BIT》
	"(一)依据《解决投资争端国际中心公约》及《解决投资争端国际中心程序规则》,前提是被诉方与非争端缔约方均为《解决投资争端国际中心公约》的缔约方;(二)依据《解决投资争端国际中心附加便利规则》,前提是被诉方或非争端缔约方为《解决投资争端国际中心公约》的缔约方;(三)依据《贸易法委员会仲裁规则》,除非本协定及关于投资者-国家争端解决透明度规则的换文另有修订;或者(四)如申诉方与被诉方达成一致,向其他任何仲裁机构提交或依据其他任何仲裁规则。"	除常规选择外,最后一种选择既允许经争议双方同意提交任何其他仲裁机构,又允许经争议缔约方同意,依据其他任何仲裁规则	《中国-澳大利亚FTA》

资料来源:中国商务部条约法律司我国对外签订双边投资协定一览表、中国自由贸易区服务网

截至 2020 年 12 月,中国直接涉及的国际投资条约仲裁共有 12 个。作为投资者母国的有:2007 年"Tza Yap Shum(谢业深)诉秘鲁"案,2010 年"Beijing Shougang(北京首钢)诉蒙古"案,2011 年"Philip Morris(菲利普·莫里斯)诉澳大利亚"案,2012 年"Ping An(平安)诉比利时"案,2014 年"Beijing Urban Construction(北京城建)诉也门"案,2012 年"Sanum(世能)诉老挝"案,2020 年"Beijing Skyrizon(北京天骄)诉乌克兰"案。作为被申请方的有:2011 年"Ekran(马来西亚伊佳兰)诉中国"案,2014 年"Ansung Housing(韩国安城)诉中国"案,2017 年"Hela Schwarz(德国海乐)诉中国"案,2020 年"Macro(日本宏大)诉中国"案,2020 年"Goh Chin Soon(新加坡商人)诉中国"案。[1] 这 12 个案件除了 Philip Morris 诉澳大利亚案、Beijing Shougang 诉蒙古案、Sanum 诉老挝案是由海牙常设仲裁法院管理,依据 UNCITRAL 仲裁规则进行的临时仲裁,以及 Beijing Skyrizon 诉乌克兰案提交临时仲裁庭外,其余 8 个案件均为 ICSID 仲裁。综上所述,中国最早的国际投资条约仲裁是 2007 年,自此之后数量逐渐增多,时间间隔逐渐缩短,特别是 2020 年数量增长较为明显,这与新冠肺炎疫情监管增加国际投资条约仲裁的可能性相一致,与世界范围内的国际投资条约仲裁发展趋势基本吻合。ICSID 接收的案件占中国所涉案件的多数,与世界范围内的三分之二比例相近。可以预见,随着国际投资的繁荣发展,国际投资条约仲裁案件数量和影响力会进一步增长,[2]中国在未来不可避免会面对国际投资条约仲裁司法审查,仲裁司法审查制度的重要性显而易见。

---

[1] Investment Dispute Settlement Navigator, UNCTAD Investment Policy, http://investmentpolicyhub. unctad. org/ISDS/FilterByCountry。

[2] See S. Akinlolu Fagbemi, A Critical Analysis of the Mechanisms for Settlement of Investment Disputes in International Arbitration, *Nnamdi Azikiwe U. J. Int'l L. & Juris.*, vol. 8, no. 1, 2017, pp. 46 - 52.

三、中国国际投资条约仲裁司法审查制度的现状

中国国际投资条约仲裁司法审查制度分为国内法律制度和国际条约制度。中国仲裁司法审查的国内法律制度涵盖多个部门法,涉及不同法律位阶,虽然时间、地区跨度大,但新近发展成果颇丰。全国人大及其常委会的立法主要有两部,早在1995年9月,中国《仲裁法》便开始实施,成为中国国际投资条约仲裁司法审查最重要的制度之一,历经小幅改动如今正式修改,该法对于仲裁协议、仲裁程序、仲裁裁决撤销的规定为司法审查提供了重要而详细的依据。1991年4月全国人大通过了《民事诉讼法》,后历经多次修改,虽然大部分内容是关于民事诉讼,但是第二十六章仲裁的内容和第二十七章国外仲裁机构裁决的承认与执行内容,均涵盖重要的司法审查制度。

最高人民法院制定的司法解释和通知主要有:2006年施行的《关于适用〈仲裁法〉若干问题的解释》,结合仲裁法的内容和实践,对司法审查进行了更细致的规定;2014年通过的最新的《关于适用〈民事诉讼法〉的解释》,也包含涉及司法审查的内容;2017年5月发布了《关于仲裁司法审查案件归口办理有关问题的通知》,内地仲裁裁决的撤销、港澳台裁决的认可与执行、外国裁决的承认与执行由法院专门业务庭办理;2017年12月颁布的《关于仲裁司法审查案件报核问题的有关规定》将之前涉外仲裁的"报告"制度改为"报核"制度,适用范围也有所扩展;2017年12月还颁布了《关于审理仲裁司法审查案件若干问题的规定》,对于仲裁司法审查管辖权、终局性、准据法、依据等问题作了详细规定;2018年3月施行的《关于人民法院办理仲裁裁决执行案件若干问题的规定》,解决了许多之前裁决执行中的模糊之处。一系列司法解释和通知与2016年最高人民法院的《关于人民法院进一步深化多元化纠纷解决机制改革的意见》精神相一致,可视为"加强与仲裁机构对接、

积极支持仲裁制度改革"的落实。① 这些司法解释和通知并非限于普通商事仲裁司法审查的适用，并未排除国际投资条约仲裁司法审查的适用，综观司法解释全文，未有"商事仲裁"字眼，通篇使用"仲裁司法审查"，也未能从具体条文中推断出只适用于商事仲裁司法审查，故制度通用与最高人民法院"推动多元化纠纷解决机制的国际化发展，为'一带一路'提供司法服务与保障"的精神相符。

当然，仲裁司法审查制度以国际商事仲裁协议和裁决为潜在调整对象较为明显，反而说明了"国际投资条约仲裁"视角的必要性和仲裁司法审查制度完善的重要性。中国内地与港澳台之间也存在 1999 年通过的《关于内地与香港特别行政区相互执行仲裁裁决的安排》、2019 年实施的《关于内地与香港特别行政区法院就仲裁程序相互协助保全的安排》、2020 年签署的《关于内地与香港特别行政区相互执行仲裁裁决的补充安排》、2007 年通过的《关于内地与澳门特别行政区相互认可和执行仲裁裁决的安排》，以及台湾地区的仲裁裁决适用于 2015 年通过的《最高人民法院关于认可和执行台湾地区仲裁裁决的规定》。国内法律制度对于外国仲裁、涉外仲裁、港澳台仲裁均有规定，覆盖仲裁协议、仲裁裁决的撤销、仲裁裁决的承认（认可）与执行，内容相对丰富。

中国仲裁司法审查的国内法律制度发展为国际投资条约仲裁司法审查制度完善打下稳固基础。一是法律体系基本建立，以《仲裁法》《民事诉讼法》为主，以最高法司法解释和通知安排为辅，虽然是以国际商事仲裁为潜在调整对象，但制度并不排除国际投资条约仲裁司法审查适用，即便存在不适用、不协调之处，也有机会进行修改完善。制度体系的建立尤为关键，确

---

① 最高人民法院关于人民法院进一步深化多元化纠纷解决机制改革的意见，中国法院网，https://www.chinacourt.org/law/detail/2016/06/id/148740.shtml，2016 年 6 月 28 日，最后访问日期：2020 年 10 月 23 日。

保有法可依。二是形成了符合国情的司法审查工作制度,仲裁司法审查案件归口办理,专门业务庭有利于依法正确审理案件,实现审查尺度的统一,专业分工提高了司法审查人员的专业性和高效性,对于投资者和东道国的利益维护大有裨益。还有仲裁司法审查案件报核制度,尤其是针对拟定仲裁协议无效、撤销裁决、不予承认(认可)和执行裁决的否定性结论,需要上报高级法院乃至最高法院审核,体现出对于否定性结论的慎重和对仲裁发展的保障,能够统一否定性裁定的尺度,防止滥用司法审查权力。此外,司法审查机关与仲裁机构的对接,司法审查人员素质的提升、队伍的壮大,司法审查理论研究的不断深入,都为司法审查国内法律制度进一步完善创造了有利条件。

就仲裁司法审查的国际条约制度而言,涉及司法审查内容的国际条约数量众多,既包括中国参与的双边投资协定、自贸协定,又包括《纽约公约》等多边条约。双边投资协定和自贸协定并未针对仲裁司法审查设置专门条款,但这并不意味着条约的条款无法指导和影响仲裁司法审查。由于条约本身是对缔约国的授权和权力约束,无论是协定的投资保护条款还是协定的争端解决条款,不论是影响国际投资条约仲裁条款的司法审查,还是影响国际投资条约仲裁裁决撤销或承认与执行的司法审查,均可归为国际投资条约仲裁司法审查制度范畴之内。此外,《纽约公约》对于外国仲裁裁决的司法审查尤为重要,虽然目前《纽约公约》在中国对于国际投资条约仲裁裁决的适用存在障碍,但国际投资条约仲裁的发展为制度变更和完善创造了机会。《纽约公约》于 1958 年制定,1959 年 6 月 7 日生效,宗旨是为了确保外国仲裁裁决和非内国仲裁裁决能够受到内国裁决的同等待遇,得到承认和强制执行,同时促进投资者对于仲裁的信任。截至 2020 年 8 月,公约有 165 个缔约方。1987 年 4 月 22 日《纽约公约》对中国生效,中国同时发出了"该国适用《公约》仅限于承认和执行在另一个缔约国领土上作出的裁决"

"该国适用《公约》仅限于根据国内法被认为属于商业性质而无论是否属于合同性质的任何问题在法律关系上所产生的分歧""中国政府 1997 年 7 月 1 日恢复对香港的主权后,立即按照中国加入《公约》之初所作的声明,将《公约》的领土适用范围延伸至中国香港特别行政区。2005 年 7 月 19 日,中国宣布,按照中国加入《公约》之初所作的声明,《公约》适用于中国澳门特别行政区"三项通知。除《纽约公约》外,中国也是《ICSID 公约》缔约国,虽然《ICSID 公约》在第 52 条规定了撤销制度,但排除了法院的司法审查,并非司法审查制度,仅可作为司法审查制度的比较对象。总之,中国参与的双边投资协定、自贸协定和《纽约公约》作为仲裁司法审查的国际条约制度,同样为仲裁司法审查提供制度支撑,是司法审查制度的有机组成部分,需要结合国际投资条约仲裁的特殊性从中国视角予以完善。

四、中国国际投资条约仲裁司法审查制度的问题

(一)国际条约制度的问题

1. 仲裁程序透明度条款的缺失

仲裁程序透明度要求是国际投资条约仲裁司法审查的独特之处,是条约的投资者-东道国争端解决章节不可或缺的一部分。透明度是指根据协定或公约的规定,负有披露义务方通过一定方式将信息如实对外公布,确保相关的公众知晓信息。国际投资条约仲裁程序的透明度,参照 UNCITRAL《贸易法委员会投资人与国家间基于条约仲裁的透明度规则》,主要包括四方面的内容:其一,仲裁程序启动信息的公开。及时将国际投资条约仲裁的程序启动信息公布,有助于公众对于仲裁的知晓,为投资争端的利害关系人第一时间获悉争端解决方式,及时行使权利和保障自身合法权益提供机会。

其二,仲裁文件的公开。仲裁通知、对仲裁通知的答复、申请书、答辩书、书面陈述、证物证言清单、审理笔录、仲裁庭的命令或决定或裁决等书面材料,在遵守程序的前提下向公众公开,确保公众及时了解仲裁信息和程序进展。其三,第三人参与仲裁。经过仲裁庭与争端方协商后,仲裁庭既允许不是争议方也不是非争议方条约缔约方的人就争议事项提交书面材料,又允许非争议方条约缔约方就条约解释问题或争议事项提交材料。其四,审理公开。庭审环节、口头辩论和听证会等需对外公开,便于公众监督,尤其是出示证据等情形可通过视频链接等多样化手段实现公开。

值得注意的是,仲裁程序的透明度要求并非绝对的,针对商业机密信息、根据条约受到保护而不得向公众提供的信息、根据被申请国法律受到保护而不得向公众提供的信息、披露后妨碍执行法律的信息、披露后违背国家安全利益的信息等,可采取非公开审理、限制推迟公布等灵活安排。国际投资条约仲裁虽然与普通国际商事仲裁联系紧密且可通用司法审查国内制度,但国际投资条约仲裁及其司法审查的特殊性也决定了对条约中透明度条款的要求。国际投资条约仲裁与公共利益和国家权益息息相关,争端源于投资者认为东道国公权力的行使违反投资条约义务,争端主体是投资者与主权国家,争端常涉及资源开发、环境保护、基础设施建设等国计民生领域,一旦裁决东道国支付赔偿,实际是由东道国国民最终承担财政负担。故国际投资条约仲裁需要仲裁过程的公开透明,以便接受公众监督,司法审查的国际条约制度需要将仲裁程序透明度条款纳入,以便当违反仲裁程序透明度要求时,撤销或承认与执行司法审查顺利实施,这与私人间的普通国际商事仲裁的保密性要求截然不同。在 Biwater 公司诉坦桑尼亚案例中,仲裁庭也明确强调投资仲裁的保密性和隐私问题的处理方式不用于普通国际商事仲裁,依据条约启动的投资仲裁具有显著的透明化趋势。① 中国签署的国际投资条约中仲裁程序透明度条款普遍缺失,也未加入《联合国投资人与国家间基于条约仲裁透明度公约》,一方面使当事人无法对国际投资条约仲裁透明度问题提出抗辩,另一方面导致国际投资条约仲裁司法审查无法将违反透明度要求认定为仲裁程序不当。这也使得司法审查无法对仲裁的合法性危机和不公正合理裁决进行矫正,因缺乏依据而限制国际投资条约仲裁司法审查的监督作用发挥。

2. 东道国法院的司法审查主体资格不明晰

东道国法院是否具备仲裁裁决承认与执行的司法审查主体资格,通常由国际投资条约的裁决效力条款决定,但不少条约的规定模棱两可。东道国作为投资争端一方,根据国际投资条约仲裁实践,裁决作出后,很可能出现投资者在东道国申请裁决的承认与执行,此时东道国法院是否具备对裁决进行承认与执行的司法审查的主体资格,即便国内法授权,也要根据国际投资条约中争端解决章节的裁决效力条款的具体规定而定。从应然视角看,东道国法院完全有必要对裁决的承认与执行进行司法审查,这不仅是东道国法院的司法审查权力的正当行使,也有助于国际投资条约仲裁裁决的支持与监督。当然,东道国如果在缔结条约时为了吸引投资,也可以明确放弃裁决承认与执行的司法审查主体资格,这也是缔约国权利的正当行使。但实际情况是,条约中裁决效力条款中常有"仲裁裁决为终局裁决,仲裁裁决对当事人有拘束力,各方当事人应毫不延迟地履行裁决""仲裁庭作出的裁决应当是终局的,对于投资争端的当事双方具有约束力,争端一方应遵守并履行裁决,不得延误"等类似表述,这种表述对东道国法院的司法审查主体资格问题语焉不详,容易引起歧义。

---

① 参见齐湘泉、姜东:《国际投资争端解决中的透明度原则》,《学习与探索》,2020 年第 2 期。

在此情况下,一方面,条约中裁决效力条款的"仲裁裁决为终局裁决""仲裁裁决对当事人有拘束力""裁决对于投资争端的当事双方具有约束力"的内容仅能强调裁决的效力,并不影响东道国司法审查主体资格。如同《纽约公约》第 3 条 "各缔约国应承认裁决具有拘束力"的内容,并不影响各国法院依据《纽约公约》第 5 条进行裁决承认与执行的司法审查。因此,诸如"仲裁庭的裁决为终局裁决,具有拘束力"[①]"仲裁庭的裁决是终局的,对争议当事双方具有拘束力"[②]的效果是明确的。另一方面,条约中裁决效力条款"各方当事人应毫不延迟地履行裁决""争端一方应遵守并履行裁决,不得延误"的内容,才是导致东道国法院司法审查主体资格不明晰的真正原因。这类似于《ICSID 公约》第 53 条中剥夺缔约国法院司法审查资格的是"不得进行任何上诉或采取任何其他除本公约规定外的补救办法"的内容,而非"裁决对双方有约束力"的表述。从国际投资条约仲裁司法审查的意义和国际条约的功能出发,虽然东道国是国际投资条约仲裁当事人之一,但仅通过裁决的终局性和拘束力不能排除东道国的司法审查权,条约中"各方当事人应毫不延迟地履行裁决"的表述也未明确东道国法院是否能够进行裁决承认与执行的司法审查。中国签署的多数条约导致的该种模糊状态,既不利于裁决的承认与执行,又不利于东道国法院的司法审查,还增加了东道国违反条约义务的风险。

3. 缺乏不予承认与执行被撤销裁决的规定

被撤销仲裁裁决的承认与执行是极具代表性的争议问题,直接影响国际投资条约仲裁裁决承认与执行的司法审查,而理论和实践对于被撤销裁决能否在仲裁地外被承认与执行均未统一。被撤销仲裁裁决在仲裁地外承

[①] 《中国-丹麦双边投资保护协定》第 8 条第 4 款。

[②] 《中国-荷兰双边投资保护协定》第 10 条第 5 款。

认与执行的争议是国际商事仲裁司法审查的老问题,即普通国际商事仲裁司法审查和国际投资条约仲裁司法审查的共同问题。部分国家认为已经撤销的仲裁裁决仍可在仲裁地外获得承认与执行,另一部分国家则坚持裁决被撤销后无论在何地都不再有被承认与执行的可能性。之所以产生被撤销仲裁裁决在仲裁地外承认与执行的争议,一方面是因为《纽约公约》第5条第1款造成的分歧,《纽约公约》调整裁决的承认与执行,而裁决的撤销是由国家依国内法进行。《纽约公约》第5条第1款未对被撤销裁决的承认与执行予以明确,仅规定"证明有下列情形之一时,可以根据该方的请求拒绝承认与执行",而"裁决对各方尚无约束力,或被裁决地所在国或裁决所依据法律的国家主管机关撤销或停止执行"被列出为情形之一。在此规定下,部分学者认为条款英文版本的"may"(可以)实际是"shall"(应该)的意思,于是被撤销的仲裁裁决不应得到执行地国的承认与执行;部分学者则认为规定的是"可以"拒绝承认与执行,而不是"必须"拒绝承认与执行,这为执行地国提供了自由选择权,执行地国可自行决定是否承认与执行被撤销的仲裁裁决。另一方面是因为仲裁理论基础不同,绝对属地主义理论和非当地化理论的差异,前者指向仲裁地司法审查的前提性和重要性,执行地应当尊重和服从仲裁地的司法审查结果,执行地面对被撤销的裁决应当拒绝裁决的承认与执行;后者指向执行地不承认仲裁地司法审查的普遍性效力,即便是已被仲裁地撤销的仲裁裁决,由执行地根据国内法自行决定已撤销仲裁裁决的承认与执行。①

聚焦到国际投资条约仲裁裁决承认与执行的司法审查,其影响的是国家主权和公共利益,对于公正合理性的要求更高,倘若裁决因司法审查制度

---

① 参见桑远棵:《超越属地主义:已撤销仲裁裁决的承认与执行》,《武大国际法评论》,2020年第4期。

而被撤销,却能够在仲裁地外被执行,将进一步导致投资者与东道国利益失衡,损害仲裁公正性和健康发展。通常不予承认与执行被撤销裁决也符合相对属地主义理论,一般情况下执行地应该认可仲裁地对裁决的撤销,除非裁决撤销行为有瑕疵或者违反道德、正义或公共政策。目前中国签署的绝大多数国际投资条约,侧重强调裁决的终局性、拘束力和执行力,忽视对被撤销裁决的承认与执行的排除,加之《纽约公约》因商事保留被排除适用,非常不利于国际投资条约仲裁裁决承认与执行的司法审查,对被撤销裁决的不予承认与执行。

4.缺少缔约国联合解释的准据法条款

国际投资条约仲裁的准据法是国际投资条约仲裁司法审查的基础,条约对缔约国联合解释的忽视,将加重国际投资条约仲裁的合法性危机,限制司法审查的功能发挥。国际投资条约仲裁及其司法审查依赖国际投资条约,在准据法层面与普通国际商事仲裁及其司法审查存在差异。无论是因立法技术落后还是为预留制度空间,抑或是不同缔约主体的表述差异或外部环境发生变化,条约中影响司法审查的条款存在笼统化和模糊性特征,于是条约解释便十分重要,条约中的准据法条款直接影响仲裁庭权限和司法审查认定。古老的法律谚语讲"谁制定的法律谁就有权解释"[1],缔约国作为国际投资条约的制定方,当然享有条约解释的权利。在国际投资条约仲裁中,仲裁庭的裁判权力通过缔约国缔结的条约而获得,条约可以对仲裁庭的权力边界进行约束。缔约国在国际投资条约中规定缔约国的联合解释作为仲裁准据法,若一定期限内缔约国未作出联合决定,则仲裁庭方可独自依法解释,从而避免缔约国联合解释被仲裁庭忽视,合理约束仲裁庭权力。但当前中国签署的双边投资协定和自贸协定,很少设立缔约国联合解释的准据

---

① 韩燕煦:《条约解释的要素与结构》,北京大学出版社,2015 年,第38 页。

法条款,导致国际投资条约仲裁条款司法审查无法因仲裁庭的不当解释,而对仲裁条款的效力进行公正裁判,导致国际投资条约仲裁裁决撤销或承认与执行司法审查,不能有效使用仲裁程序不当的理由。如同美国投资者诉阿根廷和"SGS诉菲律宾"案例中,仲裁庭解释不统一或刻意偏向投资者进行解释,而司法审查需要准据法条款来赋予缔约国联合解释效力,否则使得司法审查力有不逮。总之,中国的大部分国际投资条约中未重视缔约双方联合解释的法律效力,缔约国联合解释的准据法条款的缺少对司法审查制度的矫正作用产生不利影响。

5. 司法审查关联条款设置不当

国际投资条约仲裁司法审查并不局限于仲裁条款,国际投资条约中的其他部分条款与司法审查直接相关,需纳入司法审查制度范畴,这些条款的不当设置分为被遗漏、未排除和内涵不明。尤其是国际投资条约仲裁条款司法审查时,需要通过关联条款判断仲裁条款存在、有效、失效的问题,而关联条款设置不当存在多方面原因。一方面是国际投资条约发展是从保守阶段到自由阶段再到平衡阶段,中国在每个阶段签署的条约都具有当时的特点,保守阶段的关联条款容易出现遗漏,自由阶段时又可能过度倾向于投资者,导致纳入不合理的关联条款。另一方面随着时间推移,出现投资新实践和环境、语境变化,都会影响关联条款的作用,导致曾经设置恰当的条款在新形势下适应性不足。中国签署的100多个双边投资协定和19个自贸协定,跨越不同年代且更新速度缓慢,导致不少条约的司法审查关联条款内容陈旧。遗漏利益拒绝条款,可能导致司法审查机关对于条约挑选行为的规制不足;投资定义条款简略,导致国际投资条约仲裁条款司法审查对于适格投资的认定存在障碍;未排除最惠国待遇条款对于争端解决条款的适用,使得司法审查很难公正合理地对于仲裁条款予以认可;未排除保护伞条款,可能将合同争端纳入国际投资条约仲裁条款效力范围,不利于公正合理的司法审查结果;岔路口条款内涵不明,导致司法审查机关较难认定东道国同意仲裁的意思表示是否存在;用尽当地救济条款的内涵不明也直接影响东道国同意意思表示的限制认定困难。凡此种种,凸显投资条约中的司法审查关联条款设置不当对于国际投资条约仲裁司法审查的负面影响。

6.《纽约公约》商事保留对投资仲裁的排除适用

《纽约公约》的适用直接影响国际投资条约仲裁裁决承认与执行的司法审查,《纽约公约》允许缔约国商事保留,而中国的《纽约公约》商事保留导致公约对投资仲裁无法适用。《纽约公约》的签署极大促进了国际商事仲裁立法和实践的统一,尤其在仲裁裁决的承认与执行方面,《纽约公约》明确要求缔约国依条件执行且列举了拒予承认与执行的情形,对于合法有效仲裁裁决的普遍承认与执行有重大意义。与此同时,《纽约公约》导言允许缔约国在签署、批准、加入公约时进行互惠保留和商事保留。中国于 20 世纪 80 年代加入《纽约公约》,之后我国法院严格依照《纽约公约》对承认与执行外国仲裁裁决案件进行审理,赢得广泛国际声誉。但中国在加入《纽约公约》时作了互惠保留和商事保留,其中商事保留即"该国适用《公约》仅限于根据国内法被认为属于商业性质而无论是否属于合同性质的任何问题在法律关系上所产生的分歧"。① 在商事保留下,结合"最高人民法院关于执行我国加入的《纽约公约》的通知",导致"契约性和非契约性商事法律关系"不包括"外国投资者与东道国政府之间的争端",即《纽约公约》在我国无法适用于国际投资条约仲裁裁决的承认与执行。这对《纽约公约》功能的广泛发挥和国际投资条约仲裁裁决承认与执行的司法审查造成不利影响,也不适应当前我国国际投资条约仲裁司法审查的发展需要。

---

① 《承认与执行外国仲裁裁决公约》状况,联合国国际贸易法委员会网站,http://www.uncitral.org/uncitral/zh/uncitral_texts/arbitration/NYConvention_status.html。

(二)国内法律制度的问题

1.国际投资条约仲裁条款司法审查制度的问题

第一,未明确国际投资条约仲裁司法审查的制度适用。仲裁司法审查制度主要是以普通国际商事仲裁为适用对象,近年国际投资条约仲裁的迅速发展才产生仲裁司法审查制度对国际投资条约仲裁的适用问题。最高法关于执行我国加入的《纽约公约》的通知,已经明确"契约性和非契约性商事法律关系"不包含"外国投资者与东道国政府之间的争端"。当"投资"未被纳入"商事关系"时,会影响中国的国际投资条约仲裁司法审查适用现存的仲裁司法审查制度,不仅十分不利于国际投资条约仲裁司法审查的认定,更不利于中国国际投资条约仲裁司法审查实践,导致该问题无法可依。具体从制度层面分析,首先近年来的一系列司法解释和通知虽然采取"仲裁司法审查"的表述,但是否包括国际投资条约仲裁及其他类型投资仲裁的司法审查,并不明确。其次《仲裁法》虽然也采取"仲裁"的概括性表述,但其总则部分"平等主体的公民、法人和其他组织之间发生的合同纠纷和其他财产权益纠纷,可以仲裁"的规定不利于国际投资条约仲裁这一不平等主体间争端解决机制的适用。而中国在资本输出和资本输入双重大国的身份下,在国际投资条约和仲裁不断发展的形势下,国际投资条约仲裁司法审查终将发生,需要有法可依。国内法律制度对于国际投资条约仲裁纳入的模棱两可,不仅影响国际投资条约仲裁条款的司法审查,对于国际投资条约仲裁裁决、仲裁裁决承认与执行的司法审查同样不利。此种不明确的状态既不利于国际投资条约仲裁司法审查的实践,也会导致中国国际投资条约仲裁司法审查制度发展与世界脱节。

第二,不承认临时仲裁。临时仲裁区别于机构仲裁的常设仲裁机构对仲裁程序的管理,虽然临时仲裁在实践中具备高效低成本等许多优点,以及可以由当事人自行创设仲裁程序,自行决定仲裁员等事项,但我国《仲裁法》对临时仲裁缺乏规定,甚至《仲裁法》中对仲裁委员会的强制规定,未给予临时仲裁法律空间。即便最高人民法院于 2016 年 12 月 30 日发布《关于为自由贸易试验区建设提供司法保障的意见》第四部分第 9 条规定"在内地特定地点、按照特定仲裁规则、由特定人员进行仲裁的,可以认定该仲裁协议有效",但此类"三特定"仲裁是否等同于临时仲裁尚不确定,①且只能视为自贸区内的制度突破。② 2017 年横琴自由贸易试验区仲裁规则遵循临时仲裁的特点创新制定制度与程序,还规定了裁决书与调解书相互转化的思路,但终归临时仲裁尚未获《仲裁法》承认。国内法律制度不承认临时仲裁对于国际投资条约仲裁司法审查十分不利,因为中国签署的国际投资条约仲裁条款中所涉及到的仲裁机构,通常只有 ICSID,而《ICSID 公约》又排除了司法审查的可能,其他的非 ICSID 仲裁基本为临时仲裁,这导致临时仲裁在中国的承认与执行存在制度障碍,国际投资条约仲裁裁决承认与执行的司法审查面临制度桎梏。

第三,司法审查管辖法院的级别较低。国际投资条约仲裁司法审查不但涉及国际投资条约的理解和认定问题,司法审查结果还直接关涉国家主权行使和公共利益保护,难度和影响重大。而仲裁司法审查国内法律制度主要从普通国际商事仲裁的需要出发,管辖法院级别定为中级人民法院,这不符合国际投资条约仲裁司法审查的需要,一方面可能导致国家主权利益不能得到及时全面的保护,对公共利益造成损害,造成国际投资条约仲裁司法审查作用未得到有效发挥。另一方面未来可能发生法院过度保护的情形,由于司法能力和站位高度问题,盲目维护国家主权利益,导致投资者的

---

① 参见初北平、史强:《自由贸易试验区临时仲裁制度构建路径》,《社会科学》,2019 年第 1 期。

② 参见张勇健、刘敬东:《关于为自由贸易试验区建设提供司法保障的意见的理解与适用》,《人民法院报》,2017 年 1 月 18 日。

合法利益和国际投资条约仲裁的解决纷争功能受损,进而导致国家的营商环境好评度下降和投资吸引力降低。此外不同级别法院作出裁定的信服力和示范效应也存在差异。

第四,仲裁协议未明确涵盖国际投资条约仲裁条款。虽然国际投资条约仲裁条款因签订主体和性质之故,从严格意义上讲并非普通国际商事仲裁所指的仲裁协议。国际投资条约仲裁条款显然不是争议各方通过平等协商一致而达成的争端解决契约,国际投资条约仲裁条款既不存在"当事人之间达成"这一要素(条约以及条约中的仲裁条款都不是投资者与东道国之间达成的),又不属于"契约或协议"这一属性(国际投资条约仲裁的依据是国际投资条约中的仲裁条款,是国际法属性)。但通过制度比较和分析,不可否认国际投资条约仲裁条款在投资仲裁中承担了国际商事仲裁协议的角色功能,并且就条款作用和投资者与东道国间的合意而言,在制度层面将国际投资条约仲裁条款"视为"仲裁协议颇具可行性。而当前国内法律制度未明确将国际投资条约仲裁条款纳入仲裁协议范畴,直接导致仲裁协议司法审查的主体、程序等制度内容无法对国际投资条约仲裁条款司法审查进行适用。

第五,自裁管辖权约束不合理。通常而言,自裁管辖权是指当事人对仲裁庭管辖权提出异议时,仲裁庭有权对仲裁协议效力和自身管辖权作出裁决。但国内法律制度中自裁管辖权的规定存在两方面问题:其一,由仲裁机构行使而非仲裁庭。如《仲裁法》第 20 条第 1 款"当事人对仲裁协议的效力有异议的,可以请求仲裁委员会作出决定"的规定。但仲裁委员会等仲裁机构不能等同于仲裁庭,仲裁庭享有仲裁权,仲裁机构享有仲裁管理权,则自裁管辖权的主体应是仲裁庭。其二,不完全的自裁管辖权。所谓"不完全"是指只有在当事人未向法院提起管辖权裁定,或是仲裁机构较先作出裁决的情况下才拥有自裁管辖权,这与国际上普遍的完全自裁管辖权有差异。

如《仲裁法》第 20 条第 1 款:"当事人对仲裁协议的效力有异议的。一方请求仲裁委员会作出决定,另一方请求人民法院作出裁定的,由人民法院裁定。"

2. 仲裁裁决撤销司法审查制度的问题

第一,国籍认定标准不合理。国内法律制度虽然未明确规定仲裁裁决国籍的认定标准,但《仲裁法》《民事诉讼法》及其司法解释中均依据仲裁机构,将裁决划分为"涉外仲裁机构作出的裁决""国外仲裁机构的裁决",明显可知仲裁裁决的判断标准为"机构标准",而非《纽约公约》框架下的"领域标准"。[①] 仲裁机构的国籍认定标准存在诸多不合理之处:其一,与世界上主流的仲裁地标准和普遍制度规定相违背。《纽约公约》的"领域标准"实际就是仲裁地标准,《示范法》亦采取仲裁地标准,美国、荷兰、瑞典、埃及均采取仲裁地标准,即便是在《纽约公约》条款设置时,反对单一仲裁地标准的法国和德国,也随着仲裁实践发展于 1980 年和 1998 年改为仲裁地标准。这些制度现状体现出国籍认定标准的趋势,反衬出中国国内法律制度的亟待完善。其二,仲裁机构标准的适用会与仲裁地标准相冲突。由于国内法律制度采取仲裁机构标准,多数国家采取仲裁地标准,针对国际投资条约仲裁司法审查可能出现冲突或不协调,出现仲裁地为他国,却因仲裁机构在中国而主张中国法院管辖;或者出现本该由中国法院享有裁决司法审查权,却因仲裁机构标准无法进行司法审查等情形。

第二,"违反公共利益"审查范围过窄。仲裁裁决撤销司法审查中"违反公共利益"的撤销理由十分重要,首先需要在《仲裁法》中明确"违反公共利益"是裁决撤销的理由之一,其次虽然公共利益的内涵丰富,但因为内涵的模糊性和不确定性,缺乏适用事项的明晰和审查标准的适度放宽。普通国

---

① 参见薛源、程雁群:《论我国仲裁地法院制度的完善》,《法学论坛》,2018 年第 5 期。

际商事仲裁司法审查实践常对"违反公共利益"理由进行限缩解释和限制适用，以至有学者倾向将"违反公共利益"限于程序审查，该情形符合支持仲裁原则和仲裁效率的要求，但是就国际投资条约仲裁司法审查而言，并非公正合理。"违反公共利益"内涵的模糊性和审查范围受限以及实体审查的强调不足，一方面不利于裁决公正性的首要保证，仲裁庭通过事实认定和法律适用肆意扩张管辖权或作出不公正裁决的实践真实存在，直接影响东道国国家主权和公共利益保护，倘若公共利益也无法进行适度宽泛的实体审查，将很难充分发挥有效监督和矫正作用；另一方面不利于国际投资条约仲裁的健康持续发展，国际投资条约仲裁已经面临其他争端解决方式的冲击，自身也存在机制改革分歧，司法审查因制度不明确而自我束缚，不充分利用违反公共利益撤销理由的审查空间，将使国际投资条约仲裁的困境更加严重。

第三，"争议事项不具备可仲裁性"设置不当。争议事项不具备可仲裁性是较为普遍的撤销理由，中国《民事诉讼法》对于该理由的设置存在以下问题：其一，将可仲裁性问题与不属于仲裁协议范围的理由置于同一条文中，逻辑不通。因为通常情况下，同一内容或相近内容才会以并列关系出现在统一法律条文中，但可仲裁性问题是指争议事项是否具有法定的可仲裁性，而仲裁协议范围问题是指争议事项是否符合仲裁协议的范围，虽然共用"争议事项"这一主语，但并非相近内容。其二，对争议事项不具备可仲裁理由的性质把握不当，导致举证责任设置不当。国内法律制度忽视争议事项不具备可仲裁性的理由具有国家强制性规定的属性，并非其他理由的当事人约定属性，举证责任不需当事人举证，而是法院依职权主动审查。其三，表述方式不准确。"仲裁机构无权仲裁"的表述不能等同于争议事项不具备可仲裁性。

第四，重新仲裁的优先适用性和具体内容不足。重新仲裁作为仲裁裁决撤销过程中的救济方式，能够有效维护仲裁庭权威并减轻法院负担，实现裁决的公正性。《仲裁法》第 61 条规定了重新仲裁制度:"人民法院受理撤销裁决的申请后,认为可以由仲裁庭重新仲裁的,通知仲裁庭在一定期限内重新仲裁,并裁定中止撤销程序。"但是一方面未确立重新仲裁的优先适用性,法院面对符合重新仲裁的情形,"可以"通知重新仲裁,也可以拒绝重新仲裁继续进行撤销程序,而撤销的结果是投资争端重回未解决状态,这不利于公正与效率的兼顾。另一方面国内法律制度仅在司法解释中规定了纯国内仲裁裁决的重新仲裁情形,但国际投资条约仲裁并不存在纯国内仲裁的可能,故具体适用情形欠缺。

3. 仲裁裁决承认与执行司法审查制度的问题

第一,当事人异议权默示放弃制度过于严苛。当事人异议权默示放弃制度虽然可以督促当事人按时行使异议权利,避免恶意干扰仲裁程序,但制度广泛的适用范围和严厉的后果,不利于当事人权利和利益保护。尤其是在国际投资条约仲裁中,因为所谓仲裁协议实际是国际投资条约仲裁条款,其效力认定需要依据国际投资条约和习惯国际法,难度极大,仲裁庭和司法审查机关等专业人士尚且无法准确把握或一致认定。因此,要求当事人及时对国际投资条约仲裁条款的效力提出异议,否则在裁决承认与执行的司法审查阶段,失去异议抗辩的支持,太过严苛且不符合公正合理理念。值得注意的是,其他国家可能将该制度的适用范围扩展至管辖权、仲裁庭组成、仲裁程序等事宜,原因涉及违反国际投资条约仲裁条款、违反仲裁规则、违反法律。中国需在适用范围上予以合理约束。

第二,上诉制度的缺失。法院经过裁决承认与执行的司法审查所作的裁定,在我国即为终局,无法进行上诉。国内法律制度中非但不存在不予承认与执行裁定的上诉制度,还在《民事诉讼法》第 154 条明确"撤销或者不予执行仲裁裁决"的裁定不在可上诉范围内。司法审查所作裁定的上诉制度的缺失,一方面与众多国家允许上诉的制度设置不一致,如美国、法国、瑞典等;另一方面不符合公正合理与比例原则要求。法院的司法审查虽然是对国际投资条约仲裁的支持与监督,但司法审查权本身亦为权力,公正合理的理念要求对司法审查权进行约束,比例原则也要求对司法审查的适当性、必要性和是否符合狭义比例原则进行确认,在缺失上诉制度的情况下,法院的裁定"一审终局",并不存在对司法审查权监督的机会。尤其是在本书倡导司法审查机关通过"违反公共利益"理由进行较广范围的实体审查的情况下,上诉制度的缺失不利于司法审查本身的公正合法性。

4. 国际投资条约仲裁司法审查机制的问题

归口办理机制和报核机制作为仲裁司法审查制度下的代表性成果,在助力仲裁司法审查更加公正合理、投资者与东道国利益更加平衡、更充分落实比例原则的同时,亦存在待完善和不甚妥当之处。最高人民法院于2017年5月发布的《关于仲裁司法审查案件归口办理有关问题的通知》、2017年12月发布的《关于仲裁司法审查案件报核问题的有关规定》,意义重大。首先,就仲裁司法审查案件归口办理机制而言,在法院内部实现更高程度的专业化,可以提高专门业务庭仲裁司法审查的质量,同时提升仲裁司法审查的效率。其次,就仲裁司法审查案件报核机制而言,明确了仲裁司法审查案件的范围,更利于司法审查标准的统一。"申请执行我国内地仲裁机构的仲裁裁决案件"的表述将原本的内部报告机制外部化,更具公开性、规范性和透明度,更符合法治化要求。但进步的同时仍存在少许问题:

第一,仲裁司法审查案件归口办理制度适用范围不全面。归口办理就是各级人民法院审理涉外商事案件的审判庭(合议庭)作为专门业务庭负责办理通知规定的仲裁司法审查案件。涉及的司法审查案件有当事人申请确认仲裁协议效力的案件,申请撤销我国内地仲裁机构仲裁裁决的案件,申请认可和执行香港特别行政区、澳门特别行政区、台湾地区仲裁裁决的案件,申请承认和执行外国仲裁裁决等仲裁司法审查案件。但是归口办理制度未将涉外仲裁裁决的执行纳入,不利于归口办理制度对涉外仲裁裁决执行的适用。此外,1999 年最高法发布的内地与香港执行裁决的安排,以及 2020 年最高法关于内地与香港相互执行仲裁裁决的补充安排,都对香港特别行政区裁决仅使用"执行"一词,而归口办理制度则表述为"认可和执行",并在其他相关司法解释中均采用此表述,该表述将会影响到香港特别行政区裁决的认可问题。

第二,仲裁司法审查案件报核制度条款设置不严谨。仲裁司法审查案件报核制度中第 5 条"上级人民法院收到下级人民法院的报核申请后,认为案件相关事实不清的,可以询问当事人或者退回下级人民法院补充查明事实后再报",对制度进行了一定程度的诉讼化改造,可能导致上级人民法院的实体审查,①若如此则报核机制兼具上诉机制功能,并不妥当。更重要的是,仲裁司法审查案件报核机制可能存在对于审判独立的挑战,报核机制是人民法院在裁定作出前的审核机制,即上级法院对于下级法院作出裁判的影响,这是否符合审判独立要求和上下级法院间的监督关系,尚待考究。

第二节　中国国际投资条约仲裁司法审查制度完善的理念

中国国际投资条约仲裁司法审查制度完善需满足"法治"的含义之一——"良法"的要求,实现"善治"之前提。② 亚里士多德在《政治学》中阐明了法治的双重含义:已成立的法律获得普遍的服从,而大家所服从的法律

---

① 参见宋连斌:《仲裁司法监督制度的新进展及其意义》,《人民法治》,2018 年第 5 期。

② See Zhang Lei, Common Treatment of Rule and Regional Good Governance in Contemporary China, *China Legal Science*, Vol. 6, No. 2, March 2018, p. 4.

本身又应该是制定良好的法律。① 亚里士多德"良法善治"的诠释揭示了现代法治的核心要义。② 中国共产党第十八届中央委员会第四次全体会议通过的决定中,同样强调"法律是治国之重器,良法是善治之前提"。③ 习近平总书记在中共十八届四中全会第二次全体会议上的讲话中,引用王安石语"立善法于天下,则天下治;立善法于一国,则一国治",对国际法治该为"良法"之治予以明确。学者何志鹏强调"国际法治在良法善治下实现"④。故中国国际投资条约仲裁司法审查制度,作为中国特色社会主义法治体系建设的一部分,需时刻牢记"良法"的要求。

首先,"良法"的内涵需正确把握,不仅指道德上的善良,更是价值上的优良;不仅是形式层面上的程序要求和一致同意要求,规则完整性和逻辑的一致性,更要体现公平正义价值和人类尊严维护,具备正当性、合理性的价值基础。满足体现人民意志、反映公平正义价值追求、符合社会发展规律、顺应国际实践情形等特点。⑤

其次,"良法"的要求指向中国国际投资条约仲裁司法审查制度完善中的基本遵循和关系处理。一方面在新时代背景下坚持顶层设计与实践落实相结合、整体布局与局部改造相适应,确保国际投资条约仲裁司法审查制度完善在改善自身不足的基础上,有效服务于顶层设计,理念指引的确定不能脱离"一带一路"的特殊性和现实性,理念指引的内容需借鉴人类命运共同体的内涵。另一方面协调平衡好重要的相互关系。一是发展中国家与发达国家的投资仲裁司法审查需求,投资的发达程度、投资仲裁的发展水平、投

---

① 参见[古希腊]亚里士多德:《政治学》,商务印书馆,1997年,第199页。
② 参见张华民:《现代法治视域下良法善治的基本要求及其在我国的实现》,《南京社会科学》,2018年第5期。
③ 《中共中央关于全面推进依法治国若干重大问题的决定》,《人民日报》,2014年10月29日。
④ 何志鹏:《国际法治:良法善治还是强权政治》,《当代法学》,2008年第2期。
⑤ 参见王利明:《法治:良法与善治》,《中国人民大学学报》,2015年第2期。

资仲裁司法审查制度的完善程度等各方面差异决定了发展中国家与发达国家的要求不同,中国目前对于发达国家的投资吸引力较强,但对于涵盖"一带一路"的发展中国家的投资吸引力增长潜力巨大,故制度完善时需平衡两方的不同侧重。二是国家与外国投资者的投资条约仲裁司法审查需求,中国身兼资本输入大国和资本输出大国的双重身份,中国在吸引投资和维护国家主权平衡度的把握上需慎重。三是仲裁与司法审查的关系,既要保证司法审查的公正合理,又要促进仲裁的公正高效落实。

最后,"良法"要求需要在制度完善中落实为明确且有针对性的理念指引。中国国际投资条约仲裁司法审查制度的现状,既体现出现有制度的总体价值和功能属性,又反映出制度的完善空间。在制度完善过程中,需将"良法"要求落实为公正合理、投资者与东道国利益平衡、比例原则三大理念指引。统筹兼顾在国际投资仲裁司法审查和国际投资条约缔约及解释上的立场,将三大理念指引贯彻到国内法律制度、国际条约制度等司法审查制度完善中,以期实现制度完善的同时确保协调性和统一性。[①]

一、公正合理

公正价值优先首先要求国际投资条约仲裁司法审查制度的公正性。法价值的研究自法学产生之初便开始,法律科学不仅是对现存法律制度的问题研究,也是对未来法律制度的完善研究,价值定位有助于制定出"更好的法律制度"。论及仲裁及其司法审查,学者永远绕不开公正与效率的优先性探讨。[②] 效率这一概念,最初源自物理学,指有效输出量与输入量之比。后

---

① 参见[德]鲁道夫·多尔查、[奥]克里斯托弗·朔伊尔:《国际投资法原则》,祁欢、施进译,中国政法大学出版社,2017年,第24页。

② 参见陈卫旗、张亮:《国际商事仲裁中的司法边界刍议》,《广西社会科学》,2014年第4期。

来在经济领域中效率不仅用来衡量投资产出,也用来衡量资源配置水平。法经济学代表人物波斯纳主张财富最大化就是法律的宗旨,法律活动的最终目的是为了最高效地利用资源和最大限度增加社会财富。① 有学者强调:"波斯纳没有终结公正,只是提醒人们对于公正的追求,不要忽略付出的代价。"②公正则是"使每个人获得其应得的东西的人类精神意向"③。仲裁及其司法审查蕴含当事人对于公正和效率的共同期待。④ 普通国际商事仲裁因效率价值而迅速崛起和持续发展,并以效率作为吸引当事人的主要优势,进而加强对于司法审查权利的限制,防范对于效率价值产生不利影响。但即在使普通国际商事仲裁领域,效率价值的优先性也并未得到所有学者的认同,学者陈安指出:"当事人的主要期待理应是既公平又高效的裁决,从未放弃过公平这一首要要求。若当事人获得虽高效却十分不公的裁决之际,便从要求效率转为要求公正了。"⑤学者石现明提出:"只有仲裁裁决是正确的,或错误带来的损失小于效率带来的益处时,效率才是国际商事仲裁的优点。"⑥

就国际投资条约仲裁及其司法审查而言,结合司法审查的特殊性,效率与公正的价值排序需有所变化或谓之"更加平衡",公正价值应更具优先性。有学者已明确否定国际投资条约仲裁司法审查中效率比公正价值优先。⑦一方面是因为效率比公正价值优先的观点从来并非定论,另一方面国际投

① 参见[美]理查德·波斯纳:《法理学问题》,苏力译,中国政法大学出版社,2002 年,第 7 页。
② 魏建、黄立君、李振宇:《法经济学:基础与比较》,人民出版社,2004 年,第 222 页。
③ [美]博登海默:《法理学法律哲学与法律方法》,邓正来译,中国政法大学出版社,1998 年,第 264 页。
④ 参见晏玲菊:《国际商事仲裁制度的经济学分析》,上海三联书店,2016 年,第 18 页。
⑤ 陈安:《英、美、法、德等国涉外仲裁监督机制辨析——与肖永平先生商榷》,《法学评论》,1998 年第 5 期。
⑥ 石现明:《效率与公正之平衡:国际商事仲裁内部上诉机制》,《仲裁研究》,2007 年第 2 期。
⑦ 参见肖芳:《国际投资仲裁裁决司法审查的"商事化"及反思——以美国联邦最高法院"BG 公司诉阿根廷"案裁决为例》,《法学评论》,2018 年第 3 期。

资条约仲裁司法审查后果涉及国家主权、公共利益、数额巨大的赔偿金、投资吸引力、国家声望等一系列重大问题,只有尽可能保证公正才能最大限度地满足投资者和东道国的要求,避免当事人对国际投资条约仲裁方式的弃用,如此才真正有利于国际投资条约仲裁的吸引力和长期发展。例如,"Sanum诉老挝"案中仲裁庭认定《中国-老挝BIT》适用范围及于澳门特别行政区,这与缔约国的解释和国内法律制度不符,由此作出裁决的合法性和公正性存疑,对东道国产生不当影响,需要公正的司法审查制度对仲裁裁决予以撤销。此外,要将国际投资条约仲裁的合法性危机和实践中的挑战纳入考量,更强化了司法审查制度对公正性追求的重要性,以期反向作用于仲裁庭,促进其仲裁公正性。故笔者认为,在国际投资条约仲裁司法审查制度完善中,需强调公正性优先,重新平衡公正与效率的价值取向。

公正合理最符合中国的国际投资条约仲裁司法审查制度完善需求。当前国际投资条约仲裁司法审查制度的支持与监督功能发挥受限,公正合理重视不足是其重要原因。很长一段时间内发达国家通过投资条约对投资者过度保护,过分强调仲裁的效率,对司法审查制度过度约束和过分警惕,削弱司法审查制度对仲裁的"干预",以防范发展中国家法院的过多介入。正如"BG Group诉阿根廷"案反映出美国联邦最高法院依然将本该属于法院的解释权认定为仲裁庭的权利,导致法院的司法审查权限不当缩减,同时国际投资条约仲裁下因投资者具有选择主动权,再一次显现出仲裁庭偏投资者的倾向,导致最终最高法院未撤销仲裁庭的不公正裁决。短时间内发达国家促进投资,尤其是促进投资流入发展中国家的目的达到了,但现如今,不少发展中国家大力推动海外投资,在大量资本流入发达国家的背景下,良好的营商环境、公正高效的投资仲裁、公正合理的司法审查制度是发达国家和发展中国家的共同需求。换言之,只有公正合理的国际投资条约仲裁司法审查制度才能在当下真正促进中国仲裁和投资活动的长远发展,最大限度地维护投资者与东道国的相互信任和友好关系,促进中国成为国际知名仲裁地,推动中国仲裁机构成为投资者与东道国的仲裁首选。此外,发展中国家的国内法院在仲裁及其司法审查领域的形象一直不够正面,甚至仲裁的兴起就包含投资者对于东道国当地救济的不信任,故中国依公正合理来完善国际投资条约仲裁司法审查制度,非常有利于增强投资者对于中国法院的信任感。

公正合理是制度引领国的大国担当和正确价值追求,符合中国的顶层设计。中国国际投资条约仲裁司法审查制度完善是提升国家制度话语权和影响力的好机会,尤其是在共建"一带一路"的过程下,这对于国内法律制度和国际条约制度的公正合理均提出要求。而国际投资条约仲裁司法审查制度尤其如此,因为一方当事人乃东道国,仲裁司法审查直接影响国家主权和公共利益,不公正合理之处很容易引起国家不满,不利于制度引领的推进,阻碍中国制度话语权的扩大和提升。虽然公正合理的内涵相对抽象,但作为理念指引需要立法者、司法者、执法者牢记心头,方可能在具体制度完善和实践中切实保证公正性和合理性。此外,本书将标题设为"制度"研究,一来仲裁司法审查制度散见于仲裁法、民诉法、《纽约公约》等制度之中,国际投资条约仲裁司法审查更是扩展到双边投资条约和区域贸易协定的投资条款。二来强调国际投资条约仲裁司法审查对于条约的解释更为依赖,尤其是国际投资条约仲裁条款的效力裁判,司法审查将影响到国际投资条约仲裁条款效力的条款均涵盖在内,利于形成完整的司法审查制度。故公正合理的理念指引需贯彻到国际条约制度和国内法律制度中。

二、投资者与东道国利益平衡

投资者与东道国利益平衡是中国国际投资条约仲裁司法审查制度完善

的重要指引。投资者与东道国利益平衡是指兼顾投资者私人利益和东道国公共利益,以投资者的私有财产权保护为核心,以东道国公共利益为边界和底线,将投资保护、投资仲裁、司法审查限制在公共利益范围之内,在维护东道国根本利益的基础上争取投资利益最大化,实现平衡保护。[①] 中国在改革开放 40 年的伟大征程中实现了经济腾飞,成为世界第二大经济体和外资流入第二大国,中国对外投资总额达到 1.9 万亿美元,累计使用外商直接投资也超过 2 万亿美元,已兼具资本输出大国和资本输入大国双重身份,需保证投资者和东道国的合法权益和利益均衡。[②]

(一)国际投资条约仲裁司法审查制度完善遵循投资者与东道国利益平衡,符合中国国情和国际法治建设方向

首先,投资者利益与东道国利益相辅相成,以私有财产权为代表的私人利益保护是法治的普遍要求,与正义价值紧密相连,在法理上和法律制度中的支持比比皆是,故保护外国投资者的私人利益不受非法侵害是国际投资法治的基本要求和重要目标,只有保证了投资者利益保护才能吸引外资、促进投资发展。而社会公共利益的维护同样具备深厚的理论基础,甚至关涉政府和主权的存在意义。以行政法为代表的国内法律制度中为了公共利益而限制私人利益的条文十分丰富,国际投资条约仲裁司法审查制度中也存在"违反公共利益"的撤销理由。国际投资交往不仅仅是为了经济利益和投资者及其母国的利益,而是以东道国公共利益保护为界限,致力于实现东道国的共同发展。因此投资者私人利益的保护可以促进更多资本流入东道

---

① 参见刘京莲:《从"利益交换"到"利益平衡"——中国双边投资条约缔约理念的发展》,《东南学术》,2014 年第 3 期。

② 参见柯静嘉:《中国——东盟投资法律体系下投资者与东道国的利益平衡》,《东南亚研究》,2018 年第 3 期。

国,带来更多的人才和管理经验,对于东道国经济发展和社会稳定大有裨益,为公共利益保护提供更好的基础。而东道国公共利益得到维护后,也会为国际投资提供良好的经营环境,更利于外国投资者利益保护和利润获取。所以涵盖司法审查制度在内的整个国际投资法律体系均要致力于投资者与东道国利益平衡,发挥叠加优势。

其次,当前中国兼具资本输出大国和资本输入大国双重身份,决定了中国在国际投资条约仲裁司法审查制度完善的基本立场。中国自改革开放以来便打开国门大力吸引外资,发展为资本输入大国,而 20 世纪 90 年代后中国逐步加大对外投资力度,亦成为资本输出大国,就投资发展趋势而言,"引进来"和"走出去"政策持续发力,将长期维持中国的资本输出大国和资本输入大国双重身份。资本输出和资本输入分别对应投资者利益保护和东道国利益保护,仅从国家利益来说,中国也应该通过司法审查制度平衡保护投资者与东道国利益,更何况该理念符合国际法治观念。

最后,投资者与东道国利益平衡保护是国际投资法治建设方向之一。在经历了 1998 年之前的保护主义和 1998—2008 年的自由主义后,2008 年的经济危机提醒了世界主要经济体重回理性,除了少数国家极端的放弃国际投资条约和其他国际公约外,大部分国家开始沿着利益平衡化方向完善包括司法审查制度在内的国际投资法律体系。[1] 投资者与东道国利益平衡不仅符合公平互利、合作共赢的发展理念,更符合可持续发展和中国"一视同仁"的发展方向。具备发展潜力的中国不该局限于短期利益,需杜绝"区别对待"(对资本输入地强调投资者利益保护,对资本来源国强调东道国利益保护),[2]在大局观和长期利益视角下,尊重公认的国际价值体系,促进共

---

[1] 参见王彦志、王菲:《后危机时代国际投资全球治理的变迁:趋势、影响与成因》,《国际关系与国际法学刊》,2015 年第 5 卷。

[2] 参见王彦志:《中国在国际投资法上的身份转换与立场定位》,《当代法学》,2013 年第 4 期。

同发展,以合理的利益平衡保护获得发达国家和发展中国家的支持,即司法审查制度完善需体现投资者与东道国利益平衡来响应国际法治建设。

(二)利益失衡的严重后果体现国际投资条约仲裁司法审查制度完善坚持利益平衡的重要性

普通国际商事仲裁裁判私人间利益,即便出现利益失衡因争端所涉金额不算太大、争端迅速解决更加节省成本、仲裁的保密性不会对"败诉方"产生额外影响等考量,当事人通常愿意接受该仲裁裁决。最重要的是,私主体间地位平等、权利相同,不存在普遍意义上的不平衡保护,导致利益平衡无法成为普通国际商事仲裁司法审查制度的重要指引。但与之不同的是,国际投资条约仲裁针对国家主权管理行为,投资者的受损金额和仲裁裁决赔偿金额相对较大,投资仲裁透明度和公开性不断提升,利益失衡带来的后果较为严重。不公正不但使一方当事人背负巨额赔偿负担,而且很可能直接影响其他投资者的投资信心和东道国营商环境评估,倘若与国家危机时期或重大公共利益重叠,后果不堪设想。

最具代表性的是阿根廷国际投资条约仲裁危机,阿根廷在国内发生经济危机时采取主权管理措施,因造成外国投资者的利益损失,短时间内被频频提起 ICSID 仲裁,不少裁决要求阿根廷承担巨额金钱给付义务。在利益失衡的情况下,阿根廷面对政治、经济、社会压力根本不愿承认与执行其认为不公正合理的投资仲裁裁决,于是阿根廷国内最高法院以判例形式规定,法院有权对仲裁裁决的合宪性、合法性、合理性进行司法审查,阿根廷国内官员和学者强烈批判 ICSID 体制,甚至在公开场合多次发表拒绝承认与执行仲裁裁决的言论,阿根廷国会议员提交议案建议裁决的承认与执行必须经过国内法院上诉程序,甚至有学者建议阿根廷彻底否定仲裁裁决的效力。虽然阿根廷迫切希望依靠司法审查制度进行利益平衡、实现公平合理,但可惜

《ICSID 公约》第 53、54 条排除了司法审查,反衬出司法审查制度的重要意义。因此中国国际投资条约仲裁司法审查制度完善需依投资者与东道国利益平衡理念,监督和引导国际投资条约仲裁,撤销或不予执行利益保护失衡的不公正、不合理裁决,避免利益严重失衡的裁决落实。

(三)国际投资条约仲裁导致当事人利益保护失衡并非偶然,需要依靠司法审查制度完善实现投资者与东道国利益平衡

由于投资者拥有较大的选择仲裁方式和仲裁庭的权利,仲裁机构或仲裁员在利益的驱使下容易偏向投资者利益,打破利益平衡保护并导致不公正合理裁决的产生。仲裁实践中不断出现国际投资条约仲裁庭对投资者过度保护,无视东道国的根本安全利益和其他公共利益,极端情况下,仲裁庭纯粹以投资者利益保护为己任,将国际投资条约视为单纯的投资者利益保护制度,进而扩大自身管辖权和裁判权,扩大解释公平公正待遇条款、任意解释最惠国待遇条款等。[1] 如此行径可能有利于单个投资者的短期利益,但对于全球范围内投资者和东道国的整体利益和长期利益是明显的损害,对于仲裁机制本身也产生较大的负面影响,迫切需要司法审查制度依投资者与东道国利益平衡进行监督和矫正。

值得一提的是,国家在投资活动中以主权管理者的角色出现,但国际投资条约设计之初的宗旨是保护外国投资者免受东道国的肆意侵害,故东道国需要承担国际投资条约规定的义务,投资者则在多方面享受国际投资条约赋予的权利,双方权利义务存在一定程度的不对等,利益存在一定程度的失衡。但从另外的角度考量,国际投资条约的签约主体是两个国家,其权利

---

[1] 参见余劲松:《国际投资条约仲裁中投资者与东道国权益保护平衡问题研究》,《中国法学》,2011 年第 2 期。

义务从国家的层面比对是对等的。[①] 更重要的是,国际投资条约是一种较为特殊的互利模型,虽然投资者和东道国的互利并不完全对应,但不影响互补性和相互性的存在,东道国可能在单一投资者交往过程中互利不足,但是其得到了吸引更多数量投资、更高收益投资的机遇和可能性。所以不能将投资者与东道国的利益对立,双方的利益收获方式和获取结果并不完全相同或同步,这也为双方的进一步利益协调和深度合作创造了条件,体现出投资者与东道国利益平衡实现的可能性。[②] 因此国际投资条约仲裁司法审查制度完善需要走向投资者与东道国利益平衡的正轨,重视和加强对于东道国公共利益的合理保护,依靠司法审查对仲裁庭不法行为进行监督,有力保障利益保护的平衡性。当然,法院的司法审查要持公正合理立场,防止偏向过度保护东道国公共利益的极端,若是国际投资条约仲裁符合司法审查标准,法院作出支持的裁定,也是促成投资者与东道国利益平衡。

三、比例原则

比例原则适用范围广泛,可以从行政法领域扩展至国际经济法领域,指导中国国际投资条约仲裁司法审查制度完善。比例原则强调权力的行使不仅要存在法律依据,还应选择对当事人侵害最小的方式。

(一)比例原则不局限于公法领域,更不局限于国内法领域,具备适用于司法审查制度完善的可行性

比例原则发源于德国,最早是国内行政法的基本原则。[③] 德国行政法学

---

① 参见石慧:《投资条约仲裁机制的批判与重构》,法律出版社,2008 年,第 26 ~ 28 页。
② 参见[德]鲁道夫·多尔查、[奥]克里斯托弗·朔伊尔:《国际投资法原则》,祁欢等译,中国政法大学出版社,2017 年,第 19 ~ 23 页。
③ 参见王名扬、冯俊波:《论比例原则》,《时代法学》,2005 年第 4 期。

鼻祖奥托·麦耶将比例原则誉为"皇冠原则"。随着时间的推移,比例原则的适用从行政法走向刑事诉讼法等其他公法领域,又从公法领域扩展适用至私法领域。学者郑晓剑强调,"民事立法和民事司法作为国家权力活动的直接体现,适用比例原则毫无疑义",并论证了比例原则适用于民事行为的可行性和重大意义,建议比例原则担纲民法基本原则。① 学者韩秀丽指出,"比例原则早已在国际投资仲裁领域得到适用"②。ICSID 在"Tecmed 诉墨西哥"案中首次使用了比例原则。③ 学者张庆麟更是直言:"比例原则在国际法多个领域已成为习惯国际法,是国际法的一般原则。"④有学者甚至提出"统一采用比例原则作为评价基准更符合我国法治建设"⑤。如此多领域、广范围、高速度的扩张,在法律制度建设中实属罕见,也正体现了比例原则强大的适用性和生命力。⑥ 国际投资条约仲裁司法审查本身的权力属性,司法审查权滥用对国际投资条约仲裁和当事人利益的不良影响,决定了比例原则在中国国际投资条约仲裁司法审查制度完善中的适用空间。

(二)比例原则的三个子原则为中国国际投资条约仲裁司法审查制度完善提供具体指引

在行政法学界,1958 年德国联邦宪法法院作出的"药房案"中,首次详细阐明了比例原则,此后德国学者埃贝哈德·格拉比茨在《联邦宪法法院中的

---

① 参见郑晓剑:《比例原则在民法上的适用及展开》,《中国法学》,2016 年第 2 期。

② 韩秀丽:《论比例原则在有关征收的国际投资仲裁中的开创性适用》,《甘肃政法学院学报》,2008 年第 6 期。

③ 参见张庆麟:《公共利益视野下的国际投资协定新发展》,中国社会科学出版社,2014 年,第25 页。

④ 张庆麟、余海鸥:《论比例原则在国际投资仲裁中的适用》,《时代法学》,2015 年第 4 期。

⑤ 杨登峰:《从合理原则走向统一的比例原则》,《中国法学》,2016 年第 3 期。

⑥ 参见席作立:《比例原则的起源、含义及其发展》,《黑龙江省政法管理干部学院学报》,2002年第 4 期。

比例原则》文中将比例原则分为适当性原则、必要性原则、狭义比例原则三个子原则,获得多数学者认同,我国学者也多接受此"三阶"比例原则。

其一,适当性原则指公权力的手段必须适当,能够促进所追求目的之实现,具备"目的导向"。对于国际投资条约仲裁司法审查制度完善而言,对程序性事项或实体性事项的司法审查只是手段,制度完善尤其是司法审查标准的完善,需要以服务于国际投资条约仲裁健康发展为目的,服务于司法审查监督与支持作用的发挥,服务于东道国和投资者的利益保障,服务于公正合理的价值目标,服务于国家主权行使与约束的均衡,最终促进国际投资交往的繁荣开展。

其二,必要性原则指公权力行使是必要的,对当事人的权利或利益造成的损害是最小的。落脚到国际投资条约仲裁司法审查制度完善,在目的实现的基础上尽力将司法审查对国际投资条约仲裁的影响降至最低,尽量减少对当事人的利益损害,诸如裁决撤销中的重新仲裁制度,法院给予原仲裁庭机会改正瑕疵,对于维护仲裁权威和避免当事人利益损失扩大意义重大。

其三,狭义比例原则指公权力行使为公共利益带来的增量需与造成的利益损害成比例或相称。就仲裁司法审查制度完善而言,公正性优先不意味着忽视效率,公正性避免公共利益损失的量级需与效率受损影响的当事人利益量级相称,否则过度强调公正性,强调司法审查权行使,会严重影响争端解决效率,对争端当事人的利益产生重大负面影响,可能违反狭义比例原则。例如裁决撤销的司法审查制度中,即便"违反公共利益"的理由授权法院对实体性事项进行司法审查,也要考量所保护的公共利益与所损害的私人利益之间的比例。

(三)比例原则的重要功能与国际投资条约仲裁司法审查功能发挥相一致

国际投资条约仲裁司法审查制度完善是为了更科学地发挥司法审查的监督功能与支持作用,更好地促进国际投资条约仲裁持续发展。

一是比例原则的控制权力功能,为公权力的行使设置限制,为约束公权力提供了指引,通过对国家权力的限制来保障私人合法利益。虽然司法审查对国际投资条约仲裁发展和当事人利益保障的意义重大,但司法审查制度完善绝不是为了放任司法审查权,而是在权力行使过程中给予恰当的限制,从而助力功能发挥。

二是比例原则的利益平衡功能。比例原则针对存在一定冲突关系的利益,尤其强调国家利益与个人利益的平衡,通过对公权力自由裁量的限制调整冲突的利益,达到平衡。显而易见,比例原则的利益平衡功能同仲裁司法审查制度完善的"投资者与东道国利益平衡"理念相一致,虽是针对公权力的限制,但并非为了限制而限制,是为了利益平衡而限制,如此才能实现平衡、适度、合理,不至于堕入过度限制的极端。因发生投资纠纷,外国投资者利益与东道国利益存在一定程度的冲突,①仲裁之后的司法审查过程中,比例原则可以促进两种利益平衡。

三是比例原则的公权力行使过程合理化的功能。以比例原则对目的与手段之间关系的要求为例,公权力的行使虽是为了实现某一目的,但是具体手段的采取是否有利于目的达成,抑或是该手段是否为最恰当的选择,手段运用的时机和对象是否恰当,均是对权力行使的高要求。与国际投资条约

① 参见银红武:《涉环境国际投资仲裁案中比例原则的适用》,《广州大学学报》(社会科学版),2018年第9期。

仲裁司法审查制度完善的"公正合理"理念相协调,比例原则可有效防范司法审查权行使的关键问题和可能性漏洞。四是比例原则的具化公权力行使标准的功能。比例原则对于公共利益、个人利益的兼顾,对于相互关系、最低伤害的明确要求,明晰比例的标准,既能够从理论上对司法审查权约束铺平道路,又能帮助司法审查制度完善具体落实,作为理念指引将大有裨益。总之,比例原则有利于防止司法审查权以保护公共利益为名滥用,为司法审查手段提供具体指引,值得中国国际投资条约仲裁司法审查制度完善借鉴和利用。

第三节　中国国际投资条约仲裁司法审查制度完善的措施

一、国际条约制度完善

(一)国际投资条约的完善

1. 增设仲裁程序透明度条款

仲裁程序透明度条款符合国际投资条约仲裁司法审查对于仲裁程序的监督要求。仲裁程序透明度要求是国际投资条约仲裁与普通国际商事仲裁的显著区别之一,国际投资条约仲裁调整不平等主体间的投资关系,东道国的活动需要遵守公共介入的基本要求,参与仲裁程序过程也不例外,裁决后果对公共利益的重大影响也指向透明度。[①] 故仲裁规则从最初的完全按照商事仲裁的保密性,[②]到当前的 UNCITRAL 的仲裁规则中纳入透明度规则和 ICSID 仲裁规则的修改完善透明度规则,形成了国际投资条约仲裁的透明为主、保密例外的独特规则。国际投资条约仲裁司法审查对于仲裁程序透明度的要求,不能仅寄希望于贸易法委员会透明度规则或仲裁规则,尤其在中国和许多国家未加入《联合国投资人与国家间基于条约仲裁透明度公约》的情况下,UNCITRAL 仲裁规则仅限于选择适用其规则下的仲裁,且仲裁规则可以被改变使用,而应更充分利用国际投资条约。国际投资条约纳入仲裁程序透明度条款,将约束依据该条约发起的所有仲裁,透明度要求成为仲裁程序要求,一旦违反可能触犯仲裁程序不当的撤销理由或不予承认与执行理由。更重要的是,透明度条款的纳入有助于通过司法审查实现投资者与东道国利益平衡。[③]

透明度条款通常包括信息公布、文件公布、第三人提交材料、非争议方条约缔约方提交材料、公开审理、例外情形等内容。完善中国签署的国际投资条约,可借鉴新签署的条约,以透明度条款的设置为参照。例如《中国-澳大利亚自由贸易协定》第 17 条:"一、在符合本条第三、第四和第五款的情况下,被诉方应在收到下列文件后,迅速将这些文件转达给非争端缔约方:(一)磋商请求;(二)仲裁通知;(三)争端一方提交仲裁庭的起诉状、记录和摘要,以及依据本章第二十一条提交的书面材料;(四)可获得的仲裁庭听证会纪要或笔录;以及(五)仲裁庭的指令、裁决和决定。二、在符合本条第三、

---

① 参见赵骏、刘芸:《国际投资仲裁透明度改革及我国的应对》,《浙江大学学报》(人文社会科学版),2014 年第 3 期。

② 参见于健龙:《论国际投资仲裁的透明度原则》,《暨南学报》(哲学社会科学版),2012 年第 9 期。

③ 参见朱明新:《联合国国际贸易法委员会"投资仲裁透明度规则"评析》,《武大国际法评论》,2017 年第 1 期。

第四和第五款的情况下,被诉方:(一)应向公众公开本条第一款(一)(二)和(五)项所述文件;(二)可向公众公开本条第一款(三)和(四)项所述文件;(三)可向公众公开依据本章第十六条二款提交的任何书面材料,但要事先取得非争端缔约方的同意。三、在被诉方同意的情况下,仲裁庭应举行公开听证会,并应在与争端双方磋商后确定适宜的事务性安排。"协定对需要公开以符合透明度要求和不该披露的信息都进行较为详细的规定。《中国-加拿大双边投资保护协定》第27条"非争端缔约方:文件和参与"的"非争端缔约方有权参加根据本部分进行的任何庭审"规定,第28条"审理与文件的公众参与"的"依据本部分进行的仲裁庭庭审应向公众开放"规定,第29条"非争端方陈述"的"如果不是争端一方的个人或实体与仲裁有重大利益关系,经与争端双方磋商后,仲裁庭可接受该个人或实体提交的书面陈述"规定,均很好地体现透明度要求,为违反透明度要求引发司法审查提供法律依据。《中国-新西兰自由贸易协定》第157条"争端国家一方可在其认为适当的情况下,确保公众可获得所有仲裁庭文件"的规定同样如此。此外,中国可以考虑加入《联合国投资人与国家间基于条约仲裁透明度公约》。

　2. 明确东道国法院的司法审查主体资格

　　在国际投资条约仲裁裁决的承认与执行的司法审查中,东道国法院具备司法审查主体资格一方面不违反裁决终局性、具有法律拘束力的规定,另一方面更有利于实现司法审查制度的公正合理、投资者与东道国利益平衡的追求。东道国法院对裁决承认与执行的司法审查是为了对公正合法裁决的支持,对非法不当裁决的否定,倘若剥夺东道国法院的司法审查主体资格,明显不利于东道国利益的公正合理保护。但东道国法院司法审查主体资格主要取决于国际投资条约的具体规定,避免过往条约中"各方当事人应毫不延迟地履行裁决"等存在歧义的表述,较为合理的明示方法是,在裁决效力条款中明确东道国有权对国际投资条约仲裁裁决进行承认与执行的司法审查。类似《中国-澳大利亚自由贸易协定》第 22 条第六款规定"在符合本条第七款的情况下,争端一方应遵守并履行裁决,不得延误",第八款规定"各方应对裁决在其领土内的执行作出规定";《中国-韩国自由贸易协定》第 12.12 条第十款规定"仲裁庭作出的裁决应当是终局的,而且对于投资争端的当事双方具有约束力。该裁决的执行应依据寻求裁决被执行国家领土内关于裁决执行的有效的、适用的法律法规进行",为东道国作为裁决执行地时进行司法审查提供了依据。而《中国-加拿大双边投资保护协定》中第 32 条能够给予启示,但是需要进一步改良,可尝试将"裁决的终局性和执行"条款设置为"一、仲裁庭作出的裁决除了限于争端双方之间和就本案件而言外,均无约束力。二、除对裁决适用的司法审查和其他必要审查程序外,争端方应遵守并执行裁定,不得延误"。

3. 纳入不予承认与执行被撤销裁决条款

不予承认与执行被撤销裁决的条款不仅有助于裁决承认与执行的司法审查,而且在国际投资条约中明确了裁决撤销的司法审查。被撤销裁决在仲裁地外的承认与执行虽然存在争议,但从国际投资条约仲裁的特殊性出发,中国有必要坚定地支持不予承认与执行被撤销裁决,而制度完善路径即在国际投资条约中纳入该条款。在此方面,《中国-加拿大双边投资保护协定》第 32 条的第二款和第三款值得借鉴:"二、除本条第三款规定和对临时裁决适用的审查程序外,争端方应遵守并执行裁定,不得延误。三、争端方仅在如下情况下方可寻求执行最终裁决:(一)在根据《ICSID 公约》作出最终裁决的情况下:1. 如争端方未要求修改或废止该裁决,则在裁决作出日起超过 120 日,或 2. 修改或废止程序已结束。并且(二)在根据《ICSID 附加便利规则》或《UNCITRAL 仲裁规则》作出最终裁决的情况下:1. 自裁决作出之日起已过 90 日,且争端双方均未启动修改、撤销或废止该裁决的程序,或 2. 法院已驳回或接受修改、撤销或废止该裁决的申请,并且没有进一步上诉。"

虽然根据《ICSID 公约》作出的裁决的撤销不属于司法审查范围,但《ICSID 附加便利规则》或《UNCITRAL 仲裁规则》下的裁决撤销属于,该条款支持了裁决的撤销制度,而两个条款的结合又为不予承认与执行被撤销裁决提供制度支撑。与之相同的还有《中国-澳大利亚自由贸易协定》第 22 条第六、七款:"六、在符合本条第七款的情况下,争端一方应遵守并履行裁决,不得延误。七、争端一方不可寻求执行裁决,直至:(一)如裁决是根据《解决投资争端国际中心公约》作出的终裁:1. 自裁决作出之日起已满 120 日,且无争端方请求修改或撤销裁决;或者 2. 修改或宣告裁决无效的程序已结束。以及(二)如裁决是根据《解决投资争端国际中心附加便利规则》《贸易法委员会仲裁规则》或根据本章第十二条四款(四)项所选择的规则作出:1. 自裁决作出之日起已满 90 日,且无争端方启动修改、搁置或撤销该裁决的程序;或者 2. 法院已驳回或批准了修改、搁置或撤销裁决的申请,且无进一步的上诉。"

4. 补充缔约国联合解释的准据法条款

准据法条款能够有效规制仲裁庭可能偏向投资者的条约解释。就条约解释标准而言,明确缔约双方对条约解释的法律约束力,把握《维也纳条约法公约》的正确运用,确保条约解释不违背缔约方的真实意思表示,矫正仲裁庭的不公正合理解释,保障司法审查机关对条约的正确理解。以《中国-澳大利亚自由贸易协定》第 18 条为例,"一、在符合本条第二和第三款规定的情况下,当依据本章第十二条提交诉请时,仲裁庭应依照 1969 年 5 月 23 日订于维也纳的《维也纳条约法公约》所规定的解释国际公法的惯例所解释的本条约,对争端事项做出决定。在相关和适当情况下,仲裁庭还应考虑被诉方的法律。二、双方通过投资委员会作出的、声明对本协定某一规定解释的共同决定,应对正在进行的或后续的争端的仲裁庭具有约束力,仲裁庭作出的决定或裁决必须符合该共同决定。三、被诉方与非争端缔约方关于某项措施属于本章第十一条四款所述类型的决定,应对仲裁庭具有约束力,仲裁庭作出的决定或裁决必须符合该决定"。以《中国-加拿大双边投资保护协定》第 30 条为例,"依据本部分设立的仲裁庭应根据本协定、可适用的国际法规则处理争端涉及的问题,在适当时,仲裁庭应考虑东道国缔约方的法律。缔约双方对本协定中条款的解释应对依据本部分设立的仲裁庭具有约束力。依本部分作出的任何裁决均应与此解释保持一致"。

5. 重置司法审查关联条款

国际投资条约中存在与司法审查直接关联的条款,从司法审查角度考量该类条款设置是司法审查制度完善的内容之一。作为国际投资条约仲裁司法审查与普通国际商事仲裁司法审查不同点之一,前者司法审查具体内容需规定在国际投资条约中,产生国际法效力,而后者司法审查的具体内容多规定在国内法中。首先就投资定性而言,需要在国际投资条约中明确将"投资"定义和形式列出,从而帮助司法审查机关确定国际投资条约仲裁条款司法审查制度的应用。诸如《中国-澳大利亚自由贸易协定》第九章投资第 1 条第 4 款:"投资是指投资者直接或间接拥有或控制的、具有投资性质的各种资产,例如资本或其他资源投入、收益或利润的预期或风险的承担。投资的形式可能包括:1. 企业及其分支机构;2. 企业的股份、股票或其他参股形式,包括其衍生权利;3. 债券、信用债券、贷款及其他形式的债务,包括其衍生权利;4. 合同权利,包括交钥匙、建设、管理、生产或者收益分享合同;5. 合同项下的任何与投资相关且具有经济价值的金钱请求权和履行请求权;6. 知识产权;7. 依据法律、法规或合同授予的权力,如商业特许经营权、许可、授权及许可证;以及 8. 其他有形及无形资产、动产、不动产以及任何相关财产权利,如租赁、抵押、留置权、质押权。"其次针对国际投资条约仲裁条款的司法审查,其影响裁决撤销或不予承认与执行的司法审查,而国际投资条约仲裁条款司法审查与关联条款紧密相连。为避免因关联条款造成不公正合理的仲裁或影响司法审查,一方面有必要在国际投资条约中设置同意仲裁条款,正如《中国-加拿大双边投资保护协定》第 23 条"每一缔约方均同意将诉请提请仲裁。未能满足第 21 条所规定的先决条件中任何一条,则使该同意归于无效"的内容。另一方面要增设利益拒绝条款,如《中国-加拿大双边投资保护协定》第 16 条"一缔约方可拒绝将本协定的利益授予给作为另一缔约方企业的该另一缔约方投资者及该投资者的涵盖投资:(一)非缔约方的投资者拥有或控制该企业;以及(二)拒绝授予利益的缔约方针对非缔约方采取或维持如下措施:1.阻止与该企业进行交易;或者 2.若本协定的利益被授予给该企业或其涵盖投资,将导致对该措施的违反或规避"。还要排除保护伞条款,即排除合同争端对国际投资条约的适用;以及合理限制最惠国待遇条款,排除其对争端解决条款的适用,如《中国-坦桑尼亚双边投资保护协定》第 4 条"不适用于本协定或其他缔约一方签署的类似国际协定中规定的争端解决条款"。最后还要明确岔路口条款的内涵和用尽当地救济条款的内涵。

(二)取消《纽约公约》在中国对投资仲裁的适用限制

《纽约公约》在中国对于国际投资条约仲裁裁决的适用,面临商事保留的限制。我国在 1987 年加入《纽约公约》时曾作了"商事保留"和"互惠保留","商事保留"即《纽约公约》只适用于"按照本国法律属于契约性和非契约性商事法律关系所产生的争议"。同年,最高人民法院发布《关于执行我国加入的〈承认及执行外国仲裁裁决公约〉的通知》,明确"契约性和非契约性商事法律关系"不包括外国投资者与东道国政府之间的争端。这直接导致中国无法依据《纽约公约》对国际投资条约仲裁下外国仲裁裁决进行承认与执行的司法审查。但事实上,依据《纽约公约》承认与执行国际投资条约仲裁裁决在国际上较为普遍,随着国际投资条约仲裁的发展更需要《纽约公约》对国际投资条约仲裁裁决进行调整。我国在 20 世纪的刻意排除尚且符合国家形势和谨慎心理,但时至今日的一成不变既缺少制度进步,也导致投资者去其他缔约国寻求承认与执行,完全无法控制执行效果。① 故当下有必要扩大《纽约公约》在中国对国际投资条约仲裁裁决的适用。

对中国而言,有三种方式可以改善《纽约公约》的适用:其一为撤销中国对《纽约公约》的商事保留,由于我国的商事保留不但排除了国际投资条约仲裁裁决,还排除了与商事无关的体育仲裁裁决,故商事保留的撤销需通盘考虑,当然也有学者提出为促进与商事无关的体育仲裁裁决在我国的承认与执行,同样主张撤销《纽约公约》商事保留;②其二为在国际投资条约中明确投资关系属于商事关系,但该种方式首先会造成中国的国际投资条约规定与国内最高法的通知相矛盾,其次数量众多的国际投资条约的修改相对复杂且系列工作完成时间太久,故为《纽约公约》在中国的适用问题而单独采取该种方式的可行性较低、意义不大,但整体而言投资关系的纳入不仅关涉《纽约公约》在中国的适用,也影响整个司法审查制度的适用,可在新条约签署和旧条约修改中逐步进行,作为其他手段的配合措施;其三为在最高人民法院的通知中,删除商事法律关系对于投资者-东道国投资争端的排除,将投资者-东道国投资争端涵盖其中,该种方式可将改善控制在国际投资条约仲裁裁决范围内。综上所述,三种方式均具备一定的可行性,本书主张三种方式齐头并进,形成制度统一与协调,打破商事保留的桎梏,实现《纽约公约》在中国对国际投资条约仲裁裁决的适用,为中国对国际投资条约仲裁裁决承认与执行的司法审查提供法律依据。

---

① 参见肖芳:《国际投资仲裁裁决在中国的承认与执行》,《法学家》,2011 年第 6 期。
② 参见黄世席:《奥运会仲裁裁决在我国的承认与执行》,《法学论坛》,2007 年第 4 期。

二、国内法律制度完善

(一)国际投资条约仲裁条款司法审查制度的完善

第一,纳入国际投资条约仲裁。仲裁司法审查制度完善要协调国际投资条约仲裁与普通国际商事仲裁的共同适用,需要在《仲裁法》及相关司法解释中进行修改。为了避免仲裁司法审查国内法律制度对于国际投资条约仲裁纳入问题的不明确,确保国际投资条约仲裁司法审查有法可依,且实现国内法律制度与国际投资条约规定的协调,可从《仲裁法》的纳入和修改着手。针对《仲裁法》对于国际投资条约仲裁纳入的约束,删除《仲裁法》第2条"平等主体的公民、法人和其他组织之间发生的合同纠纷和其他财产权益纠纷,可以仲裁"中"平等主体"的限制,将投资者与东道国不平等主体间的投资争端纳入,此外还要将仲裁委员会的限制进行削弱。

第二,承认临时仲裁。尽管最高人民法院在《关于为自由贸易试验区建设提供司法保障的意见》中为中国临时仲裁打开了突破口,但临时仲裁的承认需要《仲裁法》等高位阶、全国范围法律的修改,尤其是其中对于仲裁协议效力要件的规定。首先要删除《仲裁法》第16条"选定的仲裁委员会"的仲裁协议内容要求,删除第18条"仲裁委员会没有约定或者约定不明确"的内容及其他条款内容,放宽仲裁协议审查标准和有效要件。其次要对应修改司法解释中的具体规定,诸如"当事人不能就仲裁机构选择达成一致的,仲裁协议无效"。最后在管辖法院的规定中,避免默认为机构仲裁,减少仲裁机构所在地的表述,如"由仲裁协议约定的仲裁机构所在地的中级人民法院管辖"。

第三,提升管辖法院级别。因为国际投资条约仲裁司法审查对于司法审查机构水平和审查标准统一要求更高,所以有必要提高管辖法院级别。由于当前国内法律制度中规定普通国际商事仲裁司法审查由中级法院管辖,倘若贸然修改将国际投资条约仲裁司法审查和普通国际商事仲裁司法审查的管辖法院级别一并提升,可能缺乏必要性和现实可行性,故可尝试在管辖法院条款中将国际投资条约仲裁分离出来,单独规定由高级人民法院管辖。例如在《最高人民法院关于适用〈中华人民共和国仲裁法〉若干问题的解释》第 12 条下增设"申请确认国际投资条约仲裁条款效力的案件,由高级人民法院管辖"。而国际投资条约仲裁条款司法审查的管辖法院也不该是仲裁机构所在地法院、仲裁协议签订地法院、申请人或者被申请人住所地法院等,而该为仲裁地法院。

第四,扩展仲裁协议的定义。由于针对普通国际商事仲裁的仲裁协议均为私主体间的合同,故国内司法审查制度中仲裁协议的定义也局限于此,未能明确纳入国际投资条约仲裁条款。虽然国际投资条约仲裁条款司法审查的诸多内容由国际条约规定,接受国际法标准,但国际投资条约中不可能详细规定司法审查内容,具体国际投资条约仲裁条款司法审查机关的确定和司法审查程序,仍要依靠国内法律制度。因此有必要将国内制度中仲裁协议的定义之后添加"一方当事人通过条约作出了提交仲裁的意思表示,另一方当事人通过提起仲裁予以接受的,视为达成仲裁协议"的内容。值得注意的是,将国际投资条约仲裁条款纳入仲裁协议后,可在仲裁协议效力要件规定中,添加"国际投资条约仲裁条款的效力应当依照中华人民共和国缔结或者参加的国际条约及可适用的国际法规则审查"。

第五,取消自裁管辖权的限制。多数国家给予仲裁庭相对完全的、充分的自裁管辖权,以便保证仲裁程序不间断,提高仲裁效率,同时防止当事人恶意利用管辖权异议拖延或破坏仲裁程序。但国内法律制度对于自裁管辖权掣肘颇多,不但在主体上指向仲裁机构而非仲裁庭,而且法院的裁定对自裁管辖权造成不当限制。故可将《仲裁法》第20条修改为"当事人对仲裁协议的效力有异议的,可以请求仲裁庭作出决定或者请求人民法院作出裁定。一方请求仲裁庭作出决定,另一方请求人民法院作出裁定的,由仲裁庭决定",并对司法解释同步修改。

(二)仲裁裁决撤销司法审查制度的完善

1.采取仲裁地标准为国籍认定标准

仲裁地标准不仅是为了与国际接轨,减少仲裁裁决司法审查实践可能出现的冲突与不协调,还有利于将来临时仲裁的开放以及为临时仲裁司法审查提供制度基础,因为临时仲裁不存在法律意义上的仲裁机构,故临时仲裁裁决司法审查无法通过《仲裁法》的仲裁机构标准确定管辖法院。首先将《仲裁法》第274条"对中华人民共和国涉外仲裁机构作出的裁决"等类似表述修改为"对涉外仲裁裁决";其次在确定司法审查管辖法院时将"仲裁机构所在地的法院"改为"仲裁地法院"。

2.扩展"违反公共利益"的审查范围

无论是国际投资条约仲裁司法审查的特殊性,抑或是ICSID仲裁裁决撤销制度给予的启示,均要求相对普通国际商事仲裁更广范围和更明确的实体审查,而实体审查范围扩展的突破口即为"违反公共利益"的撤销理由。中国国内司法审查制度将国际上常用的"公共政策"设定为"公共利益",本质上并无差别。① 公共利益是一个典型的不确定概念,从学理上澄清其范围是不现实的,故"违反公共利益"的界定和适用存在很大的弹性空间。不少学者指出,"公共政策是授权东道国主管机关除了可进行程序内容的审查和

---

① 参见[英]戴维·M.沃克:《牛津法律大词典》,邓正来译,光明日报出版社,1988年,第734页。

监督,也可进行实体内容上的审查"①。即便允许实体审查,由于"公共利益"内涵的模糊性,仲裁法缺乏对适用事项的具体化,加之支持仲裁和提高效率的要求,故普通国际商事仲裁司法审查下司法审查机关常对"违反公共利益"进行限缩解释和限制适用,②导致审查范围过于狭窄,未能充分发挥"违反公共利益"的监督矫正作用。而在国际投资条约仲裁司法审查时,不但需要通过"违反公共利益"进行实体审查,还需要通过国内法和国际投资条约将适用事项明确化,把公共利益界定为:公共健康、安全、环境、公共道德、社会保障和消费者权益保护、促进和保护文化多样性。③ 打破过往的模糊性规定,在审查标准上也要相对宽松,既符合公正合理的理念,又符合投资者与东道国利益平衡理念。当然司法审查范围扩展和标准宽松化,并不意味着"违反公共利益"理由不受约束,其实体审查范围也应当是适当的,所谓"适当"乃是借鉴 ICSID 仲裁裁决撤销制度的"严重""重大"等限制,对实体性事项的司法审查进行合理约束,将裁判标准交由国内法院,但由更高级别的法院保障标准统一,同时需当事人举证的撤销理由不能进行实体审查,从而实现比例原则要求。这既满足学者提出的利用该理由维护国家利益底线,又不影响仲裁的效率要求。

具体在制度层面,修改《仲裁法》第 70 条为"当事人提出证据证明涉外仲裁裁决有民事诉讼法第二百七十四条规定的情形之一的,经人民法院组成合议庭审查核实,裁定撤销",明确"违反公共利益"是裁决撤销理由。此外,有必要在《仲裁法》中明确公共利益在安全、环境、公共道德、文化多样性

---

① 陈安:《中国涉外仲裁监督机制评析》,《中国社会科学》,1995 年第 4 期。代越:《论法院对国际商事仲裁的司法审查——公共政策的贯彻》,《法制与社会发展》,1997 年第 2 期。

② 参见徐春龙、李立菲:《〈纽约公约〉中"公共政策"的理解与适用——以最高人民法院批复的 8 起案件为样本》,《中国海商法研究》,2014 年第 4 期。

③ 参见张庆麟:《晚近国际投资协定中东道国规制权的新发展》,《武大国际法评论》,2017 年第 2 期。

等方面的适用,由于司法审查标准无法直接在制度中体现,而"违背社会公共利益的,裁定不予执行"的规定已较为完善,故可以将"违反公共利益"的理由与司法审查报核制度结合,助力司法审查标准的统一和适当。

3. 重设"争议事项不具备可仲裁性"

争议不具备可仲裁性的理由需要在国内法中重新设定。争议事项不具备可仲裁性与争议事项超出仲裁协议范围存在较大差异,将两者设置在同一法律条文中并不妥当,并且争议事项不具备可仲裁性问题不需要申请人提出证据证明,法院可依职权审查。故需要在《民事诉讼法》第274条中重设争议事项不具备可仲裁性的撤销理由,将第一款第4项"仲裁机构无权仲裁的"删除,将第二款法院主动审查的理由下将"人民法院认定执行该裁决违背社会公共利益的"改为"人民法院认定争议事项不能通过仲裁解决或者执行该裁决违背社会公共利益的"。

4. 确立重新仲裁的优先适用性

仲裁裁决司法审查制度中重新仲裁是法院在撤销过程中的选择之一,并不具备优先适用性,不利于重新仲裁的优势发挥。故可在《仲裁法》第61条后添加"人民法院受理撤销裁决的申请后,除非认为争议事项不适于发回仲裁庭重新仲裁,不应行使全部或部分撤销裁决的权力"[1],保障重新仲裁的优先适用性。此外,重新仲裁适用于纯国内仲裁裁决毫无疑问,但对于涉外仲裁裁决的适用尚存争议,有必要在《仲裁法》第七章"涉外仲裁的特别规定"第70条中予以明确,并添加重新仲裁的适用情形。

(三)仲裁裁决承认与执行司法审查制度的完善

第一,柔性适用当事人异议权默示放弃制度。当事人异议权默示放弃

---

[1] 宋连斌、黄进:《〈中华人民共和国仲裁法〉(建议修改稿)》,《法学评论》,2003年第4期。

制度的严苛程度,十分不利于仲裁裁决承认与执行阶段的抗辩,不利于实现裁决承认与执行的司法审查结果的公正合理。该制度具有存在的必要性和良好作用,对普通国际商事仲裁司法审查而言,仲裁协议是当事人签订并熟知的,异议权默示放弃制度可在仲裁公正性之下实现效率追求。但就国际投资条约仲裁司法审查而言,国际投资条约仲裁条款与普通国际商事仲裁协议不同,其不公正合理之处在于不区分程度和案件具体情形,换言之,并非每一次当事人在仲裁程序中未对国际投资条约仲裁条款的效力提出异议,法院都应不予支持裁决作出后的异议提出,而应该由法院根据案情判断是否适用该制度。这与国际投资条约仲裁条款的特殊性相关,其认定难度非普通国际商事仲裁协议可比拟,更非当事人签署,机械地要求当事人承担责任和后果不具备公正合理性。因此需要柔性适用当事人异议权默示放弃制度,将《仲裁法司法解释》第 27 条中"人民法院不予支持"修改为"人民法院可以不予支持",或者在《仲裁法司法解释》第 27 条后增加例外条文,"当事人存在不能提出异议的正当情形除外"。

第二,增设上诉制度。上诉制度针对法院作出的不予承认与执行仲裁裁决的裁定。上诉制度一方面是对司法审查权的约束和限制,符合比例原则;另一方面也为当事人——多数是投资者提供了上诉权,有助于投资者与东道国利益平衡,更符合公正合理的理念指引;同时还能统一司法审查标准。首先需要修改《民事诉讼法》第 154 条,添加"对第九项裁定,可以上诉";其次可参照《法国民事诉讼法典》第 1501 条对于法院裁定设置的上诉制度,在《民事诉讼法》第 274 条和 283 条以及《仲裁法》第 71 条中增设"不予承认与执行国际投资条约仲裁裁决的裁定可以上诉,向对作出裁定法院的上一级人民法院提起上诉"的内容。此外,上诉制度作为仲裁司法审查制度的一部分,不能忽略效率要求,故存在三点限制:其一,以程序审查为主;其二,针对法院的否定性评价;其三,审查范围限于当事人提起的理由,且该理由属于法定范围内。

（四）国际投资条约仲裁司法审查机制的完善

第一，增加归口办理机制的适用范围。归口办理机制可以广泛适用于国际投资条约仲裁及其各类型裁决，但当前归口办理制度中未将涉外仲裁裁决的执行纳入，可在"当事人申请确认仲裁协议效力的案件，申请撤销我国内地仲裁机构仲裁裁决的案件，申请认可和执行香港特别行政区、澳门特别行政区、台湾地区仲裁裁决的案件、申请承认和执行外国仲裁裁决等仲裁司法审查案件，由各级人民法院专门业务庭办理"的通知中加入"申请执行涉外仲裁裁决的案件"。

第二，排除报核机制的实体审查。学者所言"报核制度仍然是作为权宜之计的过渡措施"[①]，笔者深以为然，但报核机制终究不是上诉机制，而第 5 条"上级人民法院收到下级人民法院的报核申请后，认为案件相关事实不清的，可以询问当事人或者退回下级人民法院补充查明事实后再报"的表述，若仅从条文用语理解，可能授权上级法院进行实体审查，造成以报核机制之名行上诉机制之实，笔者建议单独设立上诉机制，而在报核机制中明确"案件相关事实不清"的具体范围，排除报核机制的实体审查。

本章小结

中国国际投资条约仲裁司法审查制度完善首先要把握时代背景，顺应国家法治建设进程。在当今国际体系和国际秩序深度调整的世界里，中国

---

① 宋连斌：《仲裁司法监督制度的新进展及其意义》，《人民法治》，2018 年第 5 期。

有资格有潜力逐步成为国际投资法治的引领者,胸怀天下是中华民族与生俱来的优秀品质,公平正义是中国发展经久不衰的价值追求。引领国际投资法治不仅是中国的发展需要,更是国际社会的新期待,是中国作为负责大国的应有担当。《中华人民共和国仲裁法》修订为仲裁司法审查制度完善提供了机遇,中国兼具资本输出大国和资本输入大国的双重身份影响仲裁司法审查制度完善的中国定位,共建"一带一路"对仲裁司法审查制度的公正合理提出更高要求。中国双边投资条约自 1982 年始经历了保守阶段、自由阶段、平衡阶段,自贸协定起步较晚,总体而言,国际投资条约仲裁条款存在一定共性,但各个阶段和不同年代差别较大。截至 2018 年 7 月,中国直接参与 9 个国际投资条约仲裁。中国国际投资条约仲裁司法审查制度不仅包括仲裁司法审查国内法律制度,同时包括国际条约中的司法审查制度。国际条约制度存在未将"投资"纳入"商事关系"范畴、透明度要求的缺失、东道国法院的承认与执行的司法审查主体资格不明晰、缺少不予承认与执行被撤销裁决的规定、未明确缔约双方对条约解释的法律约束力、与司法审查直接相关的条款设置不当、《纽约公约》对于投资仲裁裁决的适用存在制度障碍 7 个问题,国内法律制度则存在国际投资条约仲裁的纳入不明确、临时仲裁的不承认、司法审查管辖法院的级别较低、仲裁协议未明确涵盖国际投资条约仲裁条款、自裁管辖权行使的不合理约束等国际投资条约仲裁条款司法审查制度问题,存在国籍认定标准的不合理、"违反公共利益"理由的司法审查范围较窄、争议事项不具备可仲裁性的理由设置不当、重新仲裁的优先适用性和具体内容不足等仲裁裁决司法审查制度问题,存在当事人异议权默示放弃制度过于严苛、上诉制度的缺失等仲裁裁决承认与执行司法审查制度问题,以及国际投资条约仲裁司法审查机制存在的瑕疵。

"良法"要求是中国国际投资条约仲裁司法审查制度完善的基本遵循和法治目标。中国国际投资条约仲裁司法审查制度的现状,既体现出现有制度的总体价值和功能属性,又反映出制度的完善空间。在制度完善过程中,需将"良法"要求落实为公正合理、投资者与东道国利益平衡、比例原则三大理念指引。其一,国际投资条约仲裁及其司法审查后果涉及国家主权、公共利益、数额巨大的赔偿金、投资吸引力、国家声望等系列重大问题,只有公正之下才能最大限度的满足投资者和东道国的各方面要求。其二,国际投资条约仲裁针对国家主权管理行为,投资者的受损金额相对也较大,利益失衡带来的后果较为严重。在公共利益这一重大利益可能被违背时,法院通过适当的实体性事项审查,确保裁决的公正性,同时也确保作为当事人的东道国的利益得到公正裁判。其三,比例原则的适当性原则、必要性原则、狭义比例原则三个子原则充分契合中国国际投资条约仲裁司法审查制度完善的需要。

中国国际投资条约仲裁司法审查制度完善的路径分为国际条约制度和国内法律制度。国际投资条约的谈判升级,主要从透明度条款的增设、东道国法院司法审查主体资格的明示、不予承认与执行被撤销裁决条款的纳入、司法审查关联条款的重置等方面着手,同时扩大《纽约公约》对投资仲裁裁决的适用。国际投资条约仲裁条款司法审查制度的完善,主要涉及纳入国际投资条约仲裁、承认临时仲裁、提升管辖法院级别、扩展仲裁协议的定义、取消自裁管辖权的限制。仲裁裁决司法审查制度的完善,主要涉及采取仲裁地标准为国籍认定标准、通过"违反公共利益"撤销理由进行较广范围的实体审查、重设争议事项不具备可仲裁性的撤销理由、加强重新仲裁的优先适用性。仲裁裁决承认与执行司法审查制度的完善,主要强调柔性适用当事人异议权默示放弃制度,增设上诉制度。国际投资条约仲裁司法审查机制的完善,主要涉及司法审查案件归口办理机制和报核机制的完善。

结　语

　　国际投资条约仲裁的研究热度随国际投资的发展规模同步上涨,国际投资条约仲裁的数量逐步增长,影响逐步扩大。自 1987 年第一个国际投资条约仲裁被提起,国际投资条约仲裁的发展稳步前行,近年已有八百多国际投资条约仲裁案例。国际投资条约仲裁发挥积极作用的同时,亦凸显些许负面影响。其中部分国际投资条约仲裁的合法性和合理性危机较为突出,裁决的公正性引发当事人质疑,裁决的实施效果导致东道国"规制寒颤"。东道国为避免主权被频繁挑战、公共利益保护不足、巨额赔偿的沉重负担,可能采取使投资条约失效、投资条约不纳入仲裁条款、退出公约等方式予以规避,进而导致国际投资条约仲裁的吸引力和利用率降低。面对国际投资条约仲裁积极作用进一步释放和有效避免负面影响出现的双重需求,无论是为了支持国际投资条约仲裁的裁决落实,抑或是为了缓解国际投资条约仲裁的危机,保障国际投资条约仲裁的健康持续发展,均需要国际投资条约仲裁司法审查制度切实发挥作用。

　　国际投资条约仲裁司法审查的支持与监督作用发挥,离不开司法审查制度的正确把握。虽然国际上对于国际投资条约仲裁司法审查国内法律制度的"应然"状态尚未达成统一意见，但广义的"商事关系"是包含"投资关系"的，亦存在国际投资条约仲裁与普通国际商事仲裁通用广义的国际商事仲裁司法审查制度的理论和实践支持。在国际商事仲裁司法审查制度之外，另行构建国际投资条约仲裁司法审查制度无必要也不具备可行性，而将国际投资条约仲裁司法审查明确纳入广义的国际商事仲裁司法审查制度方为最佳方案。当然，由于国际投资条约仲裁与国际商事仲裁存在差异，当事人地位和争议事项存在不同，仲裁依据和仲裁本身的性质悬殊，故国际投资条约仲裁司法审查制度不可避免具备特殊性要求。一方面国内法律制度因以普通国际商事仲裁为潜在调整对象，导致当前制度存在不适用、不协调之处；另一方面国际条约法律制度因年代差异、更新缓慢导致内容缺失和不统一。因此本书以国内法律制度的通用和国际条约的更新为方向进行司法审查制度完善，为合法合理裁决保驾护航，对不合法不合理裁决给予否定性评价，以实现国际投资条约仲裁健康有序发展。

本书以"国际投资条约仲裁司法审查制度"为研究对象，以国际投资条约仲裁条款的司法审查、裁决撤销的司法审查、裁决承认与执行的司法审查三个方面为着手点，梳理国际投资条约仲裁司法审查制度的具体内容，结合其他国家仲裁司法审查制度比较和实践经验，最终回归中国的司法审查制度完善。在《仲裁法》修订、资本输出国与资本输入国双重身份的背景下，以公正合理、投资者与东道国利益平衡、比例原则的理念为指引，针对国内法律制度的不适用、不协调之处以及国际条约制度的内容缺失和待完善之处，在国际条约和国内法两个层面提出完善建议，助力国际投资条约更新，充分释放《纽约公约》潜力。总之，通过国际投资条约仲裁司法审查制度的研究，以期为国际投资条约仲裁司法审查提供制度保障，进一步实现对国际投资条约仲裁的支持与监督作用。

附　录

附录1

《中华人民共和国仲裁法》

（1994 年 8 月 31 日第八届全国人民代表大会常务委员会第九次会议通过 根据 2009 年 8 月 27 日中华人民共和国主席令第 18 号《全国人民代表大会常务委员会关于修改部分法律的规定》第一次修正 根据 2017 年 9 月 1 日第十二届全国人民代表大会常务委员会第二十九次会议《全国人民代表大会常务委员会关于修改〈中华人民共和国法官法〉等八部法律的决定》第二次修正）

第一章　总　则

第一条　为保证公正、及时地仲裁经济纠纷，保护当事人的合法权益，保障社会主义市场经济健康发展，制定本法。

第二条　平等主体的公民、法人和其他组织之间发生的合同纠纷和其他财产权益纠纷,可以仲裁。

第三条　下列纠纷不能仲裁:

(一)婚姻、收养、监护、扶养、继承纠纷;

(二)依法应当由行政机关处理的行政争议。

第四条　当事人采用仲裁方式解决纠纷,应当双方自愿,达成仲裁协议。没有仲裁协议,一方申请仲裁的,仲裁委员会不予受理。

第五条　当事人达成仲裁协议,一方向人民法院起诉的,人民法院不予受理,但仲裁协议无效的除外。

第六条　仲裁委员会应当由当事人协议选定。

仲裁不实行级别管辖和地域管辖。

第七条　仲裁应当根据事实,符合法律规定,公平合理地解决纠纷。

第八条　仲裁依法独立进行,不受行政机关、社会团体和个人的干涉。

第九条　仲裁实行一裁终局的制度。裁决作出后,当事人就同一纠纷再申请仲裁或者向人民法院起诉的,仲裁委员会或者人民法院不予受理。

裁决被人民法院依法裁定撤销或者不予执行的,当事人就该纠纷可以根据双方重新达成的仲裁协议申请仲裁,也可以向人民法院起诉。

第二章　仲裁委员会和仲裁协会

第十条　仲裁委员会可以在直辖市和省、自治区人民政府所在地的市设立,也可以根据需要在其他设区的市设立,不按行政区划层层设立。

仲裁委员会由前款规定的市的人民政府组织有关部门和商会统一组建。

设立仲裁委员会,应当经省、自治区、直辖市的司法行政部门登记。

第十一条　仲裁委员会应当具备下列条件:

(一)有自己的名称、住所和章程;

（二）有必要的财产；

（三）有该委员会的组成人员；

（四）有聘任的仲裁员。

仲裁委员会的章程应当依照本法制定。

第十二条　仲裁委员会由主任一人、副主任二至四人和委员七至十一人组成。

仲裁委员会的主任、副主任和委员由法律、经济贸易专家和有实际工作经验的人员担任。仲裁委员会的组成人员中，法律、经济贸易专家不得少于三分之二。

第十三条　仲裁委员会应当从公道正派的人员中聘任仲裁员。

仲裁员应当符合下列条件之一：

（一）通过国家统一法律职业资格考试取得法律职业资格，从事仲裁工作满八年的；

（二）从事律师工作满八年的；

（三）曾任法官满八年的；

（四）从事法律研究、教学工作并具有高级职称的；

（五）具有法律知识、从事经济贸易等专业工作并具有高级职称或者具有同等专业水平的。

仲裁委员会按照不同专业设仲裁员名册。

第十四条　仲裁委员会独立于行政机关，与行政机关没有隶属关系。仲裁委员会之间也没有隶属关系。

第十五条　中国仲裁协会是社会团体法人。仲裁委员会是中国仲裁协会的会员。中国仲裁协会的章程由全国会员大会制定。

中国仲裁协会是仲裁委员会的自律性组织，根据章程对仲裁委员会及其组成人员、仲裁员的违纪行为进行监督。

中国仲裁协会依照本法和民事诉讼法的有关规定制定仲裁规则。

第三章　仲裁协议

第十六条　仲裁协议包括合同中订立的仲裁条款和以其他书面方式在纠纷发生前或者纠纷发生后达成的请求仲裁的协议。

仲裁协议应当具有下列内容：

（一）请求仲裁的意思表示；

（二）仲裁事项；

（三）选定的仲裁委员会。

第十七条　有下列情形之一的，仲裁协议无效：

（一）约定的仲裁事项超出法律规定的仲裁范围的；

（二）无民事行为能力人或者限制民事行为能力人订立的仲裁协议；

（三）一方采取胁迫手段，迫使对方订立仲裁协议的。

第十八条　仲裁协议对仲裁事项或者仲裁委员会没有约定或者约定不明确的，当事人可以补充协议；达不成补充协议的，仲裁协议无效。

第十九条　仲裁协议独立存在，合同的变更、解除、终止或者无效，不影响仲裁协议的效力。

仲裁庭有权确认合同的效力。

第二十条　当事人对仲裁协议的效力有异议的，可以请求仲裁委员会作出决定或者请求人民法院作出裁定。一方请求仲裁委员会作出决定，另一方请求人民法院作出裁定的，由人民法院裁定。

当事人对仲裁协议的效力有异议，应当在仲裁庭首次开庭前提出。

第四章　仲裁程序

第一节　申请和受理

第二十一条　当事人申请仲裁应当符合下列条件：

（一）有仲裁协议；

（二）有具体的仲裁请求和事实、理由；

（三）属于仲裁委员会的受理范围。

第二十二条　当事人申请仲裁,应当向仲裁委员会递交仲裁协议、仲裁申请书及副本。

第二十三条　仲裁申请书应当载明下列事项：

（一）当事人的姓名、性别、年龄、职业、工作单位和住所,法人或者其他组织的名称、住所和法定代表人或者主要负责人的姓名、职务；

（二）仲裁请求和所根据的事实、理由；

（三）证据和证据来源、证人姓名和住所。

第二十四条　仲裁委员会收到仲裁申请书之日起五日内,认为符合受理条件的,应当受理,并通知当事人；认为不符合受理条件的,应当书面通知当事人不予受理,并说明理由。

第二十五条　仲裁委员会受理仲裁申请后,应当在仲裁规则规定的期限内将仲裁规则和仲裁员名册送达申请人,并将仲裁申请书副本和仲裁规则、仲裁员名册送达被申请人。

被申请人收到仲裁申请书副本后,应当在仲裁规则规定的期限内向仲裁委员会提交答辩书。仲裁委员会收到答辩书后,应当在仲裁规则规定的期限内将答辩书副本送达申请人。被申请人未提交答辩书的,不影响仲裁程序的进行。

第二十六条　当事人达成仲裁协议,一方向人民法院起诉未声明有仲裁协议,人民法院受理后,另一方在首次开庭前提交仲裁协议的,人民法院应当驳回起诉,但仲裁协议无效的除外；另一方在首次开庭前未对人民法院受理该案提出异议的,视为放弃仲裁协议,人民法院应当继续审理。

第二十七条　申请人可以放弃或者变更仲裁请求。被申请人可以承认或者反驳仲裁请求,有权提出反请求。

第二十八条　一方当事人因另一方当事人的行为或者其他原因,可能使裁决不能执行或者难以执行的,可以申请财产保全。

当事人申请财产保全的,仲裁委员会应当将当事人的申请依照民事诉讼法的有关规定提交人民法院。

申请有错误的,申请人应当赔偿被申请人因财产保全所遭受的损失。

第二十九条　当事人、法定代理人可以委托律师和其他代理人进行仲裁活动。委托律师和其他代理人进行仲裁活动的,应当向仲裁委员会提交授权委托书。

第二节　仲裁庭的组成

第三十条　仲裁庭可以由三名仲裁员或者一名仲裁员组成。由三名仲裁员组成的,设首席仲裁员。

第三十一条　当事人约定由三名仲裁员组成仲裁庭的,应当各自选定或者各自委托仲裁委员会主任指定一名仲裁员,第三名仲裁员由当事人共同选定或者共同委托仲裁委员会主任指定。第三名仲裁员是首席仲裁员。

当事人约定由一名仲裁员成立仲裁庭的,应当由当事人共同选定或者共同委托仲裁委员会主任指定仲裁员。

第三十二条　当事人没有在仲裁规则规定的期限内约定仲裁庭的组成方式或者选定仲裁员的,由仲裁委员会主任指定。

第三十三条　仲裁庭组成后,仲裁委员会应当将仲裁庭的组成情况书面通知当事人。

第三十四条　仲裁员有下列情形之一的,必须回避,当事人也有权提出回避申请:

(一)是本案当事人或者当事人、代理人的近亲属;

(二)与本案有利害关系;

(三)与本案当事人、代理人有其他关系,可能影响公正仲裁的;

（四）私自会见当事人、代理人，或者接受当事人、代理人的请客送礼的。

第三十五条　当事人提出回避申请，应当说明理由，在首次开庭前提出。回避事由在首次开庭后知道的，可以在最后一次开庭终结前提出。

第三十六条　仲裁员是否回避，由仲裁委员会主任决定；仲裁委员会主任担任仲裁员时，由仲裁委员会集体决定。

第三十七条　仲裁员因回避或者其他原因不能履行职责的，应当依照本法规定重新选定或者指定仲裁员。

因回避而重新选定或者指定仲裁员后，当事人可以请求已进行的仲裁程序重新进行，是否准许，由仲裁庭决定；仲裁庭也可以自行决定已进行的仲裁程序是否重新进行。

第三十八条　仲裁员有本法第三十四条第四项规定的情形，情节严重的，或者有本法第五十八条第六项规定的情形的，应当依法承担法律责任，仲裁委员会应当将其除名。

第三节　开庭和裁决

第三十九条　仲裁应当开庭进行。当事人协议不开庭的，仲裁庭可以根据仲裁申请书、答辩书以及其他材料作出裁决

第四十条　仲裁不公开进行。当事人协议公开的，可以公开进行，但涉及国家秘密的除外。

第四十一条　仲裁委员会应当在仲裁规则规定的期限内将开庭日期通知双方当事人。当事人有正当理由的，可以在仲裁规则规定的期限内请求延期开庭。是否延期，由仲裁庭决定。

第四十二条　申请人经书面通知，无正当理由不到庭或者未经仲裁庭许可中途退庭的，可以视为撤回仲裁申请。

被申请人经书面通知，无正当理由不到庭或者未经仲裁庭许可中途退庭的，可以缺席裁决。

第四十三条　当事人应当对自己的主张提供证据。

仲裁庭认为有必要收集的证据,可以自行收集。

第四十四条　仲裁庭对专门性问题认为需要鉴定的,可以交由当事人约定的鉴定部门鉴定,也可以由仲裁庭指定的鉴定部门鉴定。

根据当事人的请求或者仲裁庭的要求,鉴定部门应当派鉴定人参加开庭。当事人经仲裁庭许可,可以向鉴定人提问。

第四十五条　证据应当在开庭时出示,当事人可以质证。

第四十六条　在证据可能灭失或者以后难以取得的情况下,当事人可以申请证据保全。当事人申请证据保全的,仲裁委员会应当将当事人的申请提交证据所在地的基层人民法院。

第四十七条　当事人在仲裁过程中有权进行辩论。辩论终结时,首席仲裁员或者独任仲裁员应当征询当事人的最后意见。

第四十八条　仲裁庭应当将开庭情况记入笔录。当事人和其他仲裁参与人认为对自己陈述的记录有遗漏或者差错的,有权申请补正。如果不予补正,应当记录该申请。

笔录由仲裁员、记录人员、当事人和其他仲裁参与人签名或者盖章。

第四十九条　当事人申请仲裁后,可以自行和解。达成和解协议的,可以请求仲裁庭根据和解协议作出裁决书,也可以撤回仲裁申请。

第五十条　当事人达成和解协议,撤回仲裁申请后反悔的,可以根据仲裁协议申请仲裁。

第五十一条　仲裁庭在作出裁决前,可以先行调解。当事人自愿调解的,仲裁庭应当调解。调解不成的,应当及时作出裁决。

调解达成协议的,仲裁庭应当制作调解书或者根据协议的结果制作裁决书。调解书与裁决书具有同等法律效力。

第五十二条　调解书应当写明仲裁请求和当事人协议的结果。调解书由仲裁员签名,加盖仲裁委员会印章,送达双方当事人。

调解书经双方当事人签收后,即发生法律效力。

在调解书签收前当事人反悔的,仲裁庭应当及时作出裁决。

第五十三条 裁决应当按照多数仲裁员的意见作出,少数仲裁员的不同意见可以记入笔录。仲裁庭不能形成多数意见时,裁决应当按照首席仲裁员的意见作出。

第五十四条 裁决书应当写明仲裁请求、争议事实、裁决理由、裁决结果、仲裁费用的负担和裁决日期。当事人协议不愿写明争议事实和裁决理由的,可以不写。裁决书由仲裁员签名,加盖仲裁委员会印章。对裁决持不同意见的仲裁员,可以签名,也可以不签名。

第五十五条 仲裁庭仲裁纠纷时,其中一部分事实已经清楚,可以就该部分先行裁决。

第五十六条 对裁决书中的文字、计算错误或者仲裁庭已经裁决但在裁决书中遗漏的事项,仲裁庭应当补正;当事人自收到裁决书之日起三十日内,可以请求仲裁庭补正。

第五十七条 裁决书自作出之日起发生法律效力。

第五章 申请撤销裁决

第五十八条 当事人提出证据证明裁决有下列情形之一的,可以向仲裁委员会所在地的中级人民法院申请撤销裁决:

(一)没有仲裁协议的;

(二)裁决的事项不属于仲裁协议的范围或者仲裁委员会无权仲裁的;

(三)仲裁庭的组成或者仲裁的程序违反法定程序的;

(四)裁决所根据的证据是伪造的;

(五)对方当事人隐瞒了足以影响公正裁决的证据的;

(六)仲裁员在仲裁该案时有索贿受贿,徇私舞弊,枉法裁决行为的。

人民法院经组成合议庭审查核实裁决有前款规定情形之一的,应当裁定撤销。

人民法院认定该裁决违背社会公共利益的,应当裁定撤销。

第五十九条　当事人申请撤销裁决的,应当自收到裁决书之日起六个月内提出。

第六十条　人民法院应当在受理撤销裁决申请之日起两个月内作出撤销裁决或者驳回申请的裁定。

第六十一条　人民法院受理撤销裁决的申请后,认为可以由仲裁庭重新仲裁的,通知仲裁庭在一定期限内重新仲裁,并裁定中止撤销程序。仲裁庭拒绝重新仲裁的,人民法院应当裁定恢复撤销程序。

第六章　执　行

第六十二条　当事人应当履行裁决。一方当事人不履行的,另一方当事人可以依照民事诉讼法的有关规定向人民法院申请执行。受申请的人民法院应当执行。

第六十三条　被申请人提出证据证明裁决有民事诉讼法第二百一十三条第二款规定的情形之一的,经人民法院组成合议庭审查核实,裁定不予执行。

第六十四条　一方当事人申请执行裁决,另一方当事人申请撤销裁决的,人民法院应当裁定中止执行。

人民法院裁定撤销裁决的,应当裁定终结执行。撤销裁决的申请被裁定驳回的,人民法院应当裁定恢复执行。

第七章　涉外仲裁的特别规定

第六十五条　涉外经济贸易、运输和海事中发生的纠纷的仲裁,适用本章规定。本章没有规定的,适用本法其他有关规定。

第六十六条　涉外仲裁委员会可以由中国国际商会组织设立。

涉外仲裁委员会由主任一人、副主任若干人和委员若干人组成。

涉外仲裁委员会的主任、副主任和委员可以由中国国际商会聘任。

第六十七条 涉外仲裁委员会可以从具有法律、经济贸易、科学技术等专门知识的外籍人士中聘任仲裁员。

第六十八条 涉外仲裁的当事人申请证据保全的,涉外仲裁委员会应当将当事人的申请提交证据所在地的中级人民法院。

第六十九条 涉外仲裁的仲裁庭可以将开庭情况记入笔录,或者作出笔录要点,笔录要点可以由当事人和其他仲裁参与人签字或者盖章。

第七十条 当事人提出证据证明涉外仲裁裁决有民事诉讼法第二百五十八条第一款规定的情形之一的,经人民法院组成合议庭审查核实,裁定撤销。

第七十一条 被申请人提出证据证明涉外仲裁裁决有民事诉讼法第二百五十八条第一款规定的情形之一的,经人民法院组成合议庭审查核实,裁定不予执行。

第七十二条 涉外仲裁委员会作出的发生法律效力的仲裁裁决,当事人请求执行的,如果被执行人或者其财产不在中华人民共和国领域内,应当由当事人直接向有管辖权的外国法院申请承认和执行。

第七十三条 涉外仲裁规则可以由中国国际商会依照本法和民事诉讼法的有关规定制定。

第八章 附 则

第七十四条 法律对仲裁时效有规定的,适用该规定。法律对仲裁时效没有规定的,适用诉讼时效的规定。

第七十五条 中国仲裁协会制定仲裁规则前,仲裁委员会依照本法和民事诉讼法的有关规定可以制定仲裁暂行规则。

第七十六条 当事人应当按照规定交纳仲裁费用。

收取仲裁费用的办法,应当报物价管理部门核准。

第七十七条　劳动争议和农业集体经济组织内部的农业承包合同纠纷的仲裁,另行规定。

第七十八条　本法施行前制定的有关仲裁的规定与本法的规定相抵触的,以本法为准。

第七十九条　本法施行前在直辖市、省、自治区人民政府所在地的市和其他设区的市设立的仲裁机构,应当依照本法的有关规定重新组建;未重新组建的,自本法施行之日起届满一年时终止。

本法施行前设立的不符合本法规定的其他仲裁机构,自本法施行之日起终止。

第八十条　本法自 1995 年 9 月 1 日起施行。

附录2

《中华人民共和国民事诉讼法》（节选）

（1991 年 4 月 9 日第七届全国人民代表大会第四次会议通过 根据 2007 年 10 月 28 日第十届全国人民代表大会常务委员会第三十次会议《关于修改〈中华人民共和国民事诉讼法〉的决定》第一次修正 根据 2012 年 8 月 31 日第十一届全国人民代表大会常务委员会第二十八次会议《关于修改〈中华人民共和国民事诉讼法〉的决定》第二次修正 根据 2017 年 6 月 27 日第十二届全国人民代表大会常务委员会第二十八次会议《关于修改〈中华人民共和国民事诉讼法〉和〈中华人民共和国行政诉讼法〉的决定》第三次修正）

第二十六章　仲裁

第二百七十一条　涉外经济贸易、运输和海事中发生的纠纷，当事人在合同中订有仲裁条款或者事后达成书面仲裁协议，提交中华人民共和国涉外仲裁机构或者其他仲裁机构仲裁的，当事人不得向人民法院起诉。

当事人在合同中没有订有仲裁条款或者事后没有达成书面仲裁协议的，可以向人民法院起诉。

第二百七十二条　当事人申请采取保全的，中华人民共和国的涉外仲裁机构应当将当事人的申请，提交被申请人住所地或者财产所在地的中级人民法院裁定。

第二百七十三条　经中华人民共和国涉外仲裁机构裁决的，当事人不得向人民法院起诉。一方当事人不履行仲裁裁决的，对方当事人可以向被申请人住所地或者财产所在地的中级人民法院申请执行。

第二百七十四条　对中华人民共和国涉外仲裁机构作出的裁决,被申请人提出证据证明仲裁裁决有下列情形之一的,经人民法院组成合议庭审查核实,裁定不予执行:

(一)当事人在合同中没有订有仲裁条款或者事后没有达成书面仲裁协议的;

(二)被申请人没有得到指定仲裁员或者进行仲裁程序的通知,或者由于其他不属于被申请人负责的原因未能陈述意见的;

(三)仲裁庭的组成或者仲裁的程序与仲裁规则不符的;

(四)裁决的事项不属于仲裁协议的范围或者仲裁机构无权仲裁的。

人民法院认定执行该裁决违背社会公共利益的,裁定不予执行。

第二百七十五条　仲裁裁决被人民法院裁定不予执行的,当事人可以根据双方达成的书面仲裁协议重新申请仲裁,也可以向人民法院起诉。

附录3

《最高人民法院关于人民法院办理仲裁
裁决执行案件若干问题的规定》

为了规范人民法院办理仲裁裁决执行案件,依法保护当事人、案外人的合法权益,根据《中华人民共和国民事诉讼法》《中华人民共和国仲裁法》等法律规定,结合人民法院执行工作实际,制定本规定。

第一条 本规定所称的仲裁裁决执行案件,是指当事人申请人民法院执行仲裁机构依据仲裁法作出的仲裁裁决或者仲裁调解书的案件。

第二条 当事人对仲裁机构作出的仲裁裁决或者仲裁调解书申请执行的,由被执行人住所地或者被执行的财产所在地的中级人民法院管辖。

符合下列条件的,经上级人民法院批准,中级人民法院可以参照民事诉讼法第三十八条的规定指定基层人民法院管辖:

(一)执行标的额符合基层人民法院一审民商事案件级别管辖受理范围;

(二)被执行人住所地或者被执行的财产所在地在被指定的基层人民法院辖区内;

被执行人、案外人对仲裁裁决执行案件申请不予执行的,负责执行的中级人民法院应当另行立案审查处理;执行案件已指定基层人民法院管辖的,应当于收到不予执行申请后三日内移送原执行法院另行立案审查处理。

第三条 仲裁裁决或者仲裁调解书执行内容具有下列情形之一导致无法执行的,人民法院可以裁定驳回执行申请;导致部分无法执行的,可以裁定驳回该部分的执行申请;导致部分无法执行且该部分与其他部分不可分的,可以裁定驳回执行申请。

(一)权利义务主体不明确;

(二)金钱给付具体数额不明确或者计算方法不明确导致无法计算出具体数额;

(三)交付的特定物不明确或者无法确定;

(四)行为履行的标准、对象、范围不明确;

仲裁裁决或者仲裁调解书仅确定继续履行合同,但对继续履行的权利义务,以及履行的方式、期限等具体内容不明确,导致无法执行的,依照前款规定处理。

第四条　对仲裁裁决主文或者仲裁调解书中的文字、计算错误以及仲裁庭已经认定但在裁决主文中遗漏的事项,可以补正或说明的,人民法院应当书面告知仲裁庭补正或说明,或者向仲裁机构调阅仲裁案卷查明。仲裁庭不补正也不说明,且人民法院调阅仲裁案卷后执行内容仍然不明确具体无法执行的,可以裁定驳回执行申请。

第五条　申请执行人对人民法院依照本规定第三条、第四条作出的驳回执行申请裁定不服的,可以自裁定送达之日起十日内向上一级人民法院申请复议。

第六条　仲裁裁决或者仲裁调解书确定交付的特定物确已毁损或者灭失的,依照《最高人民法院关于适用〈中华人民共和国民事诉讼法〉的解释》第四百九十四条的规定处理。

第七条　被执行人申请撤销仲裁裁决并已由人民法院受理的,或者被执行人、案外人对仲裁裁决执行案件提出不予执行申请并提供适当担保的,执行法院应当裁定中止执行。中止执行期间,人民法院应当停止处分性措施,但申请执行人提供充分、有效的担保请求继续执行的除外;执行标的查封、扣押、冻结期限届满前,人民法院可以根据当事人申请或者依职权办理续行查封、扣押、冻结手续。

申请撤销仲裁裁决、不予执行仲裁裁决案件司法审查期间,当事人、案外人申请对已查封、扣押、冻结之外的财产采取保全措施的,负责审查的人民法院参照民事诉讼法第一百条的规定处理。司法审查后仍需继续执行的,保全措施自动转为执行中的查封、扣押、冻结措施;采取保全措施的人民法院与执行法院不一致的,应当将保全手续移送执行法院,保全裁定视为执行法院作出的裁定。

第八条 被执行人向人民法院申请不予执行仲裁裁决的,应当在执行通知书送达之日起十五日内提出书面申请;有民事诉讼法第二百三十七条第二款第四、六项规定情形且执行程序尚未终结的,应当自知道或者应当知道有关事实或案件之日起十五日内提出书面申请。

本条前款规定期限届满前,被执行人已向有管辖权的人民法院申请撤销仲裁裁决且已被受理的,自人民法院驳回撤销仲裁裁决申请的裁判文书生效之日起重新计算期限。

第九条 案外人向人民法院申请不予执行仲裁裁决或者仲裁调解书的,应当提交申请书以及证明其请求成立的证据材料,并符合下列条件:

(一)有证据证明仲裁案件当事人恶意申请仲裁或者虚假仲裁,损害其合法权益;

(二)案外人主张的合法权益所涉及的执行标的尚未执行终结;

(三)自知道或者应当知道人民法院对该标的采取执行措施之日起三十日内提出。

第十条 被执行人申请不予执行仲裁裁决,对同一仲裁裁决的多个不予执行事由应当一并提出。不予执行仲裁裁决申请被裁定驳回后,再次提出申请的,人民法院不予审查,但有新证据证明存在民事诉讼法第二百三十七条第二款第四、六项规定情形的除外。

第十一条　人民法院对不予执行仲裁裁决案件应当组成合议庭围绕被执行人申请的事由、案外人的申请进行审查;对被执行人没有申请的事由不予审查,但仲裁裁决可能违背社会公共利益的除外。

被执行人、案外人对仲裁裁决执行案件申请不予执行的,人民法院应当进行询问;被执行人在询问终结前提出其他不予执行事由的,应当一并审查。人民法院审查时,认为必要的,可以要求仲裁庭作出说明,或者向仲裁机构调阅仲裁案卷。

第十二条　人民法院对不予执行仲裁裁决案件的审查,应当在立案之日起两个月内审查完毕并作出裁定;有特殊情况需要延长的,经本院院长批准,可以延长一个月。

第十三条　下列情形经人民法院审查属实的,应当认定为民事诉讼法第二百三十七条第二款第二项规定的"裁决的事项不属于仲裁协议的范围或者仲裁机构无权仲裁的"情形:

(一)裁决的事项超出仲裁协议约定的范围;

(二)裁决的事项属于依照法律规定或者当事人选择的仲裁规则规定的不可仲裁事项;

(三)裁决内容超出当事人仲裁请求的范围;

(四)作出裁决的仲裁机构非仲裁协议所约定。

第十四条　违反仲裁法规定的仲裁程序、当事人选择的仲裁规则或者当事人对仲裁程序的特别约定,可能影响案件公正裁决,经人民法院审查属实的,应当认定为民事诉讼法第二百三十七条第二款第三项规定的"仲裁庭的组成或者仲裁的程序违反法定程序的"情形。

当事人主张未按照仲裁法或仲裁规则规定的方式送达法律文书导致其未能参与仲裁,或者仲裁员根据仲裁法或仲裁规则的规定应当回避而未回避,可能影响公正裁决,经审查属实的,人民法院应当支持;仲裁庭按照仲裁法或仲裁规则以及当事人约定的方式送达仲裁法律文书,当事人主张不符合民事诉讼法有关送达规定的,人民法院不予支持。

适用的仲裁程序或仲裁规则经特别提示,当事人知道或者应当知道法定仲裁程序或选择的仲裁规则未被遵守,但仍然参加或者继续参加仲裁程序且未提出异议,在仲裁裁决作出之后以违反法定程序为由申请不予执行仲裁裁决的,人民法院不予支持。

第十五条 符合下列条件的,人民法院应当认定为民事诉讼法第二百三十七条第二款第四项规定的"裁决所根据的证据是伪造的"情形:

(一)该证据已被仲裁裁决采信;

(二)该证据属于认定案件基本事实的主要证据;

(三)该证据经查明确属通过捏造、变造、提供虚假证明等非法方式形成或者获取,违反证据的客观性、关联性、合法性要求。

第十六条 符合下列条件的,人民法院应当认定为民事诉讼法第二百三十七条第二款第五项规定的"对方当事人向仲裁机构隐瞒了足以影响公正裁决的证据的"情形:

(一)该证据属于认定案件基本事实的主要证据;

(二)该证据仅为对方当事人掌握,但未向仲裁庭提交;

(三)仲裁过程中知悉存在该证据,且要求对方当事人出示或者请求仲裁庭责令其提交,但对方当事人无正当理由未予出示或者提交。

当事人一方在仲裁过程中隐瞒己方掌握的证据,仲裁裁决作出后以己方所隐瞒的证据足以影响公正裁决为由申请不予执行仲裁裁决的,人民法院不予支持。

第十七条 被执行人申请不予执行仲裁调解书或者根据当事人之间的和解协议、调解协议作出的仲裁裁决,人民法院不予支持,但该仲裁调解书或者仲裁裁决违背社会公共利益的除外。

第十八条　案外人根据本规定第九条申请不予执行仲裁裁决或者仲裁调解书,符合下列条件的,人民法院应当支持:

(一)案外人系权利或者利益的主体;

(二)案外人主张的权利或者利益合法、真实;

(三)仲裁案件当事人之间存在虚构法律关系,捏造案件事实的情形;

(四)仲裁裁决主文或者仲裁调解书处理当事人民事权利义务的结果部分或者全部错误,损害案外人合法权益。

第十九条　被执行人、案外人对仲裁裁决执行案件逾期申请不予执行的,人民法院应当裁定不予受理;已经受理的,应当裁定驳回不予执行申请。

被执行人、案外人对仲裁裁决执行案件申请不予执行,经审查理由成立的,人民法院应当裁定不予执行;理由不成立的,应当裁定驳回不予执行申请。

第二十条　当事人向人民法院申请撤销仲裁裁决被驳回后,又在执行程序中以相同事由提出不予执行申请的,人民法院不予支持;当事人向人民法院申请不予执行被驳回后,又以相同事由申请撤销仲裁裁决的,人民法院不予支持。

在不予执行仲裁裁决案件审查期间,当事人向有管辖权的人民法院提出撤销仲裁裁决申请并被受理的,人民法院应当裁定中止对不予执行申请的审查;仲裁裁决被撤销或者决定重新仲裁的,人民法院应当裁定终结执行,并终结对不予执行申请的审查;撤销仲裁裁决申请被驳回或者申请执行人撤回撤销仲裁裁决申请的,人民法院应当恢复对不予执行申请的审查;被执行人撤回撤销仲裁裁决申请的,人民法院应当裁定终结对不予执行申请的审查,但案外人申请不予执行仲裁裁决的除外。

第二十一条　人民法院裁定驳回撤销仲裁裁决申请或者驳回不予执行仲裁裁决、仲裁调解书申请的,执行法院应当恢复执行。

人民法院裁定撤销仲裁裁决或者基于被执行人申请裁定不予执行仲裁裁决,原被执行人申请执行回转或者解除强制执行措施的,人民法院应当支持。原申请执行人对已履行或者被人民法院强制执行的款物申请保全的,人民法院应当依法准许;原申请执行人在人民法院采取保全措施之日起三十日内,未根据双方达成的书面仲裁协议重新申请仲裁或者向人民法院起诉的,人民法院应当裁定解除保全。

人民法院基于案外人申请裁定不予执行仲裁裁决或者仲裁调解书,案外人申请执行回转或者解除强制执行措施的,人民法院应当支持。

第二十二条 人民法院裁定不予执行仲裁裁决、驳回或者不予受理不予执行仲裁裁决申请后,当事人对该裁定提出执行异议或者申请复议的,人民法院不予受理。

人民法院裁定不予执行仲裁裁决的,当事人可以根据双方达成的书面仲裁协议重新申请仲裁,也可以向人民法院起诉。

人民法院基于案外人申请裁定不予执行仲裁裁决或者仲裁调解书,当事人不服的,可以自裁定送达之日起十日内向上一级人民法院申请复议;人民法院裁定驳回或者不予受理案外人提出的不予执行仲裁裁决、仲裁调解书申请,案外人不服的,可以自裁定送达之日起十日内向上一级人民法院申请复议。

第二十三条 本规定第八条、第九条关于对仲裁裁决执行案件申请不予执行的期限自本规定施行之日起重新计算。

第二十四条 本规定自 2018 年 3 月 1 日起施行,本院以前发布的司法解释与本规定不一致的,以本规定为准。

本规定施行前已经执行终结的执行案件,不适用本规定;本规定施行后尚未执行终结的执行案件,适用本规定。

附录4

《承认及执行外国仲裁裁决公约》

(1958 年 6 月 10 日订立,1986 年 12 月 2 日中国加入)

第一条

一、仲裁裁决,因自然人或法人间之争议而产生且在声请承认及执行地所在国以外之国家领土内作成者,其承认及执行适用本公约。本公约对于仲裁裁决经声请承认及执行地所在国认为非内国裁决者,亦适用之。

二、"仲裁裁决"一词不仅指专案选派之仲裁员所作裁决,亦指当事人提请仲裁之常设仲裁机关所作裁决。

三、任何国家得于签置、批准或加入本公约时,或于本公约第十条通知推广适用时,本交互原则声明该国适用本公约,以承认及执行在另一缔约国领土内作成之裁决为限。任何国家亦得声明,该国唯于争议起于法律关系,不论其为契约性质与否,而依提出声明国家之国内法认为系属商事关系者,始适用本公约。

第二条

一、当事人以书面协定承允彼此间所发生或可能发生之一切或任何争议,如关涉可以仲裁解决事项之确定法律关系,不论为契约性质与否,应提交仲裁时,各缔约国应承认此项协定。

二、称"书面协定"者,谓当事人所签订或在互换函电中所载明之契约仲裁条款或仲裁协定。

三、当事人就诉讼事项订有本条所称之协定者,缔约国法院受理诉讼时应依当事人一造之请求,命当事人提交仲裁,但前述协定经法院认定无效、失效或不能实行者不在此限。

第三条

各缔约国应承认仲裁裁决具有拘束力,并依援引裁决地之程序规则及下列各条所载条件执行之。承认或执行适用本公约之仲裁裁决时,不得较承认或执行内国仲裁裁决附加过苛之条件或征收过多之费用。

第四条

一、声请承认及执行之一造,为取得前条所称之承认及执行,应于声请时提具:

(甲)原裁决之正本或其正式副本,

(乙)第二条所称协定之原本或其正式副本。

二、倘前述裁决或协定所用文字非为援引裁决地所在国之正式文字,声请承认及执行裁决之一造应备具各该文件之此项文字译本。译本应由公设或宣誓之翻译员或外交或领事人员认证之。

第五条

一、裁决唯有于受裁决援用之一造向声请承认及执行地之主管机关提具证据证明有下列情形之一时,始得依该造之请求,除予承认及执行:

(甲)第二条所称协定之当事人依对其适用之法律有某种无行为能力情形者,或该项协定依当事人作为协定准据之法律系属无效,或未指明以何法律为准时,依裁决地所在国法律系属无效者;

(乙)受裁决援用之一造未接获关于指派仲裁员或仲裁程序之适当通知,或因他故,致未能申辩者;

(丙)裁决所处理之争议非为交付仲裁之标的或不在其条款之列,或裁决载有关于交付仲裁范围以外事项之决定者,但交付仲裁事项之决定可与未交付仲裁之事项划分时,裁决中关于交付仲裁事项之决定部分得予承认及执行;

（丁）仲裁机关之组成或仲裁程序与各造间之协议不符，或无协议而与仲裁地所在国法律不符者；

（戊）裁决对各造尚无拘束力，或业经裁决地所在国或裁决所依据法律之国家之主管机关撤销或停止执行者。

二、倘声请承认及执行地所在国之主管机关认定有下列情形之一，亦得拒不承认及执行仲裁裁决：

（甲）依该国法律，争议事项系不能以仲裁解决者；

（乙）承认或执行裁决有违该国公共政策者。

第六条

倘裁决业经向第五条第一项（戊）款所称之主管机关声请撤销或停止执行，受理援引裁决案件之机关得于其认为适当时延缓关于执行裁决之决定，并得依请求执行一造之声请，命他造提供妥适之担保。

第七条

一、本公约之规定不影响缔约国间所订关于承认及执行仲裁裁决之多边或双边协定之效力，亦不剥夺任何利害关系人可依援引裁决地所在国之法律或条约所认许之方式，在其许可范围内，援用仲裁裁决之任何权利。

二、1923 年日内瓦仲裁条款议定书及 1927 年日内瓦执行外国仲裁裁决公约在缔约国间，于其受本公约拘束后，在其受拘束之范围内不再生效。

第八条

一、本公约在 1958 年 12 月 31 日以前听由任何联合国会员国及现为或嗣后成为任何联合国专门机关会员国或国际法院规约当事国之任何其他国家，或经联合国大会邀请之任何其他国家签署。

二、本公约应予批准。批准文件应送交联合国秘书长存放。

第九条

一、本公约听由第八条所称各国加入。

二、加入应以加入文件送交联合国秘书长存放为之。

第十条

一、任何国家得于签署、批准或加入时声明将本公约推广适用于由其负责国际关系之一切或任何领土。此项声明于本公约对关系国家生效时发生效力。

二、嗣后关于推广适用之声明应向联合国秘书长提出通知为之，自联合国秘书长收到此项通知之日后第 90 日起，或自本公约对关系国家生效之日起发生效力，此两日期以较迟者为准。

三、关于在签署、批准或加入时未经将本公约推广适用之领土，各关系国家应考虑可否采取必要步骤将本公约推广适用于此等领土，但因宪政关系确有必要时，自须征得此等领土政府之同意。

第十一条

下列规定对联邦制或非单一制国家适用之：

（甲）关于本公约内属于联邦机关立法权限之条款，联邦政府之义务在此范围内与非联邦制缔约国之义务同；

（乙）关于本公约内属于组成联邦各州或各省之立法权限之条款，如各州或各省依联邦宪法制度并无采取立法行动之义务，联邦政府应尽速将此等条款提请各州或各省主管机关注意，并附有利之建议；

（丙）参加本公约之联邦国家遇任何其他缔约国经由联合国秘书长转达请求时，应提供叙述联邦及其组成单位关于本公约特定规定之法律及惯例之情报，说明以立法或其他行动实施此项规定之程度。

第十二条

一、本公约应自第三件批准或加入文件存放之日后第 90 日起，发生效力。

二、对于第三件批准或加入文件存放后批准或加入本公约之国家，本公约应自各该国存放批准或加入文件后第 90 日起发生效力。

第十三条

一、任何缔约国得以书面通知联合国秘书长宣告退出本公约。退约应于秘书长收到通知之日 1 年后发生效力。

二、依第十条规定提出声明或通知之国家,嗣后得随时通知联合国秘书长声明本公约自秘书长收到通知之日 1 年后停止适用于关系领土。

三、在退约生效前已进行承认或执行程序之仲裁裁决,应继续适用本公约。

第十四条

缔约国除在本国负有适用本公约义务之范围外,无权对其他缔约国援用本公约。

第十五条

联合国秘书长应将下列事项通知第八条所称各国:

(甲)依第八条所为之签署及批准;

(乙)依第九条所为之加入;

(丙)依第一条、第十条及第十一条所为之声明及通知;

(丁)依第十二条本公约发生效力之日期;

(戊)依第十三条所为之退约及通知。

第十六条

一、本公约应存放联合国档库,其中文、英文、法文、俄文及西班牙文各本同一作准。

二、联合国秘书长应将本公约正式副本分送第八条所称各国。

附录5

最高人民法院关于执行我国加入的《承认及 执行外国仲裁裁决公约》的通知

全国地方各高、中级人民法院,各海事法院、铁路运输中级法院:

第六届全国人民代表大会常务委员会第十八次会议于 1986 年 12 月 2 日决定我国加入 1958 年在纽约通过的《承认及执行外国仲裁裁决公约》(以下简称《1958 年纽约公约》),该公约将于 1987 年 4 月 22 日对我国生效。各高、中级人民法院都应立即组织经济、民事审判人员、执行人员以及其他有关人员认真学习这一重要的国际公约,并且切实依照执行。现就执行该公约的几个问题通知如下:

一、根据我国加入该公约时所作的互惠保留声明,我国对在另一缔约国领土内作出的仲裁裁决的承认和执行适用该公约。该公约与我国民事诉讼法(试行)有不同规定的,按该公约的规定办理。

对于在非缔约国领土内作出的仲裁裁决,需要我国法院承认和执行的,应按民事诉讼法(试行)第二百零四条的规定办理。

二、根据我国加入该公约时所作的商事保留声明,我国仅对按照我国法律属于契约性和非契约性商事法律关系所引起的争议适用该公约。所谓"契约性和非契约性商事法律关系",具体的是指由于合同、侵权或者根据有关法律规定而产生的经济上的权利义务关系,例如货物买卖、财产租赁、工程承包、加工承揽、技术转让、合资经营、合作经营、勘探开发自然资源、保险、信贷、劳务、代理、咨询服务和海上、民用航空、铁路、公路的客货运输以及产品责任、环境污染、海上事故和所有权争议等,但不包括外国投资者与东道国政府之间的争端。

三、根据《1958 年纽约公约》第四条的规定,申请我国法院承认和执行在另一缔约国领土内作出的仲裁裁决,是由仲裁裁决的一方当事人提出的。对于当事人的申请应由我国下列地点的中级人民法院受理:

1. 被执行人为自然人的,为其户籍所在地或者居所地;

2. 被执行人为法人的,为其主要办事机构所在地;

3. 被执行人在我国无住所、居所或者主要办事机构,但有财产在我国境内的,为其财产所在地。

四、我国有管辖权的人民法院接到一方当事人的申请后,应对申请承认及执行的仲裁裁决进行审查,如果认为不具有《1958 年纽约公约》第五条第一、二两项所列的情形,应当裁定承认其效力,并且依照民事诉讼法(试行)规定的程序执行;如果认定具有第五条第二项所列的情形之一的,或者根据被执行人提供的证据证明具有第五条第一项所列的情形之一的,应当裁定驳回申请,拒绝承认及执行。

五、申请我国法院承认及执行的仲裁裁决,仅限于《1958 年纽约公约》对我国生效后在另一缔约国领土内作出的仲裁裁决。该项申请应当在民事诉讼法(试行)第一百六十九条规定的申请执行期限内提出。

1987 年 4 月 10 日

附录6

缩略语表

简称	全称
ADR	Alternative Dispute Resolution(替代性争议解决方式)
BIT	Bilateral Investment Treaty(双边投资条约)
CETA	Canada – EU Comprehensive Economic and Trade Agreement(《加拿大与欧盟全面经济与贸易协定》)
ECT	Energy Charter Treaty(《能源宪章条约》)
EU	European Union(欧盟)
FTA	Free Trade Agreement(自由贸易协定)
ICC	International Court of Arbitration of International Chamber of Commerce(国际商会仲裁院)
ICSID	International Center for settlement of Investment Disputes(解决投资争端国际中心)
《ICSID 公约》	《解决国家与他国国民间投资争端公约》(《华盛顿公约》)
ISDS	Investor – State Dispute Settlement(投资者-东道国争端解决)
PCA	Permanent Court of Arbitration(常设仲裁法院)
SCC	The Arbitration Institute of the Stockholm Chamber of Commerce(斯德哥尔摩商会仲裁院)
UNCITRAL	United Nations Commission on International Trade Law(联合国国际贸易法委员会)
UNCTAD	United Nations Conference on Trade and Development(联合国贸易与发展会议)
《纽约公约》	《承认及执行外国仲裁裁决公约》
《示范法》	《联合国国际贸易法委员会国际商事仲裁示范法》
《仲裁法》	《中华人民共和国仲裁法》
"一带一路"	"丝绸之路经济带"和"21 世纪海上丝绸之路"

参考文献

一、中文参考文献

(一) 著作类

1.[美]阿尔温·托夫勒:《第三次浪潮》,朱志焱等译,生活·读书·新知三联书店,1983 年。

2.[英]艾伦·雷德芬、马丁·亨特:《国际商事仲裁法律与实践》,林一飞、宋连斌译,北京大学出版社,2005 年。

3.[古希腊]柏拉图:《理想国》,郭斌和译,商务印书馆,2002 年。

4.[瑞典]贝蒂尔·奥林:《地区间贸易和国际贸易》,王继祖等译,首都经济贸易大学出版社,2001 年。

5.[美]博登海默:《法理学法律哲学与法律方法》,邓正来译,中国政法大学出版社,1998 年。

6.陈安:《国际投资争端案例精选》,复旦大学出版社,2005 年。

7.陈安:《国际投资争端仲裁——"解决投资争端国际中心"机制研究》,

复旦大学出版社,2001 年。

8.[英]大卫·李嘉图:《政治经济学及赋税原理》,周洁译,华夏出版社,2013 年。

9.[美]戴维·M. 克雷普斯:《博弈论与经济模型》,邓方译,商务印书馆,2018 年。

10.[英]戴维·M. 沃克:《牛津法律大词典》,邓正来译,光明日报出版社,1988 年。

11.[美]丹尼斯·朗:《权力论》,陆震纶、郑明哲译,中国社会科学出版社,2001 年。

12.[美]冯·诺依曼、[美]摩根斯坦:《博弈论与经济行为》,王建华译,北京大学出版社,2018 年。

13.[德]弗里德里希·李斯特:《政治经济学的国民体系》,陈万煦译,商务印书馆,1961 年。

14.高菲:《中国海事仲裁的理论与实践》,中国人民大学出版社,1998 年。

15.高晓力:《国际私法上公共政策的运用》,中国民主法制出版社,2008 年。

16.高永周:《回到科斯:法律经济学理论探源》,法律出版社,2016 年。

17.[美]格若赫姆·罗柏:《博弈论导引及其应用》,柯华庆、闫静怡译,中国政法大学出版社,2005 年。

18.郭飞:《贸易自由化与投资自由化互动关系研究》,人民出版社,2006 年。

19.郭寿康、赵秀文:《国际经济法》,中国人民大学出版社,2006 年。

20.[美]哈德罗·J. 伯尔曼:《法律与革命——西方法律传统的形成》,贺卫方等译,中国大百科全书出版社,1993 年。

21. 韩健：《现代国际商事仲裁法的理论与实践》，法律出版社，2000年。

22. 黄进、宋连斌等：《仲裁法学》，中国政法大学出版社，2007年。

23. [英]霍布斯：《利维坦》，黎思复、黎廷弼译，商务印书馆，1985年。

24. [美]加里·B.博恩：《国际仲裁：法律与实践》，白麟等译，商务印书馆，2015年。

25. [美]肯尼斯·J.范德威尔德：《美国国际投资协定》，蔡从燕、朱明新译，法律出版社，2017年。

26. [瑞典]拉斯·休曼：《瑞典仲裁法实践和程序》，顾华宁译，法律出版社，2012年。

27. 李汉生：《仲裁法释论》，中国法制出版社，1995年。

28. 李浩培：《条约法概论》，法律出版社，2003年。

29. 李双元：《国际经济贸易法律与实务新论》，湖南大学出版社，1996年。

30. [美]理查德·波斯纳：《法理学问题》，苏力译，中国政法大学出版社，2002年。

31. [美]理查德·波斯纳：《法律的经济分析》，蒋兆康译，法律出版社，2012年。

32. 刘京莲：《阿根廷国际投资仲裁危机的法理与实践研究——兼论对中国的启示》，厦门大学出版社，2011年。

33. 刘晓红：《国际商事仲裁专题研究》，法律出版社，2009年。

34. [法]卢梭：《社会契约论》，商务印书馆，2003年。

35. [德]鲁道夫·多尔查、[奥]克里斯托弗·朔伊尔：《国际投资法原则》，祁欢等译，中国政法大学出版社，2017年。

36. [美]罗伯特·约翰·奥曼：《博弈论讲义》，周华任等译，中国人民大学出版社，2017年。

37. 罗楚湘:《英国仲裁法研究》,武汉大学出版社,2012 年。

38. [英]洛克:《政府论》(下篇),商务印书馆,2015 年。

39. 《马克思恩格斯全集》,人民出版社,2002 年。

40. 《牛津现代法律用语词典》,法律出版社,2003 年。

41. 欧明生:《民商事纠纷可仲裁性问题研究》,浙江大学出版社,2013 年。

42. 乔欣:《仲裁权研究——仲裁之程序公正与权利保障》,法律出版社,2001 年。

43. 邵津:《国际法》,高等教育出版社,2005 年。

44. 沈四宝主编:《国际商法论丛》(第 3 卷),法律出版社,2001 年。

45. [英]施米托夫:《国际贸易法文选》,赵秀文译,中国大百科全书出版社,1993 年。

46. 石慧:《投资条约仲裁机制的批判与重构》,法律出版社,2008 年。

47. [美]斯蒂文·G. 米德玛:《科斯经济学:法与经济学和新制度经济学》,罗君丽等译,格致出版社,2018 年。

48. 宋航:《国际商事仲裁裁决的承认与执行》,法律出版社,2000 年。

49. 宋建立:《涉外仲裁裁决司法审查原理与实践》,法律出版社,2016 年。

50. 宋连斌:《国际商事仲裁管辖权研究》,法律出版社,2000 年。

51. [英]托马斯·孟:《英国得自对外贸易的财富》,袁南宇译,商务印书馆,1997 年。

52. 汪祖兴:《国际商会仲裁研究》,法律出版社,2005 年。

53. 王传丽:《国际经济法》,法律出版社,2016 年。

54. 王海浪:《ICSID 管辖权新问题与中国新对策研究》,厦门大学出版社,2017 年。

55. 王铁崖:《国际法》,法律出版社,1995 年。

56. 王伟光:《利益论》,人民出版社,2001 年。

57.《韦氏法律词典》,中国法制出版社,2014 年。

58. 魏建、黄立君、李振宇:《法经济学:基础与比较》,人民出版社, 2004 年。

59. 魏艳茹:《ICSID 仲裁撤销制度研究》,厦门大学出版社,2007 年。

60. 吴岚:《国际投资法视域下的东道国公共利益规则》,中国法制出版社,2014 年。

61. 肖军:《规制冲突裁决的国际投资仲裁改革研究——以管辖权问题为核心》,中国社会科学出版社,2017 年。

62.《新编常用法律词典》,中国法制出版社,2016 年。

63. [英]亚当·斯密:《国民财富的性质和原因的研究》,郭大力、王亚南译,商务印书馆,1972 年。

64. [古希腊]亚里士多德:《政治学》,吴寿彭译,商务印书馆,1965 年。

65. 晏玲菊:《国际商事仲裁制度的经济学分析》,上海三联书店, 2016 年。

66. 杨弘磊:《中国内地司法实践视角下的〈纽约公约〉问题研究》,法律出版社,2006 年。

67. 姚梅镇:《国际投资法》,武汉大学出版社,1987 年。

68. 银红武:《ICSID 公约——理论与实践问题研究》,中国政法大学出版社,2016 年。

69. 银红武:《中国双边投资条约的演进——以国际投资法趋同化为背景》,中国政法大学出版社,2017 年。

70. 于喜富:《国际商事仲裁的司法监督与协助——兼论中国的立法与司法实践》,知识产权出版社,2006 年。

71. 于湛旻:《国际商事仲裁司法化问题研究》,法律出版社,2017 年。

72. 余劲松:《国际投资法》,法律出版社,2018 年。

73. 张光:《国际投资法制中的公共利益保护问题研究》,法律出版社,2016 年。

74. 张红美:《国际商事仲裁程序"非国内化"研究》,上海人民出版社,2014 年。

75. 张庆麟:《公共利益视野下的国际投资协定新发展》,中国社会科学出版社,2014 年。

76. 张庆麟:《国际投资法:实践与评析》,武汉大学出版社,2017 年。

77. 张文彬:《论私法对国际法的影响》,法律出版社,2001 年。

78. 张文显:《司法的实践理性》,法律出版社,2016 年。

79. 张潇剑:《国际私法学》,北京大学出版社,2000 年。

80. 赵健:《国际商事仲裁的司法监督》,法律出版社,2000 年。

81. 赵秀文:《国际商事仲裁案例评析》,中国法制出版社,1999 年。

82. 赵秀文:《国际商事仲裁法》,中国人民大学出版社,2016 年。

83. 周鲠生:《国际法》(上册),商务印书馆,1976 年。

84. 周庆:《仲裁法学》,郑州大学出版社,2010 年。

85. 朱科:《中国国际商事仲裁司法审查制度完善研究》,法律出版社,2018 年。

86. 朱克鹏:《国际商事仲裁的法律适用》,法律出版社,1999 年。

（二）论文、报刊类

1. 习近平:《把握时代机遇共谋亚太繁荣——在亚太经合组织第二十六次领导人非正式会议上的发言》,《人民日报》,2018 年 11 月 19 日。

2. 习近平:《共建创新包容的开放型世界经济——在首届中国国际进口

博览会开幕式上的主旨演讲》,《人民日报》,2018 年 11 月 6 日。

3. 习近平:《共同构建人类命运共同体——在联合国日内瓦总部的演讲》,《人民日报》,2017 年 1 月 20 日。

4. 习近平:《决胜全面建成小康社会夺取新时代中国特色社会主义伟大胜利——在中国共产党第十九次全国代表大会上的报告》,《人民日报》,2017 年 10 月 28 日。

5. 习近平:《开辟合作新起点谋求发展新动力——"一带一路"国际合作高峰论坛圆桌峰会上的开幕辞》,《人民日报》,2017 年 5 月 16 日。

6. 习近平:《同舟共济创造美好未来——在亚太经合组织工商领导人峰会上的主旨演讲》,《人民日报》,2018 年 11 月 18 日。

7. 习近平:《携手推进"一带一路"建设——"一带一路"国际合作高峰论坛开幕式上的演讲》,《人民日报》,2017 年 5 月 15 日。

8. Albert Jan van den Berg:《仲裁裁决撤销制度应被废除吗?》,傅攀峰译,《北京仲裁》,2018 年第 1 期。

9. 阿迪拉·阿布里克木:《中亚国家在仲裁中援用的利益拒绝条款研究》,《国际商务研究》,2018 年第 4 期。

10. 艾佳慧:《科斯定理还是波斯纳定理:法律经济学基础理论的混乱与澄清》,《法制与社会发展》,2019 年第 1 期。

11. 蔡从燕:《国际投资仲裁的商事化与"去商事化"》,《现代法学》,2011 年第 1 期。

12. 曹兴国:《国际投资仲裁制度变革的中国应对——基于宏观视角的动因分析、立场厘定与路径举措》,《社会科学辑刊》,2018 年第 4 期。

13. 陈安:《英、美、法、德等国涉外仲裁监督机制辨析——与肖永平先生商榷》,《法学评论》,1998 年第 5 期。

14. 陈安:《中国涉外仲裁监督机制评析》,《中国社会科学》,1995 年第

4 期。

15. 陈辉萍:《ICSID 仲裁裁决承认与执行机制的实践检视及其对中国的启示》,《国际经济法学刊》,2011 年第 2 期。

16. 陈卫旗、张亮:《国际商事仲裁中的司法边界刍议》,《广西社会科学》,2014 年第 4 期。

17. 初北平、史强:《自由贸易试验区临时仲裁制度构建路径》,《社会科学》,2019 年第 1 期。

18. 代越:《论法院对国际商事仲裁的司法审查——公共政策的贯彻》,《法制与社会发展》,1997 年第 2 期。

19. 戴瑞君:《中国缔结的双边条约在特别行政区的适用问题——兼评"世能诉老挝案"上诉判决》,《环球法律评论》,2017 年第 5 期。

20. 邓瑞平、董威颉:《论中国双边投资条约中的保护伞条款》,《河北法学》,2018 年第 2 期。

21. 丁朋超:《我国国际商事仲裁司法监督体制的反思与重构》,《华北水利水电大学学报》(社会科学版),2018 年第 1 期。

22. 丁夏:《国际投资仲裁案件中"客观行为标准"的适用——以质疑仲裁员公正性为视角》,《国际经贸探索》,2016 年第 3 期。

23. 董静然:《欧盟国际投资规则的冲突与中国策略》,《国际贸易问题》,2018 年第 7 期。

24. 董静然:《最惠国待遇条款与国际投资争端解决程序法律解释研究》,《国际商务》(对外经济贸易大学学报),2018 年第 5 期。

25. 杜焕芳:《近年来中国法院对国际商事仲裁的司法审查》,《商事仲裁》,2013 年第 10 期。

26. 杜新丽:《论国际商事仲裁的司法审查与立法完善》,《现代法学》,2005 年第 6 期。

27. 付攀峰:《未竟的争鸣:被撤销的国际商事仲裁裁决的承认与执行》,《现代法学》,2017 年第 1 期。

28. 郭桂环:《论 BIT 中最惠国待遇条款的解释》,《河北法学》,2013 年第 6 期。

29. 郭玉军:《论国际投资条约仲裁的正当性缺失及其矫正》,《法学家》,2011 年第 3 期。

30. 郭玉军、梅秋玲:《仲裁的保密性问题研究》,《法学评论》,2004 年第 2 期。

31. 韩秀丽:《论 ICSID 仲裁裁决撤销程序的局限性》,《国际法研究》,2014 年第 2 期。

32. 韩秀丽:《论比例原则在有关征收的国际投资仲裁中的开创性适用》,《甘肃政法学院学报》,2008 年总第 101 期。

33. 韩秀丽:《再论卡尔沃主义的复活——投资者-国家争端解决视角》,《现代法学》,2014 年第 1 期。

34. 何芳:《国际投资协定利益平衡化改革及中国的应对》,《甘肃社会科学》,2018 年第 4 期。

35. 何芳:《论 ICSID 仲裁中的投资定义》,《河北法学》,2018 年第 10 期。

36. 何其生:《国际商事仲裁司法审查中的公共政策》,《中国社会科学》,2014 年第 7 期。

37. 何艳:《涉公共利益知识产权投资争端解决机制的反思与重构》,《环球法律评论》,2018 年第 4 期。

38. 何志鹏:《国际法治:良法善治还是强权政治》,《当代法学》,2008 年第 2 期。

39. 贺辉:《基于实践分析国际投资仲裁去商事化的必要性》,《郑州大学学报》(哲学社会科学版),2018 年第 5 期。

40. 侯登华、赵莹雪:《仲裁庭自裁管辖理论及其在我国的实践路径》,《河北法学》,2014 年第 7 期。

41. 胡荻:《论我国仲裁裁决不予执行与撤销制度重叠的困境及其重构》,《法治研究》,2013 年第 10 期。

42. 胡希宁、贾小立:《博弈论的理论精华及其现实意义》,《中共中央党校学报》,2002 年第 2 期。

43. 胡宗山:《博弈论与国际关系研究:历程、成就与限度》,《世界经济与政治》,2006 年第 6 期。

44. 黄世席:《奥运会仲裁裁决在我国的承认与执行》,《法学论坛》,2007 年第 4 期。

45. 黄世席:《国际投资条约中投资的确定与东道国发展的考量》,《现代法学》,2014 年第 5 期。

46. 黄世席:《国际投资仲裁裁决的司法审查及投资条约解释的公正性——基于"Sanum 案"和"Yukos 案"判决的考察》,《法学》,2017 年第 3 期。

47. 黄世席:《国际投资仲裁裁决执行中的国家豁免问题》,《清华法学》,2012 年第 6 期。

48. 黄世席:《国际投资仲裁中的挑选条约问题》,《法学》,2014 年第 1 期。

49. 黄世席:《国际投资仲裁中最惠国条款的适用和管辖权的新发展》,《法律科学》(西北政法大学学报),2013 年第 2 期。

50. 黄亚英:《外国仲裁裁决论析——基于〈纽约公约〉及中国实践的视角》,《现代法学》,2007 年第 1 期。

51. 姜霞:《仲裁司法审查程序要论》,西南政法大学博士论文,2007 年 3 月。

52. 柯静嘉:《中国—东盟投资法律体系下投资者与东道国的利益平

衡》,《东南亚研究》,2018 年第 3 期。

53.李成林:《宪政民主视野下的中国特色权力制约理论研究》,吉林大学博士论文,2012 年。

54.李沣桦:《东道国当地救济规则在 ICSID 仲裁领域的运用研究——兼论中国双边投资条约的应对策略》,《法律科学》(西北政法大学学报),2015 年第 3 期。

55.李广辉:《仲裁裁决撤销制度之比较研究——兼谈我国仲裁裁决撤销制度之完善》,《河南大学学报》(社会科学版),2012 年第 4 期。

56.李俊慧:《科斯定理的三个版本与权利界定》,《学术研究》,2015 年第 9 期。

57.李恺祺:《中国接受投资法院争端解决机制条款之研究》,《海关与经贸研究》,2018 年第 3 期。

58.李玲:《中国双边投资保护协定缔约实践和面临的挑战》,《国际经济法学刊》,2010 年第 4 期。

59.李武健:《国际投资仲裁中的社会利益保护》,《法律科学》(西北政法大学学报),2011 年第 4 期。

60.梁丹妮:《国际投资条约最惠国待遇条款适用问题研究——以"伊佳兰公司诉中国案"为中心的分析》,《法商研究》,2012 年第 2 期。

61.梁咏:《国际投资仲裁机制变革与中国对策研究》,《厦门大学学报》(哲学社会科学版),2018 年第 3 期。

62.廖凡:《投资者-国家争端解决机制的新发展》,《江西社会科学》,2017 年第 10 期。

63.林爱民:《国际投资协定争议仲裁研究》,复旦大学博士论文,2009 年。

64.刘春宝:《欧盟国际投资协定政策的革新及其对中欧 BIT 谈判的影

响》,《国际经济法学刊》,2015 年第 2 期。

　　65. 刘家兴:《论仲裁权》,《中外法学》,1994 年第 2 期。

　　66. 刘京莲:《从"利益交换"到"利益平衡"——中国双边投资条约缔约理念的发展》,《东南学术》,2014 年第 3 期。

　　67. 刘敬东:《司法:中国仲裁事业发展的坚定支持者》,《人民法治》,2018 年第 5 期。

　　68. 刘笋:《国际投资仲裁裁决的不一致性问题及其解决》,《法商研究》,2009 年第 6 期。

　　69. 刘笋:《国际投资仲裁引发的若干危机及应对之策述评》,《法学研究》,2008 年第 6 期。

　　70. 刘彤、杜菁:《外国仲裁机构在中国仲裁的相关问题探讨》,《北京仲裁》,2017 年第 2 期。

　　71. 刘万啸:《投资者与国家间争端的替代性解决方法研究》,《法学杂志》,2017 年第 10 期。

　　72. 刘想树:《仲裁条款的独立性问题》,《现代法学》,2002 年第 3 期。

　　73. 刘晓红:《非内国仲裁裁决的理论与实证论析》,《法学杂志》,2013 年第 5 期。

　　74. 刘颖、封筠:《国际投资争端中最惠国待遇条款适用范围的扩展——由实体性问题向程序性问题的转变》,《法学评论》,2013 年第 4 期。

　　75. 刘元元:《国家财产执行豁免问题研究》,武汉大学博士论文,2013 年。

　　76. 刘志云:《国际关系理论中的博弈论与国际经济法的发展》,《外交学院学报》,2005 年第 80 期。

　　77. 刘志云:《中外双边投资条约中经济主权问题研究》,《现代法学》,2000 年第 5 期。

78. 吕宁宁:《论条约暂时适用所致冲突及其解决——从尤科斯国际仲裁案出发》,《江淮论坛》,2016 年第 3 期。

79. 马德才:《〈纽约公约〉中的公共政策性质之辨》,《法学杂志》,2010年第 4 期。

80. 马迅:《国际投资条约中的"利益拒绝"条款研究》,《中国海洋大学学报》(社会科学版),2013 年第 1 期。

81. 明瑶华:《"一带一路"投资争端调解机制研究》,《南通大学学报》(社会科学版),2018 年第 1 期。

82. 莫世健、陈石:《AIIB 协定下国家豁免原则与中国法的冲突与协调》,《政法论丛》,2016 年第 1 期。

83. 倪小璐:《投资者-东道国争端解决机制中用尽当地救济规则的"衰亡"与"复活"——兼评印度 2015 年 BIT 范本》,《国际经贸探索》,2018 年第 1 期。

84. 宁红玲、漆彤:《论国内法院在投资条约仲裁中的角色——以"印度诉沃达丰英国"案为例》,《国际商务研究》,2020 年第 6 期。

85. 彭思彬:《"无默契仲裁"管辖权问题研究——以 ICSID 为切入点的考察》,《国际商务研究》,2015 年总第 205 期。

86. 漆彤、窦云蔚:《条约解释的困境与出路——以尤科斯案为视角》,《中国高校社会科学》,2018 年第 1 期。

87. 漆彤:《论国际投资协定中的利益拒绝条款》,《政治与法律》,2012年第 9 期。

88. 漆彤:《论中国在 ICSID 被诉第一案中的仲裁管辖权问题》,《南京大学法律评论》,2014 年第 1 期。

89. 漆彤:《投资争议处理体系的三大构成》,《社会科学辑刊》,2018 年第 4 期。

90. 祁欢、管宇钿:《ICSID 仲裁撤销制度之完善》,《国际经济法学刊》,2016 年第 2 期。

91. 祁壮:《论国际商事仲裁裁决的国籍属性》,《江西社会科学》,2018 年第 9 期。

92. 乔慧娟:《论国际投资条约仲裁中的法律适用问题》,《武汉大学学报》(哲学社会科学版),2014 年第 2 期。

93. 任强:《投资仲裁实践对国际投资协定时间效力的认定——争端、争端诱因和争端程序在国际投资仲裁管辖权界定中的应用》,《北京仲裁》,2015 年第 4 期。

94. 申黎:《国际商事仲裁的司法介入制度研究》,华东政法大学博士论文,2012 年 5 月。

95. 沈虹:《论 ICSID 对涉中国投资条约仲裁的管辖权——兼论 ICSID 涉中国第一案》,《华南理工大学学报》,2012 年第 1 期。

96. 沈四宝、薛源:《巴黎仲裁院与中国国际经济贸易仲裁委员会仲裁规则比较》,《中国仲裁与司法》,2004 年第 1 期。

97. 石现明:《效率与公正之平衡:国际商事仲裁内部上诉机制》,《仲裁研究》,2007 年第 2 期。

98. 宋杰:《〈中老投资协定〉在澳门的适用问题——评新加坡上诉法院有关"Sanum 公司诉老挝案"判决》,《浙江工商大学学报》,2017 年第 2 期。

99. 宋连斌:《论中国仲裁监督机制及其完善》,《法制与社会发展》,2003 年第 2 期。

100. 宋连斌:《仲裁司法监督制度的新进展及其意义》,《人民法治》,2018 年第 5 期。

101. 孙珺:《论德国在"投资者东道国争端解决"机制上的立场转变及其影响》,《德国研究》,2017 年第 4 期。

102. 孙南申、胡荻:《国际商事仲裁的自裁管辖与司法审查之法律分析》,《武大国际法评论》,2017 年第 3 期。

103. 孙南申、孙颖:《论国际投资仲裁裁决在〈纽约公约〉下的执行问题》,《广西师范大学学报》(哲学社会科学版),2020 年第 1 期。

104. 谭立:《商事仲裁程序问题的经济分析》,武汉大学博士论文,2015 年。

105. 谭立:《商事仲裁庭组成程序的异化与修正——基于博弈论的分析》,《西南政法大学学报》,2014 年第 2 期。

106. 陶立峰:《中欧 BIT 谈判中投资者与国家争端解决的模式选择》,《法学》,2017 年第 10 期。

107. 万鄂湘、夏晓红:《中国法院不予承认以及执行某些外国仲裁裁决的原因——〈纽约公约〉相关案例分析》,《武大国际法评论》,2010 年第 2 期。

108. 万鄂湘、于喜福:《再论司法与仲裁的关系——关于法院应否监督仲裁实体内容的立法与实践模式及理论思考》,《法学评论》,2004 年第 3 期。

109. 汪祖兴:《仲裁监督之逻辑生成与逻辑体系——仲裁与诉讼关系之优化为基点的渐进展开》,《当代法学》,2015 年第 6 期。

110. 王海浪:《ICSID 体制内用尽当地救济原则的三大挑战及对策》,《国际经济法学刊》,2006 年第 3 期。

111. 王海浪:《论国际投资仲裁裁决的承认与执行——以执行法院的审查权为中心》,《国际经济法学刊》,2018 年第 4 期。

112. 王瀚、李广辉:《论仲裁庭自裁管辖权原则》,《中国法学》,2004 年第 2 期。

113. 王军杰:《ICSID 上诉机制建构的法理基础及制度选择》,《社会科学辑刊》,2018 年第 5 期。

114. 王军杰:《论"一带一路"沿线投资政治风险的法律应对》,《现代法学》,2018 年第 3 期。

115. 王克玉:《合谋欺诈视角下的合同仲裁条款独立性问题研究》,《法商研究》,2014 年第 3 期。

116. 王利明:《法治:良法与善治》,《中国人民大学学报》,2015 年第 2 期。

117. 王露阳:《ISDS 中投资者与东道国权益平衡性探究——美国路径转变及对中国的启示》,《河北法学》,2016 年第 12 期。

118. 王名扬、冯俊波:《论比例原则》,《时代法学》,2005 年第 4 期。

119. 王楠:《最惠国待遇条款在国际投资争端解决事项上的适用问题》,《河北法学》,2010 年第 1 期。

120 . 王胜东:《论法院对国际商事仲裁的司法干预》,《法律适用》,2002 年第 12 期。

121. 王天海:《权力监督的思想谱系及其当代启示》,《中国人民大学学报》,2019 年第 1 期。

122. 王彦志:《投资条约保护伞条款的实践及其基本内涵》,《当代法学》,2008 年第 5 期。

123. 王彦志、王菲:《后危机时代国际投资全球治理的变迁:趋势、影响与成因》,《国际关系与国际法学刊》,2015 年第 5 卷。

124. 王彦志:《中国在国际投资法上的身份转换与立场定位》,《当代法学》,2013 年第 4 期。

125. 王燕:《国际投资仲裁机制改革的美欧制度之争》,《环球法律评论》,2017 年第 2 期。

126. 王燕:《欧盟新一代投资协定"反条约挑选"机制的改革——以 CETA 和 JEEPA 为分析对象》,《现代法学》,2018 年第 3 期。

127. 王哲:《重新仲裁的性质及其制度价值》,《仲裁研究》,2014 年第 2 期。

128. 韦森:《哈耶克式自发制度生成论的博弈论诠释——评肖特的〈社会制度的经济理论〉》,《中国社会科学》,2003 年第 6 期。

129. 魏艳茹:《ICSID 仲裁撤销制度价值定位研究》,《国际经济法学刊》,2005 年第 12 卷。

130. 温长庆:《仲裁条款独立性再认识——在合同效力规则中的解读》,《北京仲裁》,2016 年第 4 期。

131. 武兰芳:《完善仲裁司法监督制度的现实价值评析——以完善多元化纠纷解决机制为视角》,《河北法学》,2010 年第 9 期。

132.《习近平致力倡建"人类命运共同体"》,《人民日报》,2018 年 10 月 7 日。

133. 席作立:《比例原则的起源、含义及其发展》,《黑龙江省政法管理干部学院学报》,2002 年第 4 期。

134. 夏霁:《国际商事仲裁裁决执行机制比较研究》,华东政法大学博士论文,2014 年。

135. 肖芳:《国际投资仲裁裁决司法审查的"商事化"及反思——以美国联邦最高法院"BG 公司诉阿根廷"案裁决为例》,《法学评论》,2018 年第 3 期。

136. 肖芳:《国际投资仲裁裁决在中国的承认与执行》,《法学家》,2011 年第 6 期。

137. 肖军:《仲裁地法院对国际投资仲裁裁决的司法审查——以加拿大司法实践为例》,《武大国际法评论》,2020 年第 4 期。

138. 谢新胜:《国际商事仲裁裁决撤销制度"废弃论"之批判》,《法商研究》,2010 年第 5 期。

139. 徐崇利:《从实体到程序:最惠国待遇适用范围之争》,《法商研究》,2007 年第 2 期。

140. 徐崇利:《国际投资条约中的"岔路口条款":选择"当地救济"与"国际仲裁"权利之限度》,《国际经济法学刊》,2007 年第 3 期。

141. 徐崇利:《晚近国际投资争端解决实践之评判:"全球治理"理论的引入》,《法学家》,2010 年第 3 期。

142. 徐春龙、李立菲:《〈纽约公约〉中"公共政策"的理解与适用——以最高人民法院批复的 8 起案件为样本》,《中国海商法研究》,2014 年第 4 期。

143. 徐泉:《国家经济主权的法律地位阐微》,《法律科学》(西北政法学院学报),2006 年第 4 期。

144. 徐树:《国际投资仲裁庭管辖权扩张的路径、成因及应对》,《清华法学》,2017 年第 3 期。

145. 徐树:《国际投资仲裁中投资者的"条约选购"问题研究》,《国际经济法学刊》,2013 年第 2 期。

146. 薛源、程雁群:《论我国仲裁地法院制度的完善》,《法学论坛》,2018 年第 5 期。

147. 颜杰雄:《仲裁裁决撤销制度的比较研究》,武汉大学博士论文,2013 年。

148. 杨彩霞、秦泉:《国际投资争端解决中的无默契仲裁初探》,《比较法研究》,2011 年第 3 期。

149. 杨登峰:《从合理原则走向统一的比例原则》,《中国法学》,2016 年第 3 期。

150. 杨桦:《国际商事仲裁裁决效力论》,西南政法大学博士论文,2012 年。

151. 杨桦:《论〈纽约公约〉中仲裁裁决的国籍问题》,《河北法学》,2012

年第 2 期。

152. 杨玲:《国际商事仲裁中的国家豁免》,《法学》,2013 年第 2 期。

153. 杨玲:《论条约仲裁裁决执行中的国家豁免——以 ICSID 裁决执行为中心》,《法学评论》,2012 年第 6 期。

154. 杨文升、张虎:《论〈纽约公约〉下仲裁协议效力的确定——以"默示仲裁协议"为视角》,《法学杂志》,2015 年第 4 期。

155. 叶斌:《〈欧盟与加拿大全面经济贸易协定〉对投资者诉国家争端解决机制的司法化》,《国际法研究》,2017 年第 6 期。

156. 易在成、朱怡:《港澳投资者适用中外 BITs 问题研究——以"谢业深案"与"世能案"为视角》,《国际商务研究》,2018 年第 2 期。

157. 殷敏:《用尽当地救济原则在区域贸易协定中的适用》,《上海对外经贸大学学报》,2016 年第 1 期。

158. 银红武:《拒绝履行之 ICSID 裁决的解决路径》,《国际经贸探索》,2016 年第 5 期。

159. 银红武、罗依凯:《中国加入〈ICSID 公约〉所作通知的性质及效力》,《时代法学》,2018 年第 1 期。

160. 银红武:《涉环境国际投资仲裁案中比例原则的适用》,《广州大学学报》(社会科学版),2018 年第 9 期。

161. 于健龙:《论国际投资仲裁的透明度原则》,《暨南学报》(哲学社会科学版),2012 年第 9 期。

162. 于文婕:《论双边投资协定投资定义条款之功能实效》,《东岳论丛》,2013 年第 10 期。

163. 于喜富:《论争议可仲裁性司法审查之启动程序》,《法学评论》,2016 年第 3 期。

164. 于湛浸:《论国际投资仲裁中仲裁员的身份冲突及克服》,《河北法学》,2014 年第 7 期。

165. 余劲松:《国际投资条约仲裁中投资者与东道国权益保护平衡问题研究》,《中国法学》,2011 年第 2 期。

166. 袁野、袁冰如:《我国仲裁制度的司法监督机制探讨》,《学术界》,2017 年第 8 期。

167. 张炳南:《论"一带一路"倡议下的岔路口条款研究》,《河北法学》,2018 年第 11 期。

168. 张春良:《国际商事仲裁权的性态》,《西南政法大学学报》,2006 年第 2 期。

169. 张光:《论国际投资仲裁中投资者利益与公共利益的平衡》,《法律科学》(西北政法大学学报),2011 年第 1 期。

170. 张红美:《已撤销国际商事仲裁裁决执行的美国实践及借鉴》,《河南财经政法大学学报》,2013 年第 5 期。

171. 张虎:《外国仲裁裁决在我国承认与执行程序的重构》,《法学杂志》,2018 年第 10 期。

172. 张虎:《外国仲裁裁决在我国的承认与执行研究》,大连海事大学博士论文,2014 年。

173. 张华民:《现代法治视域下良法善治的基本要求及其在我国的实现》,《南京社会科学》,2018 年第 5 期。

174. 张建:《对无默契仲裁管辖权正当性的反思——以中国参与国际投资争议解决的实践为视角》,《西部法学评论》,2017 年第 5 期。

175. 张建:《国际商事法庭承认与执行国际投资仲裁裁决问题探析》,《国际法学刊》,2020 年第 1 期。

176. 张建:《国际投资仲裁管辖权研究》,中国政法大学博士论文,2018 年 5 月。

177. 张建、郝梓伊：《商事仲裁司法审查的纵与限——评最高人民法院审理仲裁司法审查案件的新规定》，《北华大学学报》（社会科学版），2018 年第 1 期。

178. 张建：《〈能源宪章条约〉对签署国的临时适用机制研究——以"尤科斯诉俄罗斯"仲裁案为中心的探讨》，《甘肃政法学院学报》，2016 年第 6 期。

179. 张建：《中国商事仲裁的国际化挑战》，《上海政法学院学报》，2016 年第 1 期。

180. 张利民：《论国内法院对国际投资仲裁的司法审查制度》，《海关与经贸研究》，2017 年第 4 期。

181. 张强：《国际投资仲裁的法律性质评议》，《南开经济研究》，1988 年第 5 期。

182. 张庆麟：《论国际投资协定中东道国规制权的实践及中国立场》，《政法论丛》，2017 年第 6 期。

183. 张庆麟：《论国际投资协定中"投资"的性质与扩大化的意义》，《法学家》，2011 年第 6 期。

184. 张庆麟、余海鸥：《论比例原则在国际投资仲裁中的适用》，《时代法学》，2015 年第 4 期。

185. 张庆麟、郑彦君：《晚近国际投资协定中东道国规制权的新发展》，《武大国际法评论》，2017 年第 2 期。

186. 张生：《国际投资仲裁中条约解释方面的问题及其完善对策》，《国际经济法学刊》，2014 年第 1 期。

187. 张圣翠：《论〈仲裁法〉中仲裁协议效力要件规则的完善》，《上海财经大学学报》，2010 年第 4 期。

188. 张圣翠：《仲裁协议纠纷司法审查阶段制度的国际比较与我国的借

鉴》,《国际商务研究》,2017 年第 3 期。

189. 张潇剑:《论 ICSID 仲裁裁决的承认与执行》,《西北大学学报》(哲学社会科学版),2010 年第 4 期。

190. 张潇剑:《论商事仲裁的司法监督》,《清华法学》,2002 年第 1 期。

191. 张晓东:《论欧盟法的性质及其对现代国际法的贡献》,《欧洲研究》,2010 年第 1 期。

192. 张晓君:《司法权对商事仲裁的干预及其限度》,《河北法学》,2006 年第 4 期。

193. 张勇健、刘敬东:《关于为自由贸易试验区建设提供司法保障的意见的理解与适用》,《人民法院报》,2017 年 1 月 18 日。

194. 张玉卿:《试论商事仲裁自裁管辖权的现状与中国的改进》,《国际经济法学刊》,2018 年第 1 期。

195. 章安邦:《司法权力论——司法权的一般理论与三种形态》,吉林大学博士论文,2017 年。

196. 章成:《全球治理与国家主权理论》,《重庆社会科学》,2014 年第 2 期。

197. 章杰超:《论仲裁司法审查理念之变迁——以 N 市中院申请撤销涉外仲裁裁决裁定为基础》,《当代法学》,2015 年第 4 期。

198. 赵红梅:《投资条约保护伞条款的解释及其启示——结合晚近投资仲裁实践的分析》,《法商研究》,2014 年第 1 期。

199. 赵骏:《国际投资仲裁中"投资"定义的张力和影响》,《现代法学》,2014 年第 3 期。

200. 赵骏、刘芸:《国际投资仲裁透明度改革及我国的应对》,《浙江大学学报》(人文社会科学版),2014 年第 3 期。

201. 赵骏:《论双边投资条约中最惠国待遇条款扩张适用于程序性事

项》,《浙江社会科学》,2010 年第 7 期。

202. 赵秀文:《从克罗马罗依案看国际仲裁裁决的撤销与执行》,《法商研究》,2002 年第 5 期。

203. 赵秀文:《非内国裁决的法律性质辨析》,《法学》,2007 年第 10 期。

204. 赵秀文:《论国际商事仲裁的国籍及其撤销的理论与实践》,《法制与社会发展》,2002 年第 1 期。

205. 郑晓剑:《比例原则在民法上的适用及展开》,《中国法学》,2016 年第 2 期。

206. 钟英通、徐泉:《国际条约临时适用的理论与实践阐微》,《江西社会科学》,2016 年第 9 期。

207. 周江:《论仲裁决撤销的几个问题》,《北京仲裁》,2009 年第 3 期。

208. 周江:《商事仲裁司法监督模式的理论反思》,《北京仲裁》,2006 年第 4 期。

209. 周清华、王利民:《论我国的重新仲裁制度》,《社会科学辑刊》,2008 年第 3 期。

210. 朱富强:《重新理解合作博弈概念:内涵和理性基础》,《社会科学辑刊》,2012 年第 2 期。

211. 朱克鹏、笪恺:《联合国〈国际商事仲裁示范法〉评述》,《武汉大学学报》(哲学社会科学版),1996 年第 5 期。

212. 朱克鹏:《论国际商事仲裁中的法院干预》,《法学评论》,1995 年第 4 期。

213. 朱明新:《联合国国际贸易法委员会"投资仲裁透明度规则"评析》,《武大国际法评论》,2017 年第 1 期。

214. 朱明新:《最惠国待遇条款适用投资争端解决程序的表象与实质——基于条约解释的视角》,《法商研究》,2015 年第 3 期。

215. 朱文龙:《国际投资领域投资定义的发展及对中国的启示》,《东方法学》,2014 年第 2 期。

216. 左海聪、宋阳:《超越"国家利益":对经济主权概念的反思与重塑》,《学术界》,2013 年第 4 期。

（三）其他类

1.《承认与执行外国仲裁裁决公约》缔约国,联合国国际贸易法委员会网站, http://www. uncitral. org/uncitral/zh/uncitral _ texts/arbitration/NYConvention_status. html。

2.《法国巴黎仲裁院仲裁规则》,北京仲裁委员会, http://www. bjac. org. cn/news/view. asp? id = 1093。

3.《国际投资争端解决中心规则的修订草案——主要变更概要》,ICSID 秘书处,2018 年 8 月 2 日。

4.《国际经济贸易指标解释》,中国国家统计局网站, http://www. stats. gov. cn/tjsj/zbjs/201310/t20131029_449534. html,2013 年 10 月 29 日。

5.《民商事司法协助概况》,中国政府法制信息网, http://www. moj. gov. cn/organization/content/2014 － 12/17/jlzxxwdt _ 7237. htm, 2014 年 12 月 17 日。

6.《维也纳条约法公约》第二条第一款（甲）,中国人大网, http://www. npc. gov. cn/wxzl/gongbao/2000 － 12/07/content_5003752. htm。

7. 王东京:《科斯定理存疑》,中国社会科学网, http://econ. cssn. cn/jjx/jjx_gd/201804/t20180413_4123703. shtml,2018 年 4 月 13 日。

8.《英国、美国、瑞士、新加坡、新西兰与我仲裁法制之比较研究》,中华经济研究院,103 年度国际经贸政策研究中心计划,2014 年。

9. 周强:《为仲裁事业发展创造良好司法环境》,中华人民共和国最高人民法院网, http://www.court.gov.cn/fabu - xiangqing - 27691.html, 2016 年 9 月 28 日。

10.《中华人民共和国政府和新加坡共和国政府关于促进和保护投资协定》, 商务部条约法律司, http://tfs.mofcom.gov.cn/article/Nocategory/201111/20111107819474.shtml。

11.《中华人民共和国政府和巴巴多斯政府关于鼓励和相互保护投资协定》, 商务部条约法律司, http://tfs.mofcom.gov.cn/article/Nocategory/201111/20111107819474.shtml。

12.《最高人民法院关于人民法院进一步深化多元化纠纷解决机制改革的意见》, 中国法院网, https://www.chinacourt.org/law/detail/2016/06/id/148740.shtml, 2016 年 6 月 28 日。

13.《中共中央关于全面推进依法治国若干重大问题的决定》, 人民网, http://cpc.people.com.cn/n/2014/1029/c64387 - 25927606 - 4.html。

二、外文参考文献

(一)著作类

1. A. J. Van den Berg, *The New York Arbitration Convention of 1958: Towards a Uniform Judicial Interpretation*, New York: Kluwer Law and Taxation Publisher, 2002.

2. Bryan A., *Garner: Black's Law Dictionary*, Thomson West, Eighth Edition, 2004.

3. Chester Brown and Kate Miles, *Evolution in Investment Treaty Law and Arbitration*, Cambridge: Cambridge University Press, 2011.

4. Chin Lim and Bryan Mercurio, *International Economic Law After The Global Crisis*, Cambridge：Cambridge University Press, 2015.

5. Christoph H. Schreuer, *The ICSID Convention：A Commentary*, Cambridge：Cambridge University Press, 2001.

6. Daniel L. M. Kennedy and James D. Southwick, *The Political Economy of International Trade Law*, Cambridge：Cambridge University Press, 2002.

7. Eric De Brabandere and Isabelle Van Damme, *Good Faith and International Economic Law*, Oxford：Oxford University Press, 2015.

8. Freya Baetens and José Caiado, *Frontiers of International Economic Law*, Leiden：Brill Nijhoff, 2014.

9. Gus Van Harten, *Sovereign Choices and Sovereign Constraints：Judicial Restraint in Investment Treaty Arbitration*, Oxford：Oxford University Press, 2013.

10. *Giovanna Adinolfi and Freya Baetens*, *International Economic Law*, Cham：G. Giappichelli Editore, 2017.

11. Julien Fouret and Castal Di Mourre, *Enforcement of Investment Treaty Arbitration Awards：A Global Guide*, Surrey：Globe Law And Business, 2015.

12. Julien Chaisse, *Henry Gao and Chang – fa Lo*, *Paradigm Shift in International Economic Law Rule – Making*, Singapore：Springer, 2017.

13. Jorun Baumgartner, *Treaty Shopping in International Investment Law*, Oxford：Oxford University Press, 2016.

14. Joel P. Trachtman, *The Economic Structure of International Law*, Boston：Harvard University Press, 2008.

15. John Tirman, *International Law and International Relations：Bridging Theory and Practice*, New York：Routledge, 2006.

16. Julien Chaisse and Tomoko Ishikawa Sufian Jusoh, *Asia's ChangingInter-*

national Investment Regime: Sustainability, Regionalization, and Arbitration, Singapore: Springer, 2017.

17. Julian D. M. Lew, *Loukas A. Mistelis, Stefan Kr? ll, Comparative International Commercial Arbitration*, Netherlands: Kluwer Law International, 2003.

18. Michał Araszkiewicz and Paweł Banaś Tomasz Gizbert – Studnicki, Problems of Normativity, *Rules and Rule – Following*, Singapore: Springer, 2015.

19. Meredith Kolsky Lewis Susy Frankel, *International Economic Law and National Autonomy*, Cambridge: Cambridge University Press, 2010.

20. Matthias Herdegen, *Principles of International Economic Law*, Oxford: Oxford University Press, 2013.

21. Nigel Blackaby and Constantine Partasides, *Redfern & Hunter on International Arbitration*, Oxford: Oxford University Press, 5 edition, 2009.

22. Rosalyn Higgins, *Problems and Process: International Law and How We Use It*, Oxford: Clarendon Press, 1994.

23. Stephanw. Schill, *The Multilateralization of International Investment Law*, Cambridge: Cambridge University Press, 2009.

24. Wenhua Shan, *China and International Investment Law: Twenty Years of ICSID Membership*, Leiden: Brill Nijhoff, 2014.

25. Zachary Douglas, *The International Law of Investment Claims*, Cambridge: Cambridge University Press, 2009.

26. Zachary Douglas, Joost Pauwelyn, Jorge E. Viuales, *The Foundations of International Investment Law: Bringing Theory Into Practice*, Oxford: Oxford University Press, 2014.

（二）论文类

1. Aceves William J., Institutionalism Theory and International Legal Scholarship, *The American University Journal of International law & Policy*, vol. 12, no. 2, 1997.

2. Akriti Gupta, Investment treaty arbitration as public international law: procedural aspects and implications by Eric De Brabandere, *Jindal Global Law Review*, vol. 7, no. 2, 2016.

3. Anthea Roberts and Christina Trahanas, Judicial Review of Investment Treaty Awards: BG Group v. Argentina, *The American Journal of International Law*, Vol. 108, No. 4, October 2014.

4. Anthea Roberts, Divergence between Investment and Commercial Arbitration, *Soc'y Int'l L. Proc.*, vol. 106, no. 1, 2012.

5. Alan Scott Rau, The Culture of American Arbitration and the Lesson of ADR, *Texas International Law Journal*, vol. 8, no. 2, Spring 2005.

6. Alomar, Rafael Cox, Investment Treaty Arbitration in Cuba, *University of Miami Inter – American Law Review*, vol. 48, Issue 3, Spring 2017.

7. Barbara Helene Steindl, ICSID annulment vs. set aside by state courts – compared to ICSID ad hoc annulment Committees, is it the state courts that are now more hesitant to set aside awards?, *Y. B. on Int'l Arb.*, vol. 4, no. 3, 2015.

8. Barbara Helene Steindl, ICSID Annulment vs. Set aside by State Courts, *Y. B. on Int'l Arb.*, vol. 4, no. 1, 2015.

9. C. F. Amerasinghe, Jurisdicton of International Tribunal, *Kluwer Law International*, 2003.

10. Christoph Schreuer, Calvo's Grandchildren: The Return of Local Reme-

dies in Investment Arbitration, *The Law and Practice of International Courts and Tribunals*, *vol.* 4, no. 1, 2005.

11. Claudia Priem, International Investment Treaty Arbitration as a Potential Check for Domestic Courts Refusing Enforcement of Foreign Arbitration Awards, *N. Y. U. Journal of Law & Business*, vol. 10, no. 1, 2013.

12. Catherine A. Rogers, Emerging Dilemmas in International Economic Arbitration: The Vocation of the International Arbitrator, *American University International Law Review*, vol. 18, no. 1, 2005.

13. Charles E. Aduaka, The Enforcement Mechanism under the International Centre for Settlement of Investment Dispute (ICSID) Arbitration Award: Issues and Challenges, *Journal of Law, Policy and Globalization*, vol. 20, no. 2, 2013.

14. Claudia Priem, International Investment Treaty Arbitration as a Potential Check for Domestic Courts Refusing Enforcement of Foreign Arbitration Awards, *NYU Journal of Law & Business*, vol. 10, no. 3, 2013.

15. David Schneiderman, Judicial Politics and International Investment Arbitration: Seeking an Explanation for Conflicting Outcomes, *Northwestern Journal of International Law & Business*, vol. 30, no. 1, 2010.

16. David P. Stewart, Judicial Review of Investment Treaty Awards: Bg Group v. Argentina, *The American Journal of International Law*, vol. 108, no. 1, 2014.

17. Emmanuel Gaillard & John Savage, Fouchard Gaillard Goldman on International Commercial Arbitration, *Kluwer Law International*, 1999.

18. Ernst – Ulrich Petersmann, International Rule of Law and Constitutional Justice in International Investment Law and Arbitration, *Indiana Journal of Global Legal studies*, vol. 16, no. 2, 2009.

19. F. D. J. Brand, Judicial Review of Arbitration Awards, *Stellenbosch Law*

Review, vol. 25, no. 2, 2014.

20. Frederic Gilles Sourgens, Value and Judgment in Investment Treaty Arbitration, *Journal of Dispute Resolution*, Vol. 2018, no. 1, 2018.

21. Giulia Carbone, The Interference of the Court of the Seat with International Arbitration, *Journal of Dispute Resolution*, vol. 2012, no. 1, 2012.

22. Guillermo J. Garcia Sanchez, The Blurring of the Public/Private Distinction or the Collapse of a Category? The Story of Investment Arbitration, *Nevada Law Journal*, vol. 18, no. 2, winter 2018.

23. Gill Judith, Investment Treaty Arbitration, *European Business Law Review*, vol. 17, Issue 2, 2006.

24. Guiguo Wang, Consent in Investor – State Arbitration: A Critical Analysis, *Chinese Journal of International Law*, vol. 13, no. 1, August 2014.

25. Ioannis Glinavos, Public Interests, Private Disputes: Investment Arbitration and the Public Good, *Manchester Journal of International Economic Law*, vol. 13, no. 1, 2016.

26. Jan Paulsson, Arbitration without Privity, *ICSID Rev. Foreign Investment Law Journal*, vol. 10, no. 1, 1995.

27. John V. H. Pierce, BG Group PLC v. Republic of Argentina, *The Journal of World Investment & Trade*, vol. 15, no. 1, 2014.

28. Kamal Huseynli, Enforcement of Investment Arbitration Awards: Problems and Solutions, *Baku State University Law Review*, vol. 3, no. 1, February 2017.

29. Kamal Huseynli, Enforcement of Investment Arbitration Awards: Problems and Solutions, *Baku State University Law Review*, Vol. 3, No. 1, February 2017.

30. Kamal Huseynli, Enforcement of Investment Arbitration Awards: Problems and Solutions, *Baku State University Law Review*, vol. 3, no. 1, February 2017.

31. Konstanze Von Papp, Biting the Bullet or Redefining Consent in Investor – State Arbitration: Pre – Arbitration Requirements after BG Group v Argentina, *The Journal of World Investment & Trade*, vol. 16, no. 1, 2015.

32. Luis Miguel Velarde Saffer and Jonathan Lim, Judicial Review of Investor Arbitration Awards: Proposals to Navigate the Twilight Zone between Jurisdiction and Admissibility, *Dispute Resolution international Judicial Review of investor arbitration awards*, vol. 8, no. 1, May 2014.

33. Michaela Halpern, Corruption as a Complete Defense in Investment Arbitration or Part of a Balance, *Willamette J. Int' l L. &Dis. Res.*, vol. 23, no. 2, 2016.

34. Maria Natalia Castro Pena, Colombia before an International Investment Arbitration, *Rev. Derechodel Estado*, vol. 38, 2017.

35. Mary B Ayad, A Harmonised International Commercial and Investment Arbitration Law Code (Hicialc) Applied to Judicial Review of Investor – State Arbitration Disputes: Upholding Res Judicata of Arbitration Awards and Tribunals from Undue Appeals and Annulment Due to Court Intervention, *International Trade And Business Law Review*, vol. 21, no. 1, 2012.

36. Ndifreke Uwem, BG Group v. Argentina: A Reiteration of Undesired Complexity for a Simple Principle: Kompetenz – Kompetenz under the FAA and the UNCITRAL Model Law, *U. Miami Int' l & Comp. L. Rev.*, vol. 25, no1, 2018.

37. Nicolette Butler, Possible Improvements to the Framework of International Investment Arbitration, *The Journal of World Investment & Trade*, vol. 14, no. 2, 2013.

38. Philippe PINSOLLE, The Annulment of ICSID Arbitral Awards, *The Journal of World Investment*, Vol. 243, no. 1, 2000.

39. Roger P. Alford, The Convergence of International Trade and Investment Arbitration, *The Convergence of International Trade and Investment Arbitration*, vol. 12, no. 1.

40. Rtcwhat Garnetr, National Court Intervention in Arbitration as an Investment Treaty Claim, *International and Comparative Law Quarterly*, vol 60, April 2011.

41. S. I. Strong, Discovery under 28 U. S. C. Sec. 1782 : Distinguishing International Commercial Arbitration and International Investment Arbitration, *Stanford Journal of complex litigation*, vol. 1, no. 2, Spring 2013.

42. S. R. Subramanian, BITs and Pieces in International Investment Law : Enforcement of Investment Treaty Arbitration Awards in the Non – ICSID States : The Case of India, *The Journal of World Investment & Trade*, vol. 14, no. 1, 2013.

43. Stephan Wilske; Martin Raible; Lars Market, International Investment Treaty Arbitration and International Commercial Arbitration – Conceptual Difference or Only a Status Thing, *Contemp. Asia Arb. J.*, vol. 1, no. 2, 2008.

44. Suha Jubran Ballan, Investment Treaty Arbitration and Institutional Backgrounds : An Empirical Study, *Wisconsin International Law Journal*, vol. 34, no. 1, 2016.

45. Suha Jubran Ballan, Investment Treaty Arbitration and Institutional Backgrounds : An Empirical Study, *Wisconsin InternationalLaw Journal*, Vol. 34, no. 1, 2016.

46. Susan D. Franck & Linsey E. Wylie, Predicting Outcomes in Investment Treaty Arbitration, *Duke Law Journal*, vol. 65, no. 1, 2015.

47. Susan D. Franck, The Legitimacy Crisis in Investment Treaty Arbitration: Privatizing Public International Law through Inconsistent Decisions, *Fordham Law Review*, vol. 73, no. 1, March 2005.

48. S. Akinlolu Fagbemi, A Critical Analysis of the Mechanisms for Settlement of Investment Disputes in International Arbitration, *Nnamdi Azikiwe U. J. Int' l L. & Juris.*, vol. 8, no. 3, 2017.

49. Scott Vesel, Clearing a Path Through a Tangled Jurisprudence: Most Favored Nation Clauses and Dispute Settlement Provisions in Bilateral Investment Treaties, *Yale J. Int' l L.*, vol. 32, no. 5, 2007.

50. Sergio Puig, Emergence & Dynamism in International Organizations: ICSID, Investor – State Arbitration & International Investment Law, *Georgetown Journal of International Law*, vol. 44, no. 2, 2013.

51. S. I. Strong, Discovery Under 28 U. S. C. 1782: Distinguishing International Commercial Arbitration and International Investment Arbitration, *Stanford Journal of Complex litigation*, vol. 1, no. 2, spring 2013.

52. Sophie Davin, Enforcement of ICSID Awards in the United States: Should the ICSID Convention Be Read as Allowing A "Second Bite at the Apple", *International Law and Politics*, vol. 48, no. 1, 2016.

53. Susan D. Franck and Linsey E. Wylie, Predicting Outcomes in Investment Treaty Arbitration, *Duke Law Journal*, vol. 65, no. 2, 2015.

54. Tai – Heng Cheng, The Role of Justice in Annulling InvestorState Arbitration Awards, *Berkeley Journal of International Law*, Vol. 31, no. 1, 2013.

55. Tai – Heng Cheng, Te Role of Justice in Annulling Investor – State Arbitration Awards, *Berkeley Journal of International Law*, vol. 31, no. 1, 2013.

56. Thomas Kleinlein, Judicial Lawmaking by Judicial Restraint? The Poten-

tial of Balancing in International Economic Law, *German Law Journal*, vol. 12, no. 5,2011.

57. Wolfgang Alschner, The Impact of Investment Arbitration on Investment Treaty Design:Myths versus Reality, *The Yale Journal Of International Law*, Vol. 42,no. 1,2017.

58. Zhang Lei, Common Treatment of Rule and Regional Good Governance in Contemporary China, *China Legal Science*, Vol. 6, no. 2, March 2018.

(三)其他类

1. Albert Jan van den Berg, Annulment of awards in International Arbitration, in Richard B. Lillich & Charles N. Brower ed., International Arbitration in the 21st century:Towards "Judicialization" and Uniformity? Transnational Publishers Inc. 1994.

2. Alex Genin, Eastern Credit Limited, Inc. and A. S. Baltoil v. The Republic of Estonia, ICSID Case No. ARB/99/2.

3. Andreas F. Lowenfeld, International Economic Law, Oxford:Oxford University Press,2008.

4. Asian Agricultural Products Limited v. Democratic Socialist Republic of Sri Lanka, ICSID Case No. ARB/87/3, June 27, 1990. https://icsid. worldbank. org/en/Pages/cases/casedetail. aspx? CaseNo = ARB/87/3.

5. Balance of Payments Manual, International Monetary Fund, Fifth edition,1993.

6. CDC Group plc v. Republic of Seychelles, ICSID Case No. ARB/02/14.

7. Contracting States – List of Contracting States, NEW YORK ARBITRATION CONVENTION, http://www. newyorkconvention. org/list + of + contracting

+ states.

8. Electrosteel Castings Ltd v. Scan – Trans shipping & Chartering, 2003.

9. "Gabon v. S. A. " case, ICSID Case No. ARB/76/1.

10. George J. Stigler, The Theory of Price, Macmillan Co., 1966, p. 113.

11. H&H Enterprises Investments, Inc. V. Arab Republic of Egypt, ICSID Case No. ARB/09/15.

12. History of the ICSID Convention, ICSID Volume Ⅱ – 1.

13. ICSID and the World Bank Group, ICSID, https://icsid. worldbank. org/en/Pages/about/ICSID% 20And% 20The% 20World% 20Bank% 20Group. aspx.

14. ICSID Case No ARB/08/5, Decision on Jurisdiction of June 02, 2010.

15. ICSID: cases, https://icsid. worldbank. org/en/Pages/cases/Advanced-Search. aspx.

16. Investment Dispute Settlement Navigator, UNCTAD Investment Policy, http://investmentpolicyhub. unctad. org/ISDS/FilterByCountry.

17. Investor – State Dispute Settlement: Review Of Developments In 2017, UNCTAD IIA Issues Note, June, 2018.

18. Judgement of the Supreme Court of the United States, UNCTAD BG Group Plc v. The Republic of Argentina judicial review by national courts, March 5, 2014.

19. Judgment, in the Court of Appeal of the Republic of Singapore, 2016 SG-CA 57.

20. Mustill and Boyd, The Law and Practice of Commercial Arbitration in England, 1982.

21. PT Tugu Pratama Indonesia v. Magma Nusantara Ltd., 2003, SGHC 204.

22. Roberts, C. J., dissenting, BG Group PLC v Republic of Argentina, 572US

__（2014）.

23. Ronald S. Lauder v. Czech, UNCITRAL, Final Award, September 3,2001.

24. Suez,Sociedad General de Aguas de Barcelona S. A. and Vivendi Universal S. A v. Argentine Republic,ICSID Case No. ARB/03/19.

25. The ICSID Caseload – Statistics,ICSID Issue 2018 – 2,June 30,2018.

26. Tokios Tokeles v. Ukraine,ICSID Case No. ARB/02/18 Decision on Jurisdiction,April 29,2004.

27. United Mexican States v. Metalclad Corp. (B. C. Sup. Ct. 2001) , paras. 133 – 136, at http://www. dfait – maeci. gc. ca/tna – nac/documents/trans – 2may. pdf,March 23,2004.

28. United States – Mexico – Canada Agreement Text,Office of the United States Trade Representative,https://ustr. gov/trade – agreements/free – trade – agreements/united – states – mexico – canada – agreement/united – states – mexico,September 30,2018.

29. World Bank Databank 〈 http://data. worldbank. org/indicator/BX. KLT. DINV. CD. WD〉 (accessed 7 August 2018).

30. World Investment Report 2018:Investment and New Industrial Policies, United Nations Conference on Trade and Development,June 6,2018.